环境法之树文丛
吕忠梅 主编

腾讯教育基金“清华环境法研究与学人培养计划”项目之子项目—
“以自然保护地相关立法为主题的前沿学术研究”

全球环境基金中国国家公园体制机制创新项目（C-PAR1）
“国家公园立法路线图及框架研究”

国家林业和草原局自然保护地司业务委托项目
“自然保护地立法体系研究”（项目编号：2019084034-2）

自然保护地立法研究

撰稿人
吕忠梅 刘佳奇 阙占文 陈真亮

法律出版社
LAW PRESS · CHINA
北京

图书在版编目(CIP)数据

自然保护地立法研究 / 吕忠梅等著. -- 北京 : 法律出版社, 2022
ISBN 978-7-5197-7120-1

Ⅰ. ①自… Ⅱ. ①吕… Ⅲ. ①自然保护区-立法-研究-中国 Ⅳ. ①D922.684

中国版本图书馆 CIP 数据核字(2022)第 173531 号

自然保护地立法研究
ZIRAN BAOHUDI LIFA YANJIU

吕忠梅 等 著

责任编辑 郑怡萍
装帧设计 贾丹丹

出版发行 法律出版社
编辑统筹 法律教育出版分社
责任校对 李慧艳
责任印制 刘晓伟
经　　销 新华书店

开本 A5
印张 10.5　**字数** 297 千
版本 2022 年 11 月第 1 版
印次 2022 年 11 月第 1 次印刷
印刷 北京建宏印刷有限公司

地址:北京市丰台区莲花池西里 7 号(100073)
网址:www.lawpress.com.cn
投稿邮箱:info@lawpress.com.cn
举报盗版邮箱:jbwq@lawpress.com.cn
销售电话:010-83938349
客服电话:010-83938350
咨询电话:010-63939796

书号:ISBN 978-7-5197-7120-1
定价:42.00 元
凡购买本社图书,如有印装错误,我社负责退换。电话:010-83938349

独木不成林

时间在生命的迁徙中留下足迹。2015 年，调令到达时，拎着随身行李踏上单程火车，不回头地投入另一种忙碌中去。失去，还是获得？是个问题。

50 岁开始的“北漂”生活，被学术活动填充了几乎所有的空余，不曾感受到孤独。

北京的环境法学人，以连续举办专题讲座的格调，表达了对一个新来者的接纳。一场又一场畅所欲言的学术讨论、其乐融融的师生交流，一度多一度的温暖对流在每个人心间。

北京的法学圈，以邀请参加学术交流的方式，传递着对一个“业余”学者的关注。为中国法学会三大论坛发言或主持，一次又一次的观点碰撞、不同法域的思维纷呈，一刻深一刻的启迪激荡着每个人的脑海。

还有，在国家环境与健康论坛上与环境医学学者一起访谈；在排污许可证制度改革国际研讨会上与环境执法者探讨；在全国环境保护工业协会“治霾在行动”年会上呼吁环境保护须强化法治思维与法治方法、主持学生模拟环保法庭大赛、参加环境立法修改论证会、主持环境司法研究中心会议……一处又一处的跨学科对话、多种方法的全景观察，一分宽一分的视野提升着每个人的境界。

这就是曾经向往的氛围吧！有来自不同学校的学术联盟，有多方发起的理论研讨，有多种观点也多了关爱，有争论交锋也多了同舟共济。学术观点一直都可能不同，当质疑、辩论、分歧在催化着学者之间的感情时，一切都不再是问题。也许，不是每个人都可以对环境法学科做出巨大的贡献，但每个人都始终是别人思想的扩音器和放大器，正如别人——这个学术共同体中的每个人——也始终是这个人思想的扩音器和放大器一样。

只是，在北京的夜晚，环境法树会时常浮现在眼前，挥之不去。那棵慢慢成长着的小树，秋风落叶，雪雨冰霜，真的是在不经意间得到，在恋恋不舍中失去吗？也许，我欠下的不仅是一个告别。

离开武汉后，向中南财经政法大学提出了辞去学术职务的申请，将湖北省环境资源法学会的职务做了交接，也不再担任湖北经济学院的学科带头人。一心想做一个名副其实的“业余学者”，保持一份真正的学术兴趣，做自己有能力做的事情。也是为了告别，我将七年前为“环境法之树文丛”写的总序——“小树慢慢长”放到微信上，请大家和我一起，重温一棵环境法小树的成长。

春节时，有学生在微信朋友圈内放了一张他们种下的“环境法树”照片：白梅盛开、春意盎然。在“俏也不争春，只把春来报”的悠然中，惊觉“独木不成林，一花难成春”的落寂，心底涌起的潮湿阻滞了“点赞”的手指。

伟大的思想不如伟大的行为，无须吹擂；若是无法成就伟大的事，就用伟大的方法，去做微小的事！我能做的，是带上“环境法之树文丛”继续前行，让这棵树上的枝叶与果实融入环境法森林；让“风景这边独好”的淡然与环境法花园的锦绣相互依偎，灿烂环境保护的春天。

于是，有了现在变脸但不变心的“环境法之树文丛”。希望从今以后，能够有更宽的选稿范围，发现更多的优秀作者，培养更多的学科团队，成为更多环境法研习者的选择。

感谢这半年的收获，这是学者之交当之无愧的奖赏；感谢这半年的活动，这是学问之路不可或缺的阅历；感谢这半年的尚不如愿，这是学术之岸必须奋力前行的理由。

吕忠梅

2016年2月26日于北京

小树慢慢长

（代总序）

时间是一把筛子，漏走的是岁月，留下的是回忆。

二十多年前，还不知道目标总是在不确定的未来时，埋下了一粒环境法的种子，在期待着环境法树生根、发芽、开花、结果的日子里，拨开重重阻碍与琐碎，一直朝着目标前行。回望时才知道：时间曾经以各种方式来过又走了，一切看上去都平静如水，波澜不惊。

水是千年的风，风是千年的水。

环境法树在昼夜了无痕迹的交替中渐渐生长，静坐在时光的怀里，感觉着根须前行时不屈的努力，觑觎着新枝抽出时专注的神情，触摸着树干伸展时细微的叹息。风吹过，留下一片絮语；雨打来，带走一点落寂。每当我走进课堂，站在讲台上，望着眼前一张张充满着朝气的脸，骄傲与自豪油然而起：因为有你们，环境法才长成了一棵树，一棵有枝枝蔓蔓、有生生不息的活力与动力的树，而不是一根无本之木的电线杆，一根没有枝叶、没有生长的活力与动力的电线杆。于是，总在讲述环境法树的故事，告诉大家，在我的心中，每一个人、每一点进步、每一份成绩都可能成为这棵树上的一片叶子、一朵小花、一颗果实。其实，自从有了环境法，从来不缺少快乐、喜悦和欣慰，也少了烦恼、皱纹和白发。

从 1985 年两个人的环境法教研室，到现在的环境资源法研究所，有了自己的硕士点、博士点；从四处找人、找钱编一本简明环境法辞典，到目前承担多项国家级、省部级科研项目，地方立法研究项目，有了自己的网站、刊物；从四处寻找合作伙伴，到当下国际与国内的邀请不断、交流与合作日益广泛，有了自己的特点、成就。环境法树的年轮清晰可见：1989 年，第一个环境法教授受聘；1993 年，增加了一名环境法副教授；1997 年，在经济法专业内开始招收环境法方向硕士研究生；2000 年，环境法硕士点成立；2001 年，独立招生；2004 年，开始在民商法专业招收环境民法方向博士研究生；2005 年，环境法博士点成立；2006 年，独立招生。一批又一批的学生，一项又一项的课题，一年又一年的辛勤，环境法树根深了、枝繁了、叶茂了，伸展的枝干有力了，垂下的绿荫成片了，吸收的养分充足了。

小树慢慢在长大，成长的日子充满着不确定。

一些曾经的环境法人如今已经远离，一些满怀梦想的淘金者来了又失望而去，一些拔苗助长者成了环境法园地里经常的游客，一些坚守者从来不曾放弃。当今世界，到处充满着诱惑、机遇随时出现在左右、信息以秒为速度在更新，生活在这样的时代里，实在是既万幸也不幸。瞬息万变的机遇、铺天盖地的信息使地球变得越来越小，我们可以站在寂寞的前人肩头而不必忍受前人的寂寞，却也遭遇了前人绝对不可能想象的喧闹与浮躁，可能成为在信息的汪洋大海中到处碰壁的无头苍蝇，在被误导、被蒙蔽、被扭曲、被抛弃的犹豫、恐惧与彷徨中迷失，与目标渐行渐远甚至背道而驰。这个时代，面对经常的南辕北辙，要找准目标并且不停前行，必须有坚定的信念、坚强的神经与坚韧的毅力。

历史一直都掩藏在现实之中，从事环境法研究和做任何一件事情一样，最需要的是定位。学术研究领域，是一个典型的由认知控制的世界，认知决定着我们的行为。定位的价值不在于完成了多少环境法论著，而在于决定是做学问还是写文章，或者说是为什么写文章。学者与写手的最根本区别与其说是性格，不如说是抱负，毕竟人各有志。在中国目前的情形下，环境问题备受关注，环境保护已经成为从政治家到黎民百姓最经常谈论的话题，写一些应景的文章、做一点庸医开药方的事情、出一两部人云亦云的书十分容易。但是，如果要做学问，就必须扪心自问：你的文章是写给谁看的，它的寿命应该有多长？五十年甚至一百年以后是否还会有人参读，文章中的思想是否还能给后人带来启迪？只有想清楚并回答了这些问题，才会有不计得失的勇气，突破思想、情绪、身体的层层包围，让大脑始终保持与真我的联系，不被浮尘、面具所蒙蔽。环境法内功的修炼，就是学术品质、素养、能力、精神的凝聚，选择学界喧闹中的沉静，一心只为环境法的发展，就必须经受住诱惑。

做暂时的还是永久的胜者，是一个选择。

每一个进入或者准备进入环境法研究领域的人都面临这种选择，选择本身即是一种态度。做暂时的事情，只要善于抓住一时一事便可，是机会主义者；做阶段性的事情，只要能够看到眼前就行，是实用主义者；做永久的事情，却需要在舍弃中获取，执着于某一件事情，是理想主义者。其实，暂时性的胜利是有限的，因为机会永远公平，你在得到一个机会的同时也失去了另一个机会。阶段性的成功是不可靠的，因为实用的功能总会被时间淘汰。因此，你应该做永久的事情，成为永久的胜利者。学术的辞典中不应该有泡沫，研究的领地里当然要拒绝炒作。

我知道，自己远不足以成为战略领袖，也不可能任何事情都做得完美。但我明白，可以专注地做一件事情——培养人才，通过自己的言传身教，让他们养成领袖之风、成为栋梁之材。毕竟，人生无轮回，事业有轮回。一个学科的发展、一种学术理论从产生到完善，绝非一个人或几个人、一年或者几年就能完成的事情，尤其是像环境法这样的充满革命性、交叉性、互动性的新兴学科，有许多理论需要探索，有许多途径需要开辟，有许多方法需要践行，更需要多人的努力、合作与传承。

一个人在黑暗中行走是孤独的，手拉着手一起走才会快乐。

有些事情似乎不容选择，而是宿命，只有时间担当着主角，而命运中的当事者却浑然无知。环境法树上的枝条与叶子连在一起，成就了勇往直前的力量。在这里，无论先后、不管大小，大家都在同一起跑线上，集中奋发向上的精神，朝着共同的目标前进。虽然并不是每一步都那么美好，也许并不是每个人都那么合适，但其中的成员都有着一样的热情与信念，愿意参与这份坚持，对自己所做的事情充满热爱，都在努力地学习、认真地思考、踏实地工作、积极地争取。我不断地在提醒自己，所做的一切都是过程而不是结果，是经历而不是成绩。

每一次课题申报，每一次学术会议，每一次论文答辩，同事和学生的投入与热情，时常让我感动。但我却总是不动声色地将表扬藏在心里，毫不留情地把批评告诉他们。只有不断发现问题，才能进步，不致被暂时的、阶段性的成果而冲昏头脑，沉湎于自己的兴奋与成就感不能自拔。课题成果完成、毕业论文答辩通过都只是一小步，离目标还有从地球到月球的距离。

环境法树挂果了，等待收获的喜悦掩藏不了也无须掩藏。也许这些果实还有点青涩，尚待成熟；也许它的养分还不够充足，还须汲取。我只想采撷一部分来请大家品评，其中有近年来环境资源法研究所承担的课题成果，有博士学位论文和优秀的硕士学位论文。一个人或一群人的思想试验的结果只有经过众人的评判才可能被认同或被唾弃。环境法树只有在与相关学科和法学各学科不断的交流与相互启迪中，才能获得更丰富的营养，生长得更加茂盛。

推开初冬的窗户，环境法树在夜空里熠熠生辉，我举起心中的希望，邀明月，共皎洁！

吕忠梅

2007 年 11 月 22 日于宜昌

以“国家公园”成就“公园国家”之法

（代序）

多年以前，唐代诗人杜甫这样描述《江村》：“清江一曲抱村流，长夏江村事事幽。自去自来梁上燕，相亲相近水中鸥。”以浓浓的“物我相友”之情，诗意地表达“天人合一”的自然观。在治国之道中，中华民族自古有“天地节而四时成”“节以制度，不伤财，不害民”的律令，体现了“道法自然”的法律观。但在中国的文化和法律中，并没有自然保护地的概念及其相关制度。

世界上公认，建立自然保护地是迄今为止最有效的保护自然生态系统、维护生物多样性的理想模式。一般认为1872年经美国政府批准建立的第一个国家公园——黄石公园，是最早的现代意义上的自然保护地。因其强调自然保护的理念，且取得显著成效，而成为其他国家争相学习和借鉴的保护地制度。第二次世界大战后，在各国自然保护地事业发展的基础上，成立了“国际自然及自然资源保护联盟”，联合国教科文组织也推出了“人与生物圈计划”等。全世界自然保护地的数量和面积不断增加，并成为一个国家文明与进步的标志。

中华人民共和国成立后，党和政府高度重视自然保护区建设。1956年6月30日，陈焕镛、秉志、钱崇澍、杨惟义、秦仁昌等5位著名科学家在第一届全国人大第三次会议上提出了关于“请政府在全国各省（区）划定天然森林禁伐区，保存自然植被以供科学研究的需要”的提案，该提案获得通过后，国务院责成林业部会同中国科学院等部门研究办理。1956年10月，原林业部拟定《天然森林禁伐区（自然保护区）划定草案》,并在广东省肇庆市建立了中国第一个自然保护区——鼎湖山自然保护区,开始了中国自然保护区建设进程。到 2012 年,我国已建立国家级自然保护区 373 个,还设立了一大批风景名胜区、湿地公园、森林公园、海洋特别保护区、地质遗迹保护区等专门自然保护区域,颁布了《自然保护区条例》等行政法规和部门规章。

党的十八大将生态文明建设纳入中国特色社会主义事业“五位一体”总体布局,“美丽中国”成为中华民族追求的新目标,以法治思维和法治方法推动和保障生态文明体制改革成为全面依法治国的重要内容。习近平总书记亲自谋划、亲自部署、亲自推动自然保护地体系建设。2013 年党的十八届三中全会确定“建立国家公园体制”的改革任务;2017 年出台《建立国家公园体制总体方案》;党的十九大报告提出“建立以国家公园为主体的自然保护地体系”的改革目标;2019 年中共中央办公厅、国务院办公厅制定《关于建立以国家公园为主体的自然保护地体系的指导意见》。在这些改革文件中,明确提出了研究制定有关国家公园的法律法规、推动制定自然保护地法的立法任务。这既是“确保重大改革于法有据”的必然要求,也是深入开展自然保护地及其相关立法研究的契机与动力。

回顾中国环境立法的历史,自然保护地立法可谓曲折萦纡。2004 年,全国人大常委会首次将制定《自然保护区法》列入立法计划,针对有关部门提出的《自然保护区法(草案征求意见稿)》引发的争议,有学者主张制定自然保护地法而不是将自然保护区立法单列,并提出《自然保护地法(草案征求意见稿)》;也有学者主张制定自然保护区域法并提出《自然保护区域法(征求意见稿草案)》。后因各方分歧太大,立法机关暂停立法进程。在各方面的大力推动下,2012 年,全国人大环境与资源保护委员会提出《自然遗产保护法(草案建议稿)》,人大代表联名提出《自然保护地法(草案建议稿)》,但仍因各方面的巨大分歧,立法机关未正式启动立法程序。随着《建立国家公园体制总体方案》的出台,各方面高度关注国家公园立法问题,2018 年第十三届全国人大常委会将制定《国家公园法》列入本届常委会立法计划。2019 年中共中央办公厅、国务院办公厅发布了《关于建立以国家公园为主体的自然保护地体系的指导意见》,明确提出推动制定出台自然保护地法,确立了新的立法任务。2018 年以来,国家林业和草原局(国家公园管理局)先后设置国家公园立法、自然保护地立法研究课题,委托有关方面开展立法研究。从目前已公布的年度立法计划来看,第十三届全国人大常委会仍未正式启动《国家公园法》的制定;国务院立法计划中也未安排提请全国人大常委会审议《国家公园法(草案)》或《自然保护地法(草案)》;2022 年,自然资源部公布的立法计划中,将研究起草《国家公园法》《自然保护地法》作为“拟报国务院审查的法律草案”列入计划。

立法遭遇尴尬的背后,是理论研究的不成熟。多年来,虽然一直有学者从事自然保护地法的研究,但在以污染防治为主的“小环境法”理念影响下,涉足该领域的环境法学者不多,研究相关立法问题的主要是从事自然保护或生态保护的科学家及其团队成员,前述几部法律草案的专家建议稿也是由他们提出的。认真梳理各种研究成果却发现:虽然各方面都在呼吁进行自然保护地立法的“顶层设计”并鼎力推动,但“国家公园法”或“自然保护地法”的概念范畴、价值理念、法律规范却始终面目模糊;虽然各方面对自己提出的立法方案据理力争并常常不欢而散,但激情背后却是不同学科、不同话语、不同思维方式下的“鸡同鸭讲”。实际上,要真正把“建立以国家公园为主体、自然保护区为基础、各类自然公园为补充的中国特色自然保护地体系”的政治决策转化为立法决策,需要坚实的法学理论作为支撑。全面系统地研究自然保护地体系建设过程中的生态保护与经济、社会发展的关系,深入研究与自然保护地建设有关的各种利益诉求与保障条件、现行法律冲突与空白,建立有说服力的“自然保护地法”基础理论与立法技术方案,迫在眉睫。

新时代的自然保护地建设,在过去法律依据不同、设立程序不同、保护目的不同、生态环境治理能力不同、管理体制不同的情况下,从国家公园体制改革起步。经过大力推动,国家公园体制改革试点取得明显进展。但是,在改革实践中也出现了一些令人忧虑的现象。实践中反映强烈的自然保护地分类不科学、区域重叠、保护标准不清晰、公益属性不明确、多头交叉管理、权责不落实、保护与开发矛盾难以协调等问题,极易引发自然保护地内外经济、社会与生态环境之间、各地区与部门之间、各相关产业之间的矛盾冲突，亟须通过立法加以回应。统筹考虑自然保护地不同效力层次立法，根据自然保护地的多要素性（自然、行业、地区）与社会、经济、文化等复合交融性等特点，充分考虑自然保护地生态系统与其他生态系统的关联性、与经济社会发展的同构性、与自然保护地治理的特殊性，从制度上予以引导、规范、解决，回应自然保护地特殊的区位特征、特殊自然特性与特殊管理问题的现实需求，是保障国家公园体制改革顺利进行和实现加快构建以国家公园为主体的自然保护地体系的当务之急。

正因如此，从 2019 年开始，我和几位青年环境法学者共同组成课题组，先后接受国家林业和草原局的委托和腾讯教育基金、全球环境基金（GEF）中国国家公园体制机制创新项目（C－PAR1）的资助，从自然保护地立法体系研究的角度，对自然保护地法基本理论、国家公园法与自然保护地法的关系、国家公园立法路线图、自然保护地立法框架等展开研究。将建设自然保护地体系涉及的森林、湿地、荒漠、海洋等不同生态系统和多个管理部门、多方利益主体作为一个复杂的生态——社会大系统加以研究，力争通过创新法学理论厘清这个复杂大系统所涉及的各种利益关系，回应和解决自然保护地体系建设中的实践问题，提出以建立“人与自然和谐共生”为目标的立法方案。

考虑“以国家公园为主体”的自然保护地体系改革是对已有的“以自然保护区为主体”的自然保护地体系的重构，我们在构建新的自然保护地体系的过程中，特别是对具有弥补中国生态环境领域立法空白意义的《自然保护地法》《国家公园法》进行研究和设计的过程中，本着打通“事理”和“法理”，实现从“事理”到“法理”转换的理路，首先在法律基本范畴、立法价值目标、体制机制重塑、法律规范配置、制度体系建构等方面寻求理论创新与突破，促进自然保护地体系建设从政策立场向法律态度的转化、从政策逻辑向法律体系的转化、从政策语言向法律概念的转化、从政策话语向法律制度的转化。为此，我们在“基本理论编”中提出并回答了一些理论问题。例如，对我国自然保护地立法的基础概念、价值目标及基本原则的论证；以整体性思维塑造自然保护地立法体系，提出处理作为自然保护地体系建设“基本法”的《自然保护地法》与《国家公园法》关系的原则与方法；基于空间法治观下的自然保护地概念与法律属性，构建新的管理体制和分区管控机制；坚持“保护优先、绿色发展”立法原则，建立以共性制度、面上制度、一般制度和特殊制度为特征的制度体系等。

以这些理论成果为基础，我们在“立法建议编”中提出了《自然保护地法（专家建议稿草案）》及其条文说明。这既是将理论研究成果转化为立法实践的有益探索，也是针对国家公园体制改革实践中出现的法律问题所做的回应。通过“专家建议稿 + 条文说明”的方式，在全面展示自然保护地立法基础理论研究转化为立法方案的方式与过程的同时，也为立法机关提供了参考。值得欣慰的是，在 2021 年第十三届全国人大第四次会议上，马化腾先生作为人大代表领衔提出了关于制定自然保护地法的议案，并将我们的《自然保护地法（专家建议稿草案）》作为附件予以提交，该议案在经过审查后获得立案并交由全国人大环境与资源保护委员会办理。办理单位对于议案及其附件予以高度肯定并表示将会在立法中予以吸收。研究成果能够得到立法机关的回应，我们备受鼓舞。

我们深知，研究还处于初步阶段，远未达至成熟。将其呈现在大家面前，目的在于进一步促进与同仁们的学术交流与交锋，以共同促进由“国家公园”成就“公园国家”的自然保护地立法早日出台，保障中华大地美景永驻、青山常在、绿水长流！

吕忠梅

2022 年 7 月 20 日于星火西路八号院

目　录

导 言

自然保护地作为生态建设的核心载体、中华民族的宝贵财富、美丽中国的重要象征，是生态价值的“高地”、生态服务和产品的“富地”。中华人民共和国成立以来，党和国家高度重视自然保护地建设工作。自1956年在广东省设立鼎湖山自然保护区以来，经过60多年努力，我国已建立起数量众多、类型丰富、功能多样的各级、各类自然保护地。数据显示，我国已建立各类各级自然保护地9195处，占国土陆域面积的18%，90%的陆地生态系统类型和71%的重点保护野生动植物物种得到有效保护，部分珍稀濒危物种野外种群逐步恢复。[1]

中国进入新时代，自然保护地建设受到前所未有的重视。党的十八届三中全会提出“建立国家公园体制”，开始启动国家公园体制试点工作；中共中央、国务院印发的《生态文明体制改革总体方案》强调“改革各部门分头设置自然保护区、风景名胜区、文化自然遗产、森林公园、地质公园等的体制”；党的十九大提出“构建以国家公园为主体的自然保护地体系”；党的十九届四中全会明确要求“构建以国家公园为主体的自然保护地体系，健全国家公园保护制度”。这是以习近平同志为核心的党中央站在中华民族永续发展的高度，为生态文明建设实现新进步而作出的重大改革举措。目前，中国正在构建国家公园、自然保护区、自然公园“三位一体”的发展新格局，对于加快生态文明体制改革、加大生态系统保护力度、持续改善生态环境、增强自然生态服务功能具有

---

〔1〕 参见孙秀艳、常钦：《以自然之道　养万物之生》，载《人民日报》2021年10月8日，第1版。

重要意义。

在坚持全面深化改革与推进全面依法治国的进程中，科学立法既对改革发挥了引领和推动作用，又为改革提供了坚强有力的法治保障。虽然自 1994 年起我国先后颁布《自然保护区条例》《风景名胜区条例》等相关行政法规、规章，全国人大也曾于 2004 年、2006 年、2012 年三次启动自然保护区法或自然保护地法的立法工作。但因为种种原因，立法均未完成。在我国目前的生态环境保护法律规范体系中，有关整个自然保护地体系的目标原则、类型划分、治理模式等顶层设计仍处于立法空白状态。为加快形成完备的中国特色社会主义法律体系，党的十九届四中全会通过的《中共中央关于坚持和完善中国特色社会主义制度 推进国家治理体系和治理能力现代化若干重大问题的决定》专门提出：加强重要领域立法，以良法保障善治。2019 年，中共中央办公厅、国务院办公厅发布的《关于建立以国家公园为主体的自然保护地体系的指导意见》（以下简称《指导意见》）明确提出“加快推进自然保护地相关法律法规和制度建设……推动制定出台自然保护地法”。[1] 2021 年 8 月印发的《“十四五”林业草原保护发展规划纲要》中明确要求“推进国家公园法、自然保护地法、湿地保护法等立法进程”。2022 年，自然资源部印发的《自然资源法治建设 2022 年工作要点》中进一步提出“配合立法机关推进自然保护地等立法工作”。上述改革决定、文件等既是新时代自然保护地立法的新背景，也为新时代自然保护地立法确立了新目标、新要求。

新时代提出新要求，法学研究的任务和使命就是将相关改革举措、目标的内容转化为法律原则、法律制度，以国家强制力保证其实施。这意味着，我国的自然保护地立法工作是一个政策法律化的过程。但是，政策法律化并非简单的政策“搬家”至法律，而是需要立足于中国自然保护地体系建设目标，将政策话语有机转化为法言法语，将政策表述转化为准确的法律概念、清晰的法律逻辑、明确的法律条文。更何况，自然

[1] 中共中央办公厅、国务院办公厅：《关于建立以国家公园为主体的自然保护地体系的指导意见》，载《中华人民共和国国务院公报》2019 年第 19 期。

保护地作为一种特殊的空间单元,在管理上有别于传统的行政区域。一方面,其管理的针对性更强,即集中于被保护的自然生态系统、环境要素、自然资源、遗产遗迹等。另一方面,其管理的空间性更强,即主要集中在主要保护对象的自然分布空间。为此,自然保护地立法,首先,必须夯实其理论基础;其次,在理论研究的基础上运用立法技术、立法语言将理论研究成果、相关政策要求等转化为具体的、科学的法律条文。

基本理论编

第一章 自然保护地立法的基本模式

从立法学的角度来讲，立法模式是立法时所采取的法律类型，立法模式的选择直接影响甚至决定了该部立法中确认的立法目的、调整范围、权利(力)义务配置、法律手段运用等一系列重大问题，[1]对整个立法活动具有决定性的意义。基于此，对于自然保护地立法而言，立法模式必然成为研究过程中所涉及的基础性、关键性理论问题。

健全自然保护地的法制建设，是世界各国和地区自然保护地发展和保护管理的普遍共识，其中也必然有值得借鉴的法制建设经验。但同时必须看到，各国家和地区之间对自然保护地的功能定位、概念范畴等的认定存在较大差异，如以美国、加拿大为代表的“荒野模式”、以英国为代表的“庄园模式”、以日韩为代表的“自然公园模式”等。进而，实践中不同国家和地区的自然保护地立法也呈现不同的模式样态。因此，对于域外经验不能简单地照搬，而应当梳理、归纳、总结诸模式中的共性法制规律。在此基础上，结合我国自然保护地体系建设的目标、任务、方针、原则，以及经济社会发展、资源环境、历史文化等方面的国情，研究并提出自然保护地立法模式的“中国方案”。

---

[1] 参见江国华：《立法模式及其类型化研究》，载刘茂林主编：《公法评论》第4卷，北京大学出版社2007年版，第89～90页。

第一节 域外自然保护地立法的基本模式类型

根据世界自然保护联盟(International Union fov Conservation of Nature,IUCN)世界自然保护地数据库的统计,全球已经设立了包括自然保护区、国家公园在内的22万多个自然保护地,使全世界陆地面积的15%,以及全球海洋7%以上的区域受到了较好的保护。[1] 同时,按照世界自然保护联盟的标准,自然保护地作为一个“类概念”又具体包含了多个的类型(见表1-1)。

表1-1 世界自然保护联盟保护地的基本类型

类别代码	类别名称	主要目标
Ⅰa	严格自然保护区	主要用于科研的保护地
Ⅰb	原野保护地	主要用于保护自然荒野面貌的保护地
Ⅱ	国家公园	主要用于生态系统保护及娱乐活动的保护地
Ⅲ	自然纪念物	主要用于保护独特的自然特性的保护地
Ⅳ	栖息地/物种管理区	主要用于通过积极干预进行保护的保护地
Ⅴ	陆地/海洋景观保护地	主要用于陆地/海洋景观保护及娱乐的保护地
Ⅵ	资源保护地	主要用于自然生态系统持续性利用的保护地

与此同时,世界各国普遍结合自身的实际情况,设定了符合本国实际情况和需求的自然保护地类型体系,进而建立并不断完善了本国的自

---

〔1〕 详细内容参见中国科学院兰州文献情报中心:《IUCN报告显示全球保护区目标取得重大进展》,载《科学研究动态监测快报》2018年第23期。

然保护地体系。其中,典型国家的具体情况如表1－2所示。

表1－2　代表性国家的自然保护地类型

国家	自然保护地类型
俄罗斯	包括国家级自然保护区、全国和地方性的国家自然禁猎区、国家公园、自然公园、自然遗迹地,以及植物园、林木公园、疗养区、医疗保健区等类型
日本	包括环境省管理的自然环境保全地域体系、自然公园体系、鸟兽保护区、生息地等保护区;林业厅管理的森林生态系统保护地域;文化厅管理的天然纪念物。其中,自然公园体系又包括国立公园、国定公园和都道府县立自然公园
意大利	包括国家公园、区域间的自然公园、自然保护区、湿地及国际重要地区、其他自然保护地、潜在陆地和海洋保护区等类型
德国	包括国家公园、自然保护区、景观保护区、自然公园、生物圈保护区、原始森林保护区、湿地保护区、鸟类保护区等类型
加拿大	国家层面的自然保护地体系包括国家公园、国家海洋保护区、国家野生动植物保护区、国家候鸟禁猎区、国家首都保护地等5种类型。此外,还有联邦与州合作的加拿大遗产河流系统项目,以及州立公园等类型
南非	包括科学保护区、荒野保护区、海洋保护区、国家公园和相当的保护区、跨界保护区、生物圈保护区、自然和文化纪念地、世界遗产地、栖息地和野生动植物管理区、保护的陆地和海洋景观、可持续利用区、湿地等类型
法国	包括国家公园、自然保护区、大区自然公园、群落生境保护区、国际重要性的湿地等类型
瑞典	包括国家公园、自然保护区、文化保护区、自然遗迹、动植物栖息地保护区域、野生动物和植物禁猎禁伐区、沿岸保护区、环境保护区、水域保护区等类型

鉴于此,域外国家均需面对和解决各自然保护地类型在法律体系中的统一、协调问题,以形成对各类自然保护地的法制保障合力。基于此,世界范围内的自然保护地立法主要存在如下两种基本模式类型。

一、新西兰模式

所谓“新西兰模式”，是指在自然保护地立法体系中理顺各种自然保护地叠加、重复的情况及其法律适用问题。具体而言，新西兰建立了包括国家公园在内的、包括多种保护地类型的自然保护地体系，相关立法主要有《新西兰保护法》《新西兰国家公园法》《新西兰海洋保护区法》《新西兰保护区法》等。其中，有些立法是保护某一类自然保护地的，如新西兰现有的 14 处国家公园，都受《新西兰国家公园法》的保护。有些立法保护的则是多种类型的自然保护地，如《新西兰保护法》保护的有保护公园、生态区域、庇护区域等类型。同时，这些法律也保护某一自然保护地类型中的不同区域。例如，在国家公园中，如果某个区域被指定为庇护区域，则这一区域要同时遵守《新西兰国家公园法》和《新西兰保护法》的规定。更重要的是，每一部法律对其保护对象的界定都有比较明确的说明，对某一类型的自然保护地应同时受到哪些法律的保护也有具体的解释。[1]

二、综合法模式

从立法现象上看，巴西、南非、日本、韩国、法国、阿根廷、瑞典等国制定了统一的自然保护地综合性立法或者在法典中设置了专门的篇章，以此理顺、明确本国范围内各种自然保护地类型相互间的关系，以增强自然保护地法律体系及其制度设计的系统性、科学性。[2] 具体而言：

1.《巴西全国自然保护区系统》。为加强“自然保护区”建设和管理，巴西于 2000 年颁布了“自然保护区”的专门立法——《全国自然保护区系统》(第 9.985 号法)。2002 年，又以第 4.340 号法对其作了补充和完善。需要说明的是，巴西的“自然保护区”不同于我国的自然保护区，具体包括完全保护区和可持续利用保护区两大类。其中，完全保护区就包括国家公园在内的 5 种类型，可持续利用保护区则包括合理开发保护区在内的 7 种类型。因此，该法实际上是该国整个自然保护地体系

---

〔1〕 参见赵智聪、庄优波：《新西兰保护地规划体系述评》，载《中国园林》2013 年第 9 期。

〔2〕 参见唐芳林等：《国家公园理论与实践》，中国林业出版社 2017 年版，第 64 ~ 99 页。

的综合性立法。

2.《澳大利亚环境保护和生物多样性保护法》。1999年颁布了《澳大利亚环境保护和生物多样性保护法》,整合了此前的《澳大利亚国家公园和野生动物保护法》(1975年)、《澳大利亚世界遗产保护法》(1983年)、《澳大利亚环境保护法》、《澳大利亚濒危物种保护法》等相关法律,成为一部关于自然保护地的综合性立法。其内容包括国家公园、自然公园、海洋保护区、历史保护区、海岸保护区、原住民保护区,这些自然保护地类型在该法中予以分类规定。[1]

3.《南非国家环境管理:保护地法》。南非在先后制定《南非国家公园法令》《南非国家森林法令》《南非世界遗产公约法令》等单一类型自然保护地立法的基础上,于2003年制定了《南非国家环境管理:保护地法》以及2004年制定了31号修正案,其中明确规定了该国包括国家公园在内的各自然保护地类型。

4.《阿根廷国家公园、自然遗址和自然保护区法》。阿根廷1980年制定了《国家公园、自然遗址和自然保护区法》,全面规定各类自然保护地管理规则,并废止了1970年和1972年的相关旧法律。

5.《法国环境法典》与《瑞典环境法典》。《法国环境法典》中与自然保护地有关的内容主要体现在法典第三卷"自然空间"的第三编"公园和保护区"。该编各章依次为:国家公园、自然保护区、大区自然公园、海洋保护区、国家公园和大区自然公园的共同条款、群落生境保护区与国际重要性的湿地。[2] 无独有偶,《瑞典环境法典》中专设"第二编　自然保护",并在"第七章　区域保护"中统一规定了包括国家公园、自然保护区在内的各种保护地类型。[3]

6.《日本自然公园法》和《韩国自然公园法》。日本和韩国在建立和运营国家公园(该两国称为"国立公园")的过程中,均制定并不断完善

---

〔1〕 参见刘红婴:《国家公园制度解析》,知识产权出版社2017年版,第97~99页。

〔2〕 参见《法国环境法典》(第1卷至第3卷),莫菲等译,法律出版社2018年版,第296~330页。

〔3〕 参见《瑞典环境法典》,竺效等译,法律出版社2018年版,第27~35页。

了包括国立公园在内的综合性自然保护地立法。其中,《日本自然公园法》规定了国立公园、国定公园以及都道府县立自然公园等三种基本类型;《韩国自然公园法》则对国立公园、道立公园、郡立公园和地质公园等四种基本类型分别进行了法律规制。

第二节　我国自然保护地立法模式的现状

长期以来,针对不同类型的管理对象,我国将自然保护地分为不同的管理类型;而针对该特殊的管理空间,又有针对性地设置了专门的管理主体。据不完全统计,在启动以国家公园为主体的自然保护地体系改革前,我国由不同地区、不同行业主管部门设立的各类自然保护地有20多种。其中,包括但不限于:自然保护区、风景名胜区、自然遗产、地质公园、森林公园、湿地公园、沙漠公园、草原公园、海洋公园、大气公园、冰川公园、农业公园、沙化土地封禁保护区、水利风景区、草原风景区、饮用水源地保护区、生境保护点、海洋特别保护区、种质资源保护区、自然保护小区、城市湿地公园等。[1] 但同时,相关类型自然保护地的管理依据比较分散。除《环境保护法》《海洋环境保护法》《水污染防治法》《渔业法》对自然保护区、海洋特别保护区、饮用水源保护区、水产种质资源保护区有原则性的法律规定外,各类、各级自然保护地设立的主要依据是行政法规、规章以及国务院相关行业主管部门发布的规范性文件(见表1-3)。

表1-3　改革前我国各类自然保护地的主要管理依据

自然保护地类型	主要管理依据(含起始制定时间、制定主体)
自然保护区	《自然保护区条例》(1994年国务院颁布)
风景名胜区	《风景名胜区条例》(2006年国务院颁布)

〔1〕 资料来源:《全国生态旅游发展规划(2016—2025)》。李俊生等编著:《国家公园体制研究与实践》,中国环境出版集团2018年版,第3~5页。

续表

自然保护地类型	主要管理依据（含起始制定时间、制定主体）
森林公园	《森林公园管理办法》（1994 年原林业部发布） 《国家级森林公园管理办法》（2011 年国家林业局发布）
地质公园（地质遗迹保护区）	《地质遗迹保护管理规定》（1995 年原地质矿产部发布）
湿地公园	《国家湿地公园管理办法》（2017 年原国家林业局发布）
海洋特别保护区	《海洋特别保护区管理办法》（2010 年国家海洋局发布）
水利风景区	《水利风景区管理办法》（2004 年水利部发布）
矿山公园	《关于申报国家矿山公园的通知》（2004 年原国土资源部发布）
种质资源保护区	《水产种质资源保护区管理暂行办法》（2011 年原农业部发布） 《畜禽遗传资源保种场保护区和基因库管理办法》（2006 年原农业部发布）
沙化土地封禁保护区	《国家沙化土地封禁保护区管理办法》（2015 年原国家林业局发布）
沙漠公园	《国家沙漠公园管理办法》（2017 年原国家林业局发布）

在启动以国家公园为主体的自然保护地体系改革之后，有关立法为有效对接新的自然保护地体系，原则性地规定了国家公园、自然保护区、自然公园这一新的自然保护地体系。同时，开展国家公园体制改革的有关地区也已着手开展了有关国家公园的地方立法工作。其具体表现为：

1. 相关法律中有关以国家公园为主体的自然保护地体系的原则性规定。例如，《长江保护法》《湿地保护法》等。[1]

2. 国家层面专门的部门规章。为加强国家公园建设管理，保障国家

〔1〕 例如，《长江保护法》第 24 条规定："国家对长江干流和重要支流源头实行严格保护，设立国家公园等自然保护地，保护国家生态安全屏障。"又如，《湿地保护法》第 24 条规定："省级以上人民政府及其有关部门根据湿地保护规划和湿地保护需要，依法将湿地纳入国家公园、自然保护区或者自然公园。"

公园工作平稳有序开展，国家林业和草原局研究制定了《国家公园管理暂行办法》（林保发〔2022〕64 号）。

3. 地方性国家公园统一立法。例如，云南省制定的《云南省国家公园管理条例》。

4. 地方性国家公园"一园一法"。例如，云南省制定的《香格里拉普达措国家公园管理条例》，以及湖北省制定的《神农架国家公园保护条例》、青海省制定的《三江源国家公园条例（试行）》、福建省制定的《武夷山国家公园条例（试行）》、海南省制定的《海南热带雨林国家公园条例（试行）》等。此外，邵阳市人民政府办公室下发的《南山国家公园管理办法》（邵市政办发〔2020〕7 号）对南山国家公园管理体制、规划与分区、保护与用途管制和法律责任等作了明确规定。

5. 各国家公园的相关规范性文件。其中，主要包括但不限于：三江源国家公园已经制定了科研科普、项目投资、特许经营、访客管理等十余项管理办法；东北虎豹国家公园制定了国有自然资源资产管护、有偿使用、特许经营、调查监测、资产评估等管理制度，下发《关于进一步加强虎豹及栖息地保护工作的通知》《关于进一步加强虎豹野外种群及其栖息地保护管理的通知》等数十个有关试点区的生态保护文件；[1] 钱江源国家公园发布了《钱江源国家公园山水林田河管理办法》《钱江源国家公园特许经营管理暂行办法》《钱江源国家公园建设和管理规范》等；南山国家公园出台了《社会协调发展管理办法》《建设管理办法》《巡护管理制度》《特许经营管理办法》《科研奖励制度》等；武夷山国家公园出台了资源保护、科研监测、旅游管理等配套管理制度；祁连山国家公园公布了《产业准入清单》《建设项目监督管理办法》《自然资源档案管理办法》等暂行办法；[2] 云南省林业和草原局与省财政厅联合印发了《香格里拉普达措国家公园特许经营项目管理办法（试行）》，迪庆州制定了《普达措

〔1〕 参见陈晓才、吴林锡：《东北虎豹国家公园：美丽中国新地标》，载《中国绿色时报》2020 年 8 月 14 日，第 3 版。

〔2〕 参见王江江：《祁连山国家公园：擘画西部生态高地》，载《中国绿色时报》2020 年 8 月 14 日，第 4 版。

国家公园旅游反哺社区发展实施方案》;大熊猫国家公园管理局发布了《大熊猫国家公园确界定标管理办法(试行)》等。虽然上述规范性文件并非《立法法》意义上的法律文件,但相关文件无疑对各国家公园内的相关活动起到了规范作用。

综上所述,我国自然保护地的既有立法实际上呈现一种"分散立法"的模式或"多头立法"的状态。其具体表现是,各类自然保护地的既有立法可以分为五个类(级)别:第一类(级),有现行法律的明确规定,法律效力最高。主要包括自然保护区、海洋特别保护区、水产种质资源保护区、饮用水源保护区。第二类(级),没有现行法律规定,但有现行行政法规规定,此类(级)目前主要是风景名胜区。第三类(级),目前没有专门的法律和行政法规规定,但有改革文件、相关法律、部门规章及地方立法的规定,主要是国家公园。第四类(级),既没有法律也没有行政法规规定,只有国务院相关行业主管部门的规章规定,法律效力较低。主要包括森林公园、湿地公园、地质公园。第五类(级),没有法律、行政法规和部门规章规定,只有国务院相关行业主管部门发布的规范性文件规定。主要包括水利风景区、自然遗产、沙漠公园、草原风景区、草原公园、海洋公园、大气公园、冰川公园、农业公园、沙化土地封禁保护区、生境保护点、自然保护小区、城市湿地公园等。[1]

不仅如此,即使属于第一类(级)的四种保护地类型,其所谓的法律层级的依据也是分散在《环境保护法》《海洋环境保护法》《渔业法》《水污染防治法》等相关立法中,没有法律层级的专门立法。各类型自然保护地均从各个部门的利益进行考量,缺乏统一的价值目标和分类标准,难以避免会在规划、范围、管理、权属等多方面存在制度冲突。而且,整体而言,自然保护地立法的时间跨度大、层级低,立法理念落后、制度落后,不能适应自然保护地体系建设实践与需要。[2] 虽然其间有修改的情况,但基本上是在国家公园体制以及自然保护地体系改革之前且立法

---

〔1〕 参见陈尚:《自然保护地管理告别"九龙治水"》,载《光明日报》2019年5月18日,第5版。

〔2〕 参见吕忠梅:《以国家公园为主体的自然保护地体系立法思考》,载《生物多样性》2019年第2期。

普遍层级低。而改革后颁布的《国家公园管理暂行办法》仅定位于为国家公园在相关法律正式颁布前的过渡期开展保护、建设和管理工作提供了基本遵循，其立法层级同样相对较低、内容也不够系统（特别是缺少国家公园设立程序及对相关违法行为追究法律责任的规定）。不仅如此，以部门权力、行政管理为核心建立法律制度的立法模式，缺乏“生态系统”观、“多元共治”理念，缺乏“山水林田湖草沙”统筹治理的制度安排，不能为国家公园体制以及自然保护地体系改革中出现的新情况、新问题提供系统性、整体性解决方案，明显滞后于生态文明体制改革的时代需求。

第三节　我国自然保护地立法模式的未来选择

综观前述世界各国的自然保护地立法，形成了前述两种不同的基本立法模式。而我国相关改革文件及立法计划中已经明确提出制定《自然保护地法》，即指向了制定统一的综合法模式。应该说，这种立法模式的未来选择不仅必要，而且可行。

一、制定《自然保护地法》的必要性

通过对自然保护地的立法现状梳理可知，我国自然保护地的发展正处在“边破边立”的改革进程之中。一方面，既有的体系正在被逐渐打破，传统的问题有望得到解决。另一方面，新的体系正在建立，同时改革的过程中又出现了一些新的问题和矛盾。在此改革的“关键期”、“窗口期”和“机遇期”，制定统一的《自然保护地法》明显具有现实必要性。主要理由如下：

（一）统一法制之必要

我国现阶段明显缺少以统一国家立法为基本依据的自然保护地分级和分类，尚未形成法定的、科学统一的自然保护地体系。虽然《环境保护法》《野生动物保护法》《湿地保护法》《长江保护法》等相关立法中都有关于自然保护地类型、区域的立法描述，但相关法律的内涵和边界不

明确,难以为自然保护地的统一高效管理提供充分的法制保障。导致自然保护地的管理实践中存在如下问题:

1. 不同自然保护地的立法定位不清,以致实践中存在保护地分布不均衡、结构不合理、规划不系统、分类不科学、区域重叠、保护标准不清晰等问题。[1] 这既影响了法律体系效应和制度合力,更不利于对自然生态的系统性和完整性保护。据不完全统计,在启动以国家公园为主体的自然保护地体系改革前,仅国家级自然保护区、国家级风景名胜区、国家森林公园、国家地质公园和国家级湿地公园 5 类自然保护地,彼此交叉或重叠的情况就有 200 多处。例如,江西省的庐山和国家公园体制改革试点的湖北省神农架,在同一块区域内就同时建立了 5 种类型的国家级自然保护地,长白山、苍山洱海、五大连池、张家界等建立了 4 种类型的自然保护地。[2]

2. 管理主体的"归口"情况十分复杂。囿于各类保护地存在设立的依据不同,各级、各类行业主管部门往往从自身管理的角度出发,设置相应的自然保护地管理主体。由此导致实践中各级、各类自然保护地管理主体的"归口"情况十分复杂(见表 1 –4),进而在实践中,存在多头交叉管理、权责不落实,以及管理目标和手段等存在较大差异甚至冲突,从而导致条块分割、保护让位于开发利用等弊端。

表 1 –4　改革前我国自然保护地的管理部门

类型	管理部门
自然保护区	国务院生态环境主管部门负责全国自然保护区的综合管理。林草、农业、地质矿产、水利、海洋等有关部门在各自的职责范围内,主管有关的自然保护区

---

〔1〕 以位于黑龙江省虎林市的八五四农场国家草原自然公园为例,该国家草原自然公园已按工作进度完成生态修复工作,2022 年将开始全面建设。但据悉,该国家草原自然公园实际上划分了 4 个功能区,即观赏游憩区、生态保育区、科普宣教区、管理服务区,这与《指导意见》中"自然公园原则上按一般控制区管理"的要求明显存在差别。参见邢晓然:《黑龙江虎林打造特色国家草原自然公园》,载《中国绿色时报》2021 年 12 月 29 日,第 3 版。

〔2〕 参见李俊生等编著:《国家公园体制与研究实践》,中国环境出版集团 2018 年版,第 23 ~ 24 页。

续表

类型	管理部门
风景名胜区	国务院建设主管部门负责全国风景名胜区的监督管理工作,其他部门按照职责分工,负责风景名胜区的有关监督管理工作。省级建设主管部门和直辖市风景名胜区主管部门,负责本行政区域内风景名胜区的监督管理工作,其他有关部门按照规定的职责分工,负责有关监督管理工作
森林公园	国务院林草主管部门负责全国国家级森林公园的监督管理工作,县级以上林草主管部门负责本行政区域内国家级森林公园的监督管理工作
地质公园(地质遗迹保护区)	各级地质矿产行政主管部门在同级生态环境主管部门的协助下,对地质遗迹保护实施监督管理
湿地公园	国家林草主管部门依照有关规定组织实施建设国家湿地公园,并对其进行指导、监督和管理
海洋特别保护区	国家海洋行政主管部门负责全国海洋特别保护区的监督管理
水利风景区	水利风景区管理机构在水行政主管部门和流域管理机构的统一领导下,负责建设、管理和保护工作
矿山公园	国务院地质矿产主管部门负责
种质资源保护区	国务院农业主管部门主管全国水产种质资源保护区工作,县级以上农业部门负责辖区内水产种质资源保护区工作
沙化土地封禁保护区	国家林草主管部门负责国家沙化土地封禁保护区的划定工作,并对其进行指导、监督和管理
沙漠公园(试点)	国家林草主管部门依照有关规定对国家沙漠公园进行指导、监督和管理

3. 自然保护地管理主体的设置混乱。《全国林业系统自然保护区统计年报(2015)》显示,仅林业系统归口管理的2228个自然保护区中,已建管理机构的仅有1244个,占比仅为55.83%。其中,行政管理类52个,参公管理85个,事业管理936个(包括全额拨款、差额拨款和自收自支),企业管理28个(相关经费未纳入财政预算),其他143个(包括上级机构为企业)。即使在保障程度相对比较高的自然保护区管理局中,有很多也是企业编制、自收自支。不仅如此,既有管理主体存在"多套人马一块牌子""一套人马多块牌子"的情况。例如,云南的苍山洱海既成立了国家级自然保护区管理局,又成立了云南洱源西湖国家湿地公园、大理风景名胜区、苍山国家地质公园;又如,灵宝山国家森林公园与无量山国家级自然保护区实际上是一个机构却挂着两块牌子。与此同时,无管理机构管理或有管理机构但性质不明的情况在实践中也不鲜见。

4. 管理主体的事权配置碎片化。通过对部分自然保护地类型的事权配置情况进行梳理发现,现有各类保护地由不同政府部门根据自己的职能进行设置并管理(见表1-5)。诚然,这有利于发挥各部门的专业性优势,但也由此呈现十分复杂的事权配置现状。但同时,这种事权配置的状态明显缺乏整体性、系统性、协同性考虑,基本未考虑不同保护地类型的衔接性制度,导致监管体系在部门、系统内部"封闭循环"。不同政府部门负责管理不同类型的保护地,导致保护地设置交叉重叠和执法冲突。这既可能导致同一区域设置的不同保护地类型之间交叉重叠、规划冲突,也可能导致同一区域设置不同保护地类型的执法冲突。因此,各自为政的现状既不利于建立统一的自然保护地体系,也不利于不同类型自然保护地之间执法联动、治理衔接,目前迫切需要提升自然保护地治理体系和治理能力现代化水平。

表1－5　改革前部分自然保护地的管理事权状况

自然保护区	风景名胜区	湿地公园	森林公园	海洋特别保护区	地质公园（地质遗迹保护区）
国务院行政法规 中央9项,涉及国务院和7个部门; 省级6项; 市、县级4项; 自然保护区管理机构9项	国务院行政法规 中央7项,涉及国务院和6个部门; 省级7项; 市、县级6项; 风景名胜区管理机构8项	原国家林业局规章 中央6项,涉及1个部门; 省级3项; 市、县级9项; 湿地管理机构4项	原国家林业部规章 中央4项,涉及1个部门; 省、级5项; 市、县级6项; 森林公园管理机构11项	原国家海洋局文件 中央4项,涉及1个部门; 省级4项; 市、县级6项; 海洋特别保护区管理机构9项	原地质矿产部文件 中央3项,涉及2个部门; 省级1项; 市、县级6项; 地质遗迹保护区管理机构4项

5. 部分自然保护地的管理定位不明。除前述自然保护地类型外，目前在实践中存在一种“公益保护地”。此类保护地主要是由公益组织（如桃花源生态保护基金会、大自然保护协会等）推动，通常由公益基金出资托管一块自然保护地，与当地政府签订协议后进行相应的保护和管理活动。此类保护地可以在实现保护目标的同时让当地社区受益，利益相关方的参与度也比较高。但是，在自然保护地体系改革的过程中，此类保护地的定位及未来发展如何，实践中的认知和做法并不统一。如在实践中，有管理者就认为“公益保护地”不是法定类型，将来只是在政府依法划定的保护地范围内“开辟”或“再划定”一定空间，作为一种公众参与管理的方式。但也有地方在实践中充分发挥公益组织、社区等在自然保护地建设中的作用，从而形成了“政府监督、民间管理并协调保护与发展”的治理模式。[1] 此外，自然保护小区也是实践中（尤其是在我国

〔1〕 例如，在四川平武县老河沟公益保护地，就是先设立公益保护地后由政府批准成立保护区。并且，在政府批准成立的保护区的基础上，还把周边社区全部纳入扩展区。

南方地区）存在的一种保护地类型。[1] 原国家林业局组织编制、自2001年起实施的《全国野生动植物保护及自然保护区建设工程总体规划》指出，“建立自然保护小区，是针对我国南方人口稠密地区实施对生物多样性和珍稀动植物栖息地保护的一种有效方法和措施。它可以在全社会范围内，进一步改善自然生态环境和人民群众生活环境，从身边做起保护自然资源，提高全民保护生态环境意识”。但在当前自然保护地体系改革的背景和要求下，这种保护地究竟应当如何定位及管理，实践中做法不一甚至存在合法性风险。[2]

上述问题的解决，可以采取的方案主要有二：一是“分散修法”，即对既有相关立法按照需要一一进行修改，以解决上述法制不统一的问题。很显然，此方案涉及的立法数量较多、内容庞杂，且很多保护地的设立和管理（如前述的公益保护地、自然保护小区等）现阶段尚没有立法上的依据。因此，其具体实施的可行性很低且效果也较为有限。二是“另起炉灶”，即通过制定《自然保护地法》以统一规定自然保护地的类型、级别、管理体系、主要制度等。显然，此方案相比“分散修法”明显立法成本更低，且从统一法制的角度讲效果明显更好。特别是在相当数量、类型、级别的自然保护地尚无明确法律依据的情况下，国家层级的统一立法还能够有效解决其“无法可依”的问题。

（二）回应社会关切之必要

党的十九大报告提出，我们要建设的现代化是人与自然和谐共生的现代化，既要创造更多物质财富和精神财富以满足人民日益增长的美好生活需要，也要提供更多优质生态产品以满足人民日益增长的优美生态

〔1〕 2016年8月，由全国科学技术名词审定委员会审定公布的《林学名词》（第2版）中，将“自然保护小区”定义为“为保护珍稀濒危野生动植物种群和典型植物群落而设定的面积较小的保护区”。

〔2〕 例如，2015年3月，江西省婺源县政府印发的《婺源县蓝冠噪鹛自然保护小区保护管理办法》提出，按照国家级自然保护区核心区的要求，对蓝冠噪鹛及其栖息地自然保护小区予以特殊保护和管理。相关情况可参见朱磊、王丹：《自然保护小区守护大自然》，载《人民日报》2022年1月21日，第13版。诚然，这种制度的设计初衷和实际效果无疑都是好的，但若将自然保护小区按照自然保护区的核心区进行管理，不但规则的制定主体缺乏应有的“立法”权限，而且相关法律依据也明显不足。

环境需要。如前文所述，自然保护地作为生态建设的核心载体、中华民族的宝贵财富、美丽中国的重要象征，既是满足人民日益增长的优美生态环境需要的空间基础，同时也是创造更多物质财富和精神财富以满足人民日益增长的美好生活需要的物质基础。

但是，仅从前述自然保护地管理主体的性质不一就能看出，当前我国自然保护地的公益属性不明确、全社会共享的机制尚未建立，不能满足普遍保护与国民游憩、科教的多重需求。在全面推进依法治国的新时代，迫切需要用最严格的制度、最严密的法治守护自然保护地，这是解决上述问题、满足人民群众现实需求的治本之策。特别是在全国"两会"期间，代表、委员近年来围绕自然保护地体系改革及制定《自然保护地法》更是多次建言献策，其中包括但不限于："关于尽快完善自然保护地法律体系的提案"复文(2020 年第 0283 号)、"关于加快自然保护地立法的建议"(2021 年第 3017 号)、"关于制定《自然保护地法》的提案"(2021 年第 3276 号)、"关于加快自然保护地整合优化工作、建立以国家公园为主体的自然保护地体系的建议"(2021 年第 4956 号)等。这一现象充分表明，制定一部统一的《自然保护地法》已经具备了坚实的社会基础、形成了广泛的社会共识。

(三)支撑改革之必要

习近平总书记指出，要按照山水林田湖草是一个生命共同体的理念，创新自然保护地管理体制机制，实施自然保护地统一设置、分级管理、分区管控，把具有国家代表性的重要自然生态系统纳入国家公园体系，实行严格保护，形成以国家公园为主体、自然保护区为基础、各类自然公园为补充的自然保护地管理体系。[1] 可见，我国正在进行自然保护地体系的改革，其基本方向是从过去的"以自然保护区为主体的自然保护地体系"发展为"以国家公园为主体的自然保护地体系"。但改革前各类自然保护地名称多样，各类自然保护地的设置主体与方式不同、时间不同、保护对象不同，缺乏统一的判断标准、保护方式。在此情况

---

〔1〕 参见习近平：《对标重要领域和关键环节改革　继续啃硬骨头确保干一件成一件》，载《人民日报》2019 年 1 月 24 日，第 1 版。

下，如果自然保护地体系建设仅在保护地的“名称”上创新，仍不能真正解决长期以来存在的内涵不清、价值取向不明、保护范围不定等实质性问题。

一方面，按照目前的改革方向，以自然保护区为基础，今后将有一批生态系统重要程度高、生物多样性富集区、物种重要栖息地、景观价值高的自然保护地被整合到国家公园中。但是，我国既有自然保护地类型丰富、数量众多，那些没有被纳入国家公园体系内的自然保护地未来将如何管理？〔1〕此外，生态文明建设和体制改革过程中设立、试点的新的自然保护空间及保护地类型等如何进行定位和管理？〔2〕另一方面，从改革实践情况看，囿于缺乏必要的顶层立法设计，未来进一步推进改革的基本制度保障仍然不足。具体表现包括但限于：实际上是原有的各种形式保护地简单整合、换个牌子；主管部门或地方政府单向推进，中央与地方、中央和地方各相关部门、政府与企业和社会等各方面的关系不顺；对改革方案要求的财政投入结构性重组、多元化投入渠道等问题基本没有涉及；到底需要进行哪些制度创新缺乏基础性法律依据等。特别是从现实情况看，以国家公园为主体的自然保护地体系既面临以“生态优先”“保护优先”名义抵制各类开发、利用活动的冲突，同时又面临“合理利用”难以“测度”的压力。

显然，改革本身就意味着必须要坚持问题导向，对经济社会发展过程进行新的调试，甚至是对既有的制度体系、管理体制、调整机制、利益

---

〔1〕 相关研究成果显示，未来我国国家公园的数量在50～60个，覆盖我国国土面积在6%～9%的范围之内。这就意味着，无论是数量还是总体面积，改革后国家公园之外的其他自然保护地类型仍将占据大多数。

〔2〕 例如，国家发展改革委、体育总局、自然资源部、水利部、农业农村部、国家林业和草原局、农业发展银行《关于推进体育公园建设的指导意见》（发改社会〔2021〕1497号）提出，体育公园是以体育健身为重要元素，与自然生态融为一体，具备改善生态、美化环境、体育健身、运动休闲、娱乐休憩、防灾避险等多种功能的绿色公共空间，是绿地系统的有机组成部分。又如，本着统筹就地保护与迁地保护相结合的原则，我国启动北京市、广州市等国家植物园体系建设。国务院《关于同意在北京设立国家植物园的批复》（国函〔2021〕136号）要求，国家植物园建设要坚持人与自然和谐共生，尊重自然、保护第一、惠益分享；坚持以植物迁地保护为重点，体现国家代表性和社会公益性。此外，如2019年浙江省政府工作报告中还首次提出“十大名山公园”的建设任务等。

关系等进行重构。如果自然保护地体系改革中的上述问题不能得到切实有效的解决,原有的各类、各级自然保护地很可能只是在形式上简单整合、换个牌子,导致“一名一义”“一地多名”“有名无实”等现象的出现。不仅既定的改革目标难以有效达成,而且改革中已经取得的成果也可能难以维系。更何况,前述问题依靠对既有立法的“小修小补”是难以彻底解决的。因此,为确保“凡属重大改革都要于法有据”,需要通过《自然保护地法》的顶层设计提供体系化的方案。

(四)落实决策之必要

建立国家公园体制是党的十八届三中全会提出的重点改革任务,是我国生态文明制度建设的重要内容。为此,党的十九届四中全会对健全国家公园保护制度专门作出安排,明确要求“健全国家公园保护制度”。在落实中央决策部署尤其是健全制度的过程中,对国家公园进行专门立法的重要性和必要性毋庸置疑(如前述的新西兰就专门制定了《国家公园法》)。但是,这并不意味着法律体系中仅仅需要有一部国家公园的专门立法。从对国内外自然保护地的制度现状梳理可知,国家公园作为一种自然保护地的类型,其不可能脱离整个自然保护地体系单独存在和发展。

正因如此,《建立国家公园体制总体方案》(以下简称《总体方案》)提出:“在明确国家公园与其他类型自然保护地关系的基础上,研究制定有关国家公园的法律法规。”很显然,《总体方案》中的这一表述意味着需要研究制定的并不只是一部《国家公园法》。《指导意见》进一步明确提出:“加快推进自然保护地相关法律法规和制度建设……推动制定出台自然保护地法。”综上所述,为系统、全面、准确地理解和贯彻党中央有关以国家公园为主体的自然保护地体系建设的一系列决策精神和改革部署,必须在研究制定国家公园专门立法的同时,尽快制定《自然保护地法》。

二、制定《自然保护地法》的可行性

本质上,立法是经济社会发展到一定时期做出的政治选择。立法中的利益博弈和协调,是一个典型政治行为。通常,决定该种政治行为的经济社会因素或者条件有四个方面：一是立法的现实需求，即经济社会发展过程中产生了既有法律不能解决的新的利益冲突，需要承认新的权利或者对旧的权利加以限制；二是立法的内生动力，即为解决利益冲突，实践中已经有了相对丰富的探索，并形成了一些解决方案；三是立法有一定理论支撑，即理论研究达到了一定的水平，可以为制定一部新法提供基本理论支持；四是政治家的价值取向明确，即政治家对解决利益冲突的意志坚定。由此来看，制定《自然保护地法》的条件已基本成熟。

（一）管理实践中已积累了一定的经验

我国自然保护地的发展已经有 60 多年的历史。尤其是 2018 年 3 月，中共中央印发《深化党和国家机构改革方案》明确了“将国家林业局的职责，农业部的草原监督管理职责，以及国土资源部、住房和城乡建设部等管理职责整合，组建国家林业和草原局”。2018 年 4 月 10 日，国家公园管理局正式挂牌成立；2018 年 5 月，国家公园体制试点工作的职责由国家发展改革委整体移交国家公园管理局。自此，我国各类自然保护地有了统一的管理机构，解决了长期存在的“九龙治水”“多头管理”的问题，也为自然保护地的统一监督管理奠定了体制基础。

与此同时，自然保护地管理的改革实践也在加速推进。2021 年 10 月 12 日，习近平总书记在《生物多样性公约》第十五次缔约方大会领导人峰会上发表主旨讲话，宣布中国正式设立三江源、大熊猫、东北虎豹、海南热带雨林、武夷山等国家公园。这标志着我国生态文明领域又一重大制度创新落地生根，也标志着国家公园由试点转向建设新阶段。[1]按照 2021 年 8 月印发的《“十四五”林业草原保护发展规划纲要》的要求，未来我国还将“新整合设立秦岭、黄河口等国家公园”。与此同时，各级各类自然保护地也正在进行整合归并优化的工作。按照《国家公园等自然保护地建设及野生动植物保护重大工程建设规划（2021—2035 年）》的要求，到 2025 年将完成自然保护地整合归并优化。显然，国家公园的正式建立和管理以及各级各类自然保护地的整合归并优化，不仅可以为立法积累宝贵的实践经验，还有助于及时发现和总结更多、更深层

---

〔1〕 参见关志鸥：《高质量推进国家公园建设》，载《求是》2022 年第 3 期。

次的立法需求。

（二）立法理论和实践已有一定的基础

早在2004年，全国人大常委会就曾将《自然保护区法》纳入立法计划；[1]2006年，分别由不同部门草拟了《自然保护区法（草案建议稿）》、《自然保护地法（草案征求意见稿）》和《自然保护区域法（草案征求意见稿）》；2013年，部分全国人大代表联名提出议案并提出了《自然保护地法（草案建议稿）》。虽然这些草案都未真正进入立法程序，并且有的由立法机关推动，有的由部门推动，有的由社会组织推动。但是，这些法律草案毫无疑问对于现阶段制定《自然保护地法》打下了一定的立法实践基础，积累了一定的立法经验。与此同时，一些地方在自然保护地立法方面也进行了有益的探索。例如，青海省已起草完成《青海省自然保护地条例（草案）》，为该省的自然保护地建设提供了制度支撑。[2]

与此同时，已经有一些自然保护地的专著、译著，也有一些专门研究自然保护地立法的学术论文，这些研究成果对我国自然保护地立法现状达成了基本共识：一是立法层级低，多以部门利益主导，主要是行政法规和地方性法规为主，立法空白、交叉、错位现象同时大量存在；二是部门分治、地方合治，管理体制机制不顺，中央各主管部门进行"自发式"管理，地方政府对划定的单元进行"合治"，权力配置不仅与生态保护规律相悖，不符合公共行政的一般要求，还不符合生态文明体制改革的总体目标和方向；三是法律制度的科学性、体系性、可操作性严重缺乏，以"命令—服从"为主的行政机制主导，缺乏法律机制的整体运用，法治思维和立法逻辑不强，存在一些重要的制度缺失。学者在此基础上，也提出了相关立法和制度构建的建议。

（三）决策者推动立法的意志坚定

党的十八大以来，生态文明体制改革迅速推进，建立以国家公园为主体的自然保护地体系是一项重要的改革任务，制定国家公园法、自然

---

〔1〕 参见孙佑海、陈少云：《关于制定〈自然保护区法〉的论证》，载《环境保护》2004年第3期。

〔2〕 参见宋明慧：《青海：以国家公园为主体的新型自然保护地体系基本成型》，载《青海日报》2022年2月7日，第1版。

保护地法也是改革的主要内容。党的十八届三中全会决定明确提出建立国家公园体制;国家“十三五”规划纲要进一步明确了国家公园的保护范围、保护重点、保护路径、保护原则、保护目标。《总体方案》提出了具体政策指引并明确了国家公园改革的路线图,完善了改革路径和基本原则。中央全面深化改革委员会第六次会议审议通过了《指导意见》,为中国特色自然保护地体系的改革指明了方向、明确了目标和任务。同时,会议还强调,要创新自然保护地管理体制机制,实施自然保护地统一设置、分级管理、分区管控,把具有国家代表性的重要自然生态系统纳入国家公园体系,实行严格保护,形成以国家公园为主体、自然保护区为基础、各类自然公园为补充的自然保护地管理体系。这是我国自然保护地体系的重大制度创新,构建了国家公园、自然保护区、自然公园“三位一体”的发展新格局。[1] 在推动此项改革的进程中,习近平总书记更是亲自主持审定了有关改革文件,构建起中国特色自然保护地制度体系的“四梁八柱”;多次赴国家公园、自然保护区等实地考察,先后作出一系列重要讲话和指示批示,推动以国家公园为主体的自然保护地体系建设在理论创新、顶层设计、生态保护、和谐共生等方面取得重大突破。特别是2021年3月,习近平总书记在福建考察时指出,建立以国家公园为主体的自然保护地体系,目的就是按照山水林田湖草是一个生命共同体的理念,保持自然生态系统的原真性和完整性,保护生物多样性。[2] 这更是为推动改革落地见效指明了方向与路径。

当前,中国特色社会主义进入了新时代,我国社会主要矛盾已经转化为人民日益增长的美好生活需要和不平衡不充分的发展之间的矛盾。人与自然发展不平衡不充分是新矛盾的一个重要方面。党的十八大以来,习近平总书记关于生态文明建设有一系列重要论述,形成了新时代中国特色社会主义生态文明思想,这是立法的理念支撑。习近平总书记反复强调,要实行最严格的生态环境保护制度,体现“最严”生态法治

---

〔1〕 参见关志鸥:《高质量推进国家公园建设》,载《求是》2022年第3期。

〔2〕 参见《习近平在福建考察时强调　在服务和融入新发展格局上展现更大作为　奋力谱写全面建设社会主义现代化国家福建篇章》,载《人民日报》2021年3月26日,第1版。

观,这既表明了中央推进生态文明建设的坚定决心,也抓住了运用法治思维和法治方法这个“牛鼻子”。制定《自然保护地法》是落实生态文明体制改革战略部署,实现改革“于法有据”的必然要求。

（四）全面深化改革为立法提供了重大的机遇

党的十九大报告明确提出了生态文明建设的“两步走”目标:第一个阶段,从2020年到2035年——生态环境根本好转,美丽中国目标基本实现。第二个阶段,从2035年到21世纪中叶——把我国建成富强民主文明和谐美丽的社会主义现代化强国。为实现这个目标,国家正在迅速推进生态文明体制改革,其中包括机构改革、制度改革、运行机制改革等方面内容。在生态文明体制改革的总体部署中,既为自然保护地立法指明了方向,更为立法提供了三个方面的重要机遇,即自然资源产权制度改革将为自然保护地立法提供所有权制度基础;管理体制改革将为自然保护地立法提供体制机制基础;国家公园体制改革将为自然保护地立法提供实践经验。[1] 习近平总书记强调,凡属重大改革都要于法有据。建成中国特色自然保护地体系,必须运用法治思维和法治方式,发挥立法的引领和推动作用。

在此基础上,完善以宪法为核心的中国特色社会主义法律体系的相关立法活动,则为自然保护地立法提供了基础和依据。2018年3月通过的《宪法修正案》,完成了“生态文明”入宪过程,并增加了国务院承担生态环境保护职责的规定,为自然保护地立法提供了更为充分的宪法依据;《民法典》的编纂和实施也为自然保护地立法提供了民事基本法遵循,尤其是《民法典》总则编、物权编规定的一些基本制度（如绿色原则、自然资源权属制度、地役权制度等）对于自然保护地立法至关重要。此外,正在进行的生态环境保护、自然资源、国土空间规划、财税、刑法等相

---

〔1〕“顶层设计+经验示范”既是我国改革开放40多年的成功路径,也是立法的有益经验。

关法律的立改废工作，也为自然保护地立法提供了相关制度支撑和衔接。[1] 例如，2021 年 3 月 1 日起施行的《刑法修正案（十一）》增设"破坏自然保护地罪"，为通过刑法规制自然保护地破坏行为提供了明确的法律依据，具有十分重要的法治意义。[2]

---

〔1〕 目前，自然保护地建设、管理等所涉及的生态环境、自然资源利用管理、自然生态保护、行为规制等相关领域，在我国已经形成了相对较为系统的立法体系。其具体包括但不限于：(1)《宪法》中有关生态文明建设、环境污染防治、自然资源合理开发利用的规定。(2)有关民事活动和自然资源权属的基础性立法，即《民法典》。(3)生态环境保护领域的基础性立法，即《环境保护法》。(4)污染防治单行立法。主要包括《大气污染防治法》《水污染防治法》《土壤污染防治法》《固体废弃物污染环境防治法》《噪声污染防治法》《海洋环境保护法》等。(5)自然资源利用管理与生态保护单行立法。主要包括《水法》《森林法》《草原法》《土地管理法》《矿产资源法》《野生动物保护法》《渔业法》《水土保持法》《海岛保护法》《长江保护法》《生物安全法》《湿地保护法》《黄河保护法》等。(6)行为规制单行立法。包括但不限于《环境影响评价法》《循环经济促进法》《清洁生产促进法》《河道采砂管理条例》《畜禽规模化养殖污染防治条例》等。

〔2〕 《刑法修正案（十一）》规定，在《刑法》第 342 条后增加一条，作为第 342 条之一："违反自然保护地管理法规，在国家公园、国家级自然保护区进行开垦、开发活动或者修建建筑物，造成严重后果或者有其他恶劣情节的，处五年以下有期徒刑或者拘役，并处或者单处罚金。有前款行为，同时构成其他犯罪的，依照处罚较重的规定定罪处罚。"

第二章　自然保护地立法的基本定位

法律具有历史性。伴随经济发展和科技进步，社会关系和主要矛盾发生变迁，使不同历史阶段的立法需求呈现差异。同时，法律又具有民族性，反映特定民族的文化和精神。[1] 正因如此，一方面，立法要回应新时代的法治需求；另一方面，立法又要注重主体性，关注本土现实和实践。这就要求，立法研究必须要准确把握立法的基本定位，为法的具体制度设计提供法理上的判断依据。例如，改革开放 40 多年过去了，绝大部分中国人的温饱问题得到了稳定有效的解决。现阶段，人们对美好生活的向往不仅仅是物质上的吃饱穿暖，更加重视人身自由和人格尊严的保障。正因如此，2020 年 5 月通过的《民法典》单独设立人格权编，更加突出对人格权益的确认和保障，回应了“中国之问”和“时代之问”。[2]

现阶段，我国的自然保护地立法必须嵌入生态文明建设的宏大背景中，回应当下自然保护地体系改革的法治需求。在此背景下研究并理解自然保护地立法的基本定位问题，对于法的结构确定起着引导作用，也是实现科学、精准立法的前提。

---

〔1〕 参见[德]弗里德里希·卡尔·冯·萨维尼：《论立法与法学的当代使命》，中国法制出版社 2001 年版，第 9 页。

〔2〕 参见王轶：《民法典：回应“中国之问”和“时代之问”》，载《江淮法治》2020 年第 14 期。

第一节　自然保护地立法的体系定位

当前进行的自然保护地体系改革,是对以自然保护区为主体的既有自然保护地体系进行的重构。其中,不仅新设并突出了国家公园的主体地位,还对既有的相关保护地类型进行了整合。为确保这一系列重大改革于法有据,不但需要制定国家公园的专门立法,而且以《自然保护区条例》《风景名胜区条例》为核心的既有自然保护地立法体系也需要进行相应的调整。在此过程中,必须研究并明确《自然保护地法》在变动后的自然保护地立法体系中的定位,以及其与相关立法的关系。这既是中国特色社会主义法律体系统一性、协调性、完整性的要求,也是准确把握改革目标的要求。

一、《自然保护地法》是自然保护地立法体系中的"基本法"

如前所述,在推进国家公园体制和自然保护地体系改革的进程中,我国将可能新制定两部(《立法法》意义上)法律层级的立法——《国家公园法》和《自然保护地法》。从统筹考虑自然保护地立法体系的角度出发,《国家公园法》不能作为自然保护地立法体系中的"基本法",只有《自然保护地法》才能作为自然保护地立法体系中的"基本法"。作出这一判断的基本理由有以下两点:

1. 基于自然保护地体系整体改革的要求。毫无疑问,自然保护地建设需要率先在保护目标、保护原则、类型确定、监管模式等方面完成总体定位与顶层设计。虽然《国家公园法》的制定会极大带动自然保护地的法律制度建设,健全相关体制机制,但自然保护地立法也有其独特内容,自然保护地体系的一些特殊问题也不会因《国家公园法》的颁布而自然得到解决。因此,我们必须明确建立完善的自然保护地体系才是改革的归宿,《国家公园法》的制定并不代表改革任务的完成。加之,我国现行的《自然保护区条例》《风景名胜区条例》等都是典型的"单项局部立法",不能担负自然保护地立法基础的重任。故此,必须按照"多项综合立法”的整体性思维“另起炉灶”。

2. 基于立法体系的整体结构。按照“以国家公园为主体、自然保护区为基础、各类自然公园为补充”的自然保护地体系格局,我国的自然保护地立法体系也应该是一个综合性的立法体系,理想结构是“基本法 + 专类保护地法 + 技术标准”。结合《指导意见》中明确提出“推动制定出台自然保护地法”的要求,该立法体系具体应以《宪法》为基础、以自然保护地基本法为主干、以国家公园等不同类型的自然保护地法规规章为重要组成部分、以各类标准为支撑,是一个相互协调、相互配合的完整系统。显然,《自然保护地法》应当作为未来我国自然保护地体系的“基本法”。具体而言,其主要立法任务是以解决共性问题为导向,宣示国家对自然保护地的基本政策,明确保护地的基本价值、基本功能、基本保护目标与基本原则,确定基本的监管体制与机制,建立基本制度。其主要立法目的是以生态完整性为宗旨完善自然保护地空间体系,解决自然资源保护与资源开发的矛盾,解决自然保护地人地关系“马太效应”;理顺央地关系、明确多元主体权利义务,形成共享共治格局;保障主体合法权益。

二、《国家公园法》是最重要的“专类保护地法”

《国家公园法》是最重要的“专类保护地法”主要体现在:一方面,国家公园是自然保护地体系改革的“龙头”。从改革进程来看,此轮自然保护地体系改革无疑始于《总体方案》。而且,中国特色自然保护地体系改革的目标,是按生态价值和保护强度高低依次分为国家公园、自然保护区、自然公园。可以说,国家公园不仅为自然保护地体系改革“开路”,更是改革后自然保护地体系的“龙头”。也就是说,未来的国家公园是我国自然保护地最重要的类型,承担着国家国土生态安全屏障的重任,是社会公共利益的组成部分。通过建立国家公园体制,改革自然保护领域存在的问题,是建立中国自然保护地体系的“先手棋”。故在此过程中,制定《国家公园法》将会成为自然保护地立法体系中的“标杆”,极大地引领、带动整个自然保护地的法律制度建设。

另一方面,国家公园是未来自然保护地体系的“主体”。正如习近平总书记在《生物多样性公约》第十五次缔约方大会领导人峰会上发表的主旨讲话中所指出的那样："中国正加快构建以国家公园为主体的自然保护地体系，逐步把自然生态系统最重要、自然景观最独特、自然遗产最精华、生物多样性最富集的区域纳入国家公园体系。"[1] 基于国家公园的"主体"地位，专门为其制定的《国家公园法》在各专类保护地立法中，也将相应地具有"最高"的显示度。

不仅如此，在启动国家公园体制改革后，《总体方案》明确要求："在明确国家公园与其他类型自然保护地关系的基础上，研究制定有关国家公园的法律法规。"为此，第十三届全国人大常委会已将《国家公园法》列入二类立法计划。在系统性地开展以国家公园为主体的自然保护地体系改革后，《指导意见》又进一步要求"加快推进自然保护地相关法律法规和制度建设，加大法律法规立改废释工作力度"。具体包括："修改完善自然保护区条例，突出以国家公园保护为主要内容，推动制定出台自然保护地法，研究提出各类自然公园的相关管理规定。"综上，从立法层级的角度讲，除制定《自然保护地法》在位阶上属于法律层级之外，只有针对国家公园制定的是法律层级的专门立法，而自然保护区仍是修改"条例"（国务院行政法规），其他类型的自然保护地则在位阶上是"管理规定"。[2] 故从立法位阶的角度讲，《国家公园法》无疑是最重要的专类保护地法。

三、以整体性思维处理《自然保护地法》与相关立法的关系

从现实情况看，第十三届全国人大常委会已将《国家公园法》列入二类立法计划，并启动了相关立法研究工作，2021 年 8 月印发的《"十四五"林业草原保护发展规划纲要》中也明确提出"出台《国家公园法》"。而《自然保护地法》虽然已经列入《自然资源法治建设 2022 年工作要点》，在《"十四五"林业草原保护发展规划纲要》中也有"推进国家公园

---

〔1〕 习近平：《共同构建地球生命共同体——在〈生物多样性公约〉第十五次缔约方大会领导人峰会上的主旨讲话》，载《中华人民共和国国务院公报》2021 年第 30 号，第 10 页。

〔2〕 按照立法称谓的惯例，管理规定一般在部委规章中使用。

法、自然保护地法、湿地保护法等立法进程”的表述，但该法能否或何时进入全国人大常委会的立法程序还不确定。这意味着，《国家公园法》有可能先于《自然保护地法》出台。这一安排客观上带来了自然保护地立法体系建设的重大理论和现实问题，需要我们从自然保护地立法体系的角度，处理好《国家公园法》与未来可能制定的《自然保护地法》的关系，在《国家公园法》中建立必要的衔接机制、预留可能的立法空间，为形成两部法律间的制度衔接、机制协同展开深入研究。

（一）统筹推进《国家公园法》与《自然保护地法》

近年来，为国家公园和自然保护地立法的呼声高涨。应该说，在未来的自然保护地立法体系中，《国家公园法》与《自然保护地法》将是其中两部最为重要的法律。二者之间的有机联系、有序配置是整个立法体系科学、高效运行的基础和保证。这就提出了一个迫切需要解决的问题，即必须在把握好国家公园与自然保护地的关系的基础上，厘清《国家公园法》与《自然保护地法》的关系，统筹推进两法的具体立法路径。

1. 理想路径

理想路径是《自然保护地法》先于《国家公园法》出台。

前文已述，在我国的自然保护地立法体系中，《自然保护地法》是基本法，属于整个自然保护地体系的顶层立法设计和基础性法律依据。包括国家公园在内的各类自然保护地立法，理论上均应当依据该法制定并实施。而就目前改革的进展来看，囿于没有解决顶层立法设计的问题，给当前的国家公园建设乃至整个自然保护地体系改革的推进带来了很多法制困境，引发许多法律问题。其中，最突出的表现有四个方面：一是缺乏国家战略和顶层设计，部门、地区博弈激烈，多头管理，空间区域重叠，定位模糊；二是保护地类型、规模与数量较少，不能满足普遍保护与国民游憩双重需求；三是缺乏保护资金与能力建设，以开发代偿保护资金，以保护地经济创收为导向；四是违法违规行为普遍，纠纷不断，出现了如祁连山生态环境破坏这样严重的事件。这些问题是自然保护地建设缺乏顶层立法设计的必然后果，通过制定《自然保护地法》解决“有法可依”的问题已成当务之急。在推进改革的进程中，如果这些问题不得到切实有效的解决，已经取得的成绩可能难以维系，甚至有倒退或被颠覆的风险。但囿于《国家公园法》自身的适用对象是国家公园,非国家公园的其他保护地类型其难以加以规范,这就需要由《自然保护地法》提供基本的法制供给和保障。

综合以上考虑,无论是从为国家公园立法提供基础性法律依据的角度出发,还是从为整个自然保护地体系改革提供法治保障的角度出发,先制定《自然保护地法》、后制定《国家公园法》是统筹推进两法的"理想路径"。实际上,这种理想路径的实现并非不可能。因为在《总体方案》中已明确提出:"综合考虑试点推进情况,适当延长建立国家公园体制试点时间。"虽然目前10个国家公园体制试点区已经基本完成验收工作并且已经正式批准设立了5个国家公园,但完全可以适当延长试点时间以进一步进行探索和总结。在此期间,立法机关可结合包括国家公园在内的各类自然保护地改革的实践及共性立法需求,加快推进《自然保护地法》的立法进程,实现该法优先出台或者至少与《国家公园法》同步出台。

2. 可能路径

可能路径是《国家公园法》先于《自然保护地法》出台。

从现实情况来看,按照"急用先行、成熟先立"的立法习惯,《国家公园法》不仅有极大可能先于《自然保护地法》出台,而且在效力等级上还可能与《自然保护地法》平行。面对这个现实,必须在制定《国家公园法》的过程中,研究并考虑如何为今后的《自然保护地法》预留空间,并且设计相应的衔接,以体现自然保护地体系基本方向和基本原则的制度。具体而言,如果在《自然保护地法》缺位的情况下,先于《自然保护地法》出台的《国家公园法》中大致应包括三类制度和机制:[1]

第一类,仅适用于国家公园的制度,可以不必考虑与自然保护地法的衔接问题。主要包括:国家公园的标准体系、国家公园的申报与选择制度、划定国家公园之后与其他类型摘牌制度(国家公园建立后,在相同区域一律不再保留或设立其他自然保护地类型)、中央政府直接行使全民所有自然资源产权制度、中央政府资金保障制度、特许经营制度、游憩

〔1〕 参见吕忠梅:《关于自然保护地立法的新思考》,载《环境保护》2019年第Z1期。

管理制度、科研管理制度、品牌经营制度、标志标识制度等。

第二类,普遍适用其他自然保护地类型的共性制度和机制,应按照“一般与特殊”的原则,适当考虑与自然保护地法的区别,更多规定体现国家公园特征的制度。主要包括:规划制度、建设项目管理制度、生态补偿制度、用途管制制度、分区管理制度、资源保护管理制度、责任追究制度,以及志愿者保障机制、宣传教育机制、执法协调机制、多元监督机制、纠纷解决机制等。此类在适用于其他类型时可能会有一定的调整,在《国家公园法》中只规定体现国家公园特征的部分内容。

第三类,体现自然保护地体系基本方向和基本原则的规定,要考虑在《自然保护地法》缺位的情况下,充分发挥国家公园改革先行意义和价值,有力规制自然保护地其他类型,防止自然保护地改革变性变味。如生态系统原真性、完整性保护、全民公益性保护作为基本目标等,[1]这些必须在《国家公园法》中得到充分体现。

3. 现实路径

现实路径是正式设立国家公园后再出台立法。

按照《总体方案》的要求,到2020年应建立国家公园体制试点基本完成,并整合设立一批国家公园。2021年9月,国务院已批复同意设立三江源、大熊猫、东北虎豹、海南热带雨林、武夷山等5个国家公园。第一批国家公园涉及青海、四川、海南等10个省份,保护面积达23万平方公里,涵盖近30%的陆域国家重点保护野生动植物种类。[2] 但同时,从全国人大法工委透露的全国人大常委会2022年年度立法工作计划来看,无论是已经列入二类计划的《国家公园法》还是改革文件要求制定《自然保护地法》,都未列入年度继续审议的法律案或初次审议的法律案,甚至没有进入预备审议项目。[3]

---

〔1〕 参见张振威、杨锐:《中国国家公园与自然保护地立法若干问题探讨》,载《中国园林》2016年第2期。

〔2〕 参见赵鹏等:《走近保护一线的年轻巡护员、科研工作者——在国家公园书写青春芳华》,载《人民日报》2022年1月11日,第14版。

〔3〕 参见张维炜:《法工委发言人介绍2022年立法重点项目》,载中国人大网2021年12月17日,http://www.npc.gov.cn/npc/kgfb/202112/38831ab324674aa3841a44fbca95ac0d.shtml。

考虑以国家公园为主体的自然保护地体系改革，是我国生态文明体制改革中的重要内容之一，“为确保重大改革于法有据”，按照党中央决策部署，对立法条件还不成熟、需要先行先试的，依法及时作出授权决定或者改革决定。对此，《指导意见》也明确提出：“在自然保护地相关法律、行政法规制定或修订前，自然保护地改革措施需要突破现行法律、行政法规规定的，要按程序报批，取得授权后施行。”综合以上考虑，在法律尚未制定前已正式设立国家公园的情况下，可参考检察机关公益诉讼改革过程中，全国人民代表大会常务委员会《关于授权最高人民检察院在部分地区开展公益诉讼试点工作的决定》，以及在《野生动物保护法》修改及《刑法修正案（十一）》制定前，为禁止滥食野生动物而颁布的全国人民代表大会常务委员会《关于全面禁止非法野生动物交易、革除滥食野生动物陋习、切实保障人民群众生命健康安全的决定》，由全国人大常委会针对自然保护地体系改革特别是国家公园的设立、审批等问题，依法及时作出授权决定或者改革决定。同时，依据《立法法》的有关规定，在决定中还可以根据国家公园体制改革发展的需要，决定就行政管理等领域的特定事项授权在一定期限内在部分地方暂时调整或者暂时停止适用法律的部分规定。

但是，相关授权或改革决定的作出，必须首先满足《总体方案》中“国家公园设立标准和相关程序明确后，由国家公园主管部门组织对试点情况进行评估，研究正式设立国家公园”这一基本前提。而且，从性质上讲，作出授权或改革决定主要是临时性的。故从保障自然保护立法体系长期性、稳定性、权威性的角度出发，此后仍需持续推进《自然保护地法》和《国家公园法》的制定和实施。其具体路径在理想情况下仍然应当是先出台《自然保护地法》。如果按既有立法进度仍在先制定《国家公园法》的，就需要考虑前述与《自然保护地法》的统筹和衔接问题。

（二）积极探索《国家公园法》的法律制度创新

国家公园体制改革承担着自然保护地体系改革“先行先试”的重任，关于《国家公园法》的制定，探索法律制度创新也是其应有之义。系统研究国家公园法的制度创新问题，是当前面临的紧迫任务，也是难点。《国家公园法》既要通过促进国家公园建设实现自然保护地体系的制度

"破冰",又要以国家公园带动其他保护地向前发展,解决原有痼疾,为中国特色的自然保护地体系建设提供示范和成功案例。从法律属性上看,《国家公园法》是一部"管理法",其主要内容是规定国家公园设立、管理、保护和利用的基本原则、标准、职责权限、权利义务、法律责任等。[1] 在现实情况下,国家公园体制改革作为自然保护地建设的重要组成部分,自然保护地建设需要生态文明体制改革提供支撑。根据我国法律体系现状,至少应从如下三个方面进行《国家公园法》制度创新的探索:

1. 创新产权制度,形成国家所有自然资源所有权与使用权管理新机制。国家公园体制改革的核心是重新划定保护区域并明确自然资源资产的法律属性,这就必然涉及自然资源所有权及其相关法律制度。建立有效的、适合国家公园体制改革的新型产权制度,既要以已经出台的《民法典》"物权编"中的自然资源权属制度为依据,也要以各自然资源法建立的不同类型自然资源权属制度为基础,处理好登记确权、所有权与用益权、发展权与环境权之间的关系。

2. 创新体制机制,实现从"行政管理"到"多元共治"的转变。国家公园体制改革的重要任务是在严格管理的同时,在不同程度上满足人民群众旅游休闲的需求,这就会涉及特许经营、特别保护等相关制度。处理好国家公园的规划权、管理权、开发利用权、特许经营权、特别保护权等各种关系,既涉及不同的政府部门现有权力的调整,也涉及各利益相关方的利益整合,需要按照"职权法定"原则重新配置权力,按照权利保障确认权利,必须要解决事权配置及权利保障的原则、标准、程序、救济等问题,以保证《国家公园法》具有可操作性,具有执行力。

3. 创新利益协调机制,形成"共建、共享、共赢"新格局。国家公园体制改革的主要内容是对一定的保护区域进行最严格的管理,这意味着在《国家公园法》中建立一系列的限制性、禁止性制度是必要的。但是,《国家公园法》也必须解决"既见物也见人"的问题,统筹考虑建立国家

---

〔1〕 参见李博炎、李俊生、蔚东英、朱彦鹏:《国际经验对我国国家公园立法的启示》,载《环境与可持续发展》2017 年第 5 期。

公园可能对区域内外居民生产生活的影响，考虑限制、禁止措施的正当性与合理性，并建立相应的利益平衡机制，通过建立补偿、赔偿制度，保护好当地居民的生存权、发展权以及文化多样性。

（三）完善相关自然保护地类型的专门立法

未来我国的自然保护地立法体系，很可能是在《宪法》之下有《国家公园法》《自然保护地法》两部法律，其他自然保护地类型的专门立法在位阶上最高可能为行政法规。而从目前国家公园之外的自然保护地类型及其立法现状来看，只有自然保护区、风景名胜区是依据专门的行政法规进行管理的，优化调整后的各类自然公园尚未建立专门的行政法规甚至部门规章。显然，这种专门立法的数量是远远不够的。自然保护地建设要实现“保护优先、自然恢复为主”的定位，不仅要制定一部将这些因素全面考虑、统筹谋划的综合性法律，还要根据不同自然保护地类型特点和具体功能制定相应的基础性和支撑性法律法规。

《总体方案》要求：“改革分头设置自然保护区、风景名胜区、文化自然遗产、地质公园、森林公园等的体制，逐步改革按照资源类型分类设置自然保护地体系。进一步研究自然保护区、风景名胜区等自然保护地功能定位。”《指导意见》进一步要求：“整合优化现有各类自然保护地，构建新型分类体系，实施自然保护地统一设置，实现依法有效保护。”这就意味着：一方面，自然保护区和风景名胜区虽然“有专法可依”，但未来必然涉及功能定位的调整，既有《自然保护区条例》《风景名胜区条例》势必也要结合新形势、新定位、新功能进行修改。[1] 另一方面，改革过程中原有的其他自然保护地类型未必都会保留，即使保留相关称谓也要统一整合至自然公园的范畴之中。因此，简单地对既有的国家公园、自然保护区、风景名胜区之外的自然公园具体类型分别制定行政法规，在

〔1〕 例如，《自然保护区条例》第18条规定，自然保护区可以分为核心区、缓冲区和实验区，而自然保护地整合优化则要求“三区”变“两区”。又如，该条例第26条规定，自然保护区核心区内原有居民确有必要迁出的，由自然保护区所在地的地方人民政府予以妥善安置。但是《指导意见》则要求：“核心保护区内原住居民应实施有序搬迁，对暂时不能搬迁的，可以设立过渡期。”不仅如此，自然保护地整合优化的其他文件中也有逐步搬迁之规定。由此可见，现行自然保护地的立法规定与改革政策存在明显不一致。

相当程度上并不可行、也无必要。

基于上述考虑，可以采取以下两种立法路径：一是较为现实的路径——“成熟一类、规范一类”，即在改革的过程中，确定了未来将要保留或设定哪种自然公园具体类型，就对这种已然成熟的具体类型制定专门立法，较为现实可行的立法层级是部门规章。之后，在《自然保护地法》中对此加以整合并上升至法律层面。二是较为理想的路径，即在《自然保护地法》中统一、系统地规定自然保护地的法定类型、层级、设定程序、设定条件等，并进一步明确规定自然公园的各具体类型应当授权中央主管部门制定专门立法。

第二节 《自然保护地法》的性质定位

理论上，法律的性质意旨一部法律自身所具有的特殊属性。前文已述，《自然保护地法》的基本属性应当是一部“多项综合立法”。以此为基础，立法过程中还需进一步明确这一基本属性的具体表现。

一、《自然保护地法》是生态保护法

理论上，自然保护地能够提供多样化的生态系统服务，如供给生态产品、支撑生物栖息和繁衍、为人类提供物质享受和精神体验等。[1] 鉴于此，世界各国或地区都纷纷划定或确认各种类型的自然保护地，《生物多样性公约》等国际条约也认可自然保护地在保护和可持续利用生物多样性中的意义。在我国，自然保护地是依法划定或确认，对重要的自然生态系统、自然遗迹、自然景观及其所承载的自然资源、生态功能和文化价值实施长期保护的陆域或海域，自然保护地体系是依托国土空间开发保护制度和主体功能区划的自然保护措施。从生态的角度来看，自然保护地的最大特性是一定区域内的各种要素与生物形成一个完整的系统；

---

〔1〕 参见陈阳等：《国土空间规划视角下生态空间管制分区的理论思考》，载《中国土地科学》2020年第8期。

从管理的角度来看,各类自然保护地涉及自然资源、生态保护、文化旅游等多个方面,是一个整体。在保护方面,依托生态红线和自然资源产权制度,对提升保护水平和能力的期望更高;在治理方面,自然保护地功能直接关系经济社会发展和民生福祉,政府、企业、社会都有权利(力)也有义务,以不同方式参与自然保护地的"改革战";在生态安全方面,自然保护地事关国家兴衰和民族存亡,是国家安全的重要组成部分。

正因如此,处理好自然保护地涉及的各种法律关系,确保保护地类型完整、面积合理、功能齐全,必须构建政府主导、企业主体、公民主动的新的多元共治体制,探索自然保护的新途径。60 多年来,我国自然保护地建设和管理也已经取得长足进展。自然保护地的数量、占国土面积比例都实现大幅度增长,在保护生物多样性、保持自然遗产、改善生态环境治理和维护国家生态安全方面发挥了重要作用。但是,自然保护地的生态环境与自然资源的保护仍然存在突出问题。例如,中共中央办公厅、国务院办公厅通报甘肃祁连山国家级自然保护区存在的违法违规开发矿产资源、部分水电设施违法建设和违规运行、周边企业偷排偷放与生态环境突出问题整改不力等问题。

习近平总书记指出:"大自然是包括人在内一切生物的摇篮,是人类赖以生存发展的基本条件。大自然孕育抚养了人类,人类应该以自然为根,尊重自然、顺应自然、保护自然。""我们要像保护眼睛一样保护自然和生态环境,推动形成人与自然和谐共生新格局。"[1]作为生态建设的核心载体,以国家公园为主体的自然保护地体系建设作为一项国家战略,把保持一个完整的、健康的自然生态系统提升到治国理政的新高度。为此,《指导意见》明确提出,建立自然保护地的目的是守护自然生态,保育自然资源,保护生物多样性与地质地貌景观多样性,维护自然生态系统健康稳定,提高生态系统服务功能。面对自然保护地建设和管理中生态环境问题突出的态势,必须加快自然保护地的法律制度创新、强化制度执行,让制度成为刚性的约束和不可触碰的高压线。这迫切需要突

---

〔1〕 习近平:《共同构建人与自然生命共同体——在"领导人气候峰会"上的讲话》,载《中华人民共和国国务院公报》2021 年第 13 号,第 7 ~9 页。

出《自然保护地法》的生态保护法定位，用最严格的制度、最严密的法治守护的自然保护地。

二、《自然保护地法》是绿色发展法

理论上，良好生态本身蕴含着无穷的经济价值，能够源源不断创造综合效益。因此，守护自然生态、保育自然资源，既是为了维护自然生态系统健康稳定，也是为了提高生态系统服务功能，以不断满足人民群众对优美生态环境、优质生态服务、优良生态产品的需要。进一步，从保护自然中寻找发展机遇，让绿水青山变成金山银山，实现生态环境保护和经济高质量发展双赢。从自然保护地体系建设本身而言，各种类型的自然保护地既是以生态要素为纽带和基础的自然单元，同时也是构成人类生产和生活的经济社会单元，是自然系统、管理系统、社会系统、文化系统、法律系统等的复合体。自然保护地建设中，生态环境保护与经济、社会发展是一个整体。例如，我国目前国家湿地公园的总数已达 899 处。国家湿地公园属于我国自然保护地体系中的自然公园范畴，有效地保护了 240 万公顷湿地。同时，也带动区域经济增长 500 多亿元，约 90% 的国家湿地公园向公众免费开放，成为人民群众共享的绿色空间。[1] 显然，这就需要在《自然保护地法》树立整体立法的理念与模式，将一定空间范围内各子系统之间的关系统筹考虑，建立综合调控的法律制度体系。

不仅如此，从局部发展与自然保护地体系的关系来看，自然保护地可能涉及不同省份、区域，不同类型自然保护地建设诉求不一，不同主体对自然保护地也可能产生特定的功能诉求。随着经济社会发展，自然资源约束趋紧，多元化的诉求将不可避免地导致冲突与博弈的日趋激烈；针对自然保护地的多功能属性，各方面的利益表达不同。例如，随着国家公园体制改革的推进，已经批准建立的国家公园已经初步建成并发挥作用，国家公园逐步走向保护管理的新时期。由于国家公园改革的最终

---

〔1〕 参见李晓晴：《我国湿地生态状况持续改善》，载《人民日报》2022 年 1 月 11 日，第 14 版。

归属是由国家直接管理,中央与地方在国家公园建设过程中的矛盾日益显现,多主体参与治理的压力也不断加大。此外,由于位于不同区域的国家公园有不同的建设基础,历史发展所形成的产业布局、管理格局、人文传统都可能对国家公园建设和管理产生不同程度的影响,尤其是存在于国家公园范围内的企业、居民的利益诉求与实现国家公园建设目标的矛盾日益突出。如果国家公园体制改革涉及的行政区域和不同行业、部门在思想认识上不能形成“一条心”,在实际行动中不能形成“一盘棋”,把国家公园建设成为“生态保护第一、国家代表性、全民公益性”的目标就可能变成一句空话。这也需要在《自然保护地法》中加以统筹考虑,建立协同、协调的法律机制,将各类自然保护地建设所涉及的利益关系纳入法律制度,平衡好发展与保护的关系。

当前,“绿水青山就是金山银山”已成为新时代推进生态文明建设、统筹环境保护与经济发展关系的广泛共识。这一理念打破了简单地把发展与保护对立起来的思维束缚,深刻阐述了经济发展与环境保护的本质关系,揭示了“保护生态环境就是保护生产力、改善生态环境就是发展生产力”的道理。通过建立分类科学、布局合理、保护有力、管理有效的自然保护地体系,不仅可以确保重要自然生态系统、自然遗迹、自然景观和生物多样性得到系统性保护,还能够提升生态产品供给能力,造福当地居民和全体国民。鉴于此,首先强调《自然保护地法》是生态保护法,并不否认或排斥《自然保护地法》在践行绿色发展过程中的重要作用。实际上,自然保护地建设和管理就是实现自然价值和自然资本增值的过程,必须探索生态产品的价值实现机制,将自然保护地的绿水青山转化为金山银山,将生态优势转化为绿色发展优势。为此,《自然保护地法》需要明确功能区中禁止或限制的人类活动类型,为生态产品的价值转化留有空间;建立自然资源本底调查和自然资源产权确权登记制度,为生态产品的价值转化提供法律依据;通过特许经营、旅游资源开发等制度,促进自然保护地生态价值的实现。

三、《自然保护地法》是自然保护地保护、建设和管理的综合法

《指导意见》指出:“对现有的自然保护区、风景名胜区、地质公园、

森林公园、海洋公园、湿地公园、冰川公园、草原公园、沙漠公园、草原风景区、水产种质资源保护区、野生植物原生境保护区(点)、自然保护小区、野生动物重要栖息地等各类自然保护地开展综合评价,按照保护区域的自然属性、生态价值和管理目标进行梳理调整和归类,逐步形成以国家公园为主体、自然保护区为基础、各类自然公园为补充的自然保护地分类系统。"《"十四五"林业草原保护发展规划纲要》中提出的2035年远景目标之一是"建成以国家公园为主体的自然保护地体系"。解读上述改革文件、规划纲要不难看出,我国未来的自然保护地体系应该是一个综合性的体系,自然保护地建设将以整体性、协调性方式推进。鉴于自然保护地法"基本法"的定位,《自然保护地法》应该致力于解决各类自然保护地立法中面临的共性问题,以及各专类保护地法无法单独解决的问题。[1] 换言之,《自然保护地法》只有统筹谋划其立法体系的框架与内容,才能满足自然保护地建设"保护优先,生态修复为主"的需求,符合"为子孙后代留下更多自然遗产"的保护理念。

据此,针对行政区划分割自然地理空间和流域的问题,以系统性思维统筹考虑自然保护地建设所涉及各地改革发展、各项区际政策、各领域建设、各种资源要素,建立区域协同、合作机制,促进自然保护地实现流域协同发展、区域互动合作,形成生态文明建设的先行示范区。针对一个保护地多部门分工负责的问题,按照生态系统规律,把自然保护地安全、生物多样性、人居、旅游、适度利用等问题一体考虑,建立自然保护地统一监管制度,切实解决自然保护地无序开发、商业利用等问题。针对规划混乱的状况,建立多规合一制度,优化自然保护地类型布局,坚持多种形式有机结合、多种保护方式综合运用,不断提升自然保护地治理水平与能力。显然,这个意义上的《自然保护地法》不是一般意义上的自然资源法,也不是简单的自然环境保护法,而是自然保护地体系综合决策、保护与利用统筹考虑、人与自然和谐发展、中央和地方协同联动的法律制度体系,是综合行政、民事、刑事等多种法律调整手段、实体法与程序法相互衔接的综合性法律系统。

---

〔1〕 参见吴凯杰:《环境法体系中的自然保护地立法》,载《法学研究》2020年第3期。

具体而言,自然保护地建设和管理的目标与基本原则是统领各类自然保护地的基础性问题,自然保护地的设立与调整、管理体制、规划和分区管控属于各类自然保护地立法面临的共性问题,不宜在各专类保护地法中分别规定。此外,自然保护地保护与利用中的资源本地调查、生物多样性维护、生物安全、生态修复、旅游资源开发、特许经营;自然保护地保障中的环境监测、约谈与环保督察等制度都不局限于特定类型的自然保护地,应该在《自然保护地法》中予以规定。与此同时,《自然保护地法》虽然必须考虑自然保护地建设和管理中出现的各类问题,但条款设计上并非"事无巨细""面面俱到",而应当保持一定的开放性和灵活性,为后续的专类保护地法制定和修订预留空间和衔接机制。[1] 例如,涉及海洋的自然保护地与陆域自然保护地存在很大差异且实际情况较为复杂,故《自然保护地法》难以细化涉及海洋的自然保护地设立程序、分区管控等事项,而只需概括地规定相关自然保护地设立的主体和程序、管控的一般要求。

第三节 《自然保护地法》的功能定位

一、科学界定"自然保护地"的法律概念

我国的自然保护地体系涉及国家公园、自然保护区、风景名胜区、森林公园、湿地公园、世界遗产公园等多种不同类型的自然保护地,尽管种类繁多,但纳入自然保护地的范畴之后,应当在法律条文中创制、建立体现具有延续性、一致性的概念体系。更何况,从前文对域外制度现状概况的梳理情况看,自然保护地存在多种类型并非中国所特有的现象。

为了将世界上已经呈现的近百种以保护生态代表性为要旨的特定区域进行保护指引,世界自然保护联盟创设了"自然保护地"的概念,将这些命名各异、功能趋同的特定区域界定为"一个明确界定的地理空间,

---

〔1〕 参见吕忠梅:《以国家公园为主体的自然保护地体系立法思考》,载《生物多样性》2019 年第 2 期。

通过法律或其他有效方式获得认可、得到承诺和进行管理，以实现对自然及其所拥有的生态系统服务和文化价值的长期保护”。[1] 2017年，党的十九大报告提出“建立以国家公园为主体的自然保护地体系”，在我国的政策文件中首次出现“自然保护地”的这一专业术语。2019年6月，《指导意见》系统规定了我国自然保护地体系建设的指导思想、基本原则、目标任务、管理体制与保障措施，尤其是提出了按照生态价值和保护强度高低依次将自然保护地体系划分为国家公园、自然保护区、自然公园三种类型的改革目标。这意味着，必须对我国目前已经存在的类型各异、名称不同的各种保护地进行重新划定。但目前的法律文件中并无对自然保护地概念的明确界定，这个任务必须由《自然保护地法》来完成。

实际上，我国正在进行的国家公园体制改革，已经在很大程度上“注重国际接轨”。[2] 《指导意见》中有关自然保护地的政府治理、公益治理、社区治理、共同治理等保护方式的规定，也基本上是从《IUCN自然保护地治理指南》移植的治理框架。[3] 这种现状使在立法中界定“自然保护地”概念时，必须注重国际、国内两个因素的有机结合，既立足中国实际，实现“自然保护地”法律概念的“中国化”，也合理借鉴国际经验，有利于中国在国际生态环境治理中发挥积极作用。基于法律概念形成的一般原理和《自然保护地法》的预期功能定位，“自然保护地”的法律概念应该是一个排他性的专属概念，[4] 其内涵和外延包括如下两个方面：

---

〔1〕［英］Nigel Dudley主编：《IUCN自然保护地管理分类应用指南》，朱春全、欧阳志云等译，中国林业出版社2016年版，第16页。

〔2〕参见唐芳林、王梦君、孙鸿雁：《自然保护地管理体制的改革路径》，载《林业建设》2019年第2期。

〔3〕例如，《指导意见》提出的“公益治理”是一种从未在我国法律规范与政策文件中出现，也不是成长于中国的治理体系，而是来自世界自然保护联盟推荐的“舶来品”。参见［美］巴巴拉·劳瑎：《保护地立法指南》，王曦、卢锟、唐瑭译，法律出版社2016年版，第88～108页。

〔4〕参见刘超：《“自然保护地”法律概念之析义与梳正》，载《暨南学报（哲学社会科学版）》2020年第10期。

1.“自然保护地”是自然因素与人文因素交织的综合性概念。“自然保护地”首先是一个自然地理空间概念，这是多种自然保护地类型所必须具有的“家族特征”和“最低限度共识”。亦即，各种类型的自然保护地都必须建立在一定的地理位置上，“以保护具有国家代表性的自然生态系统为主要目的”。但是，任何一种类型的自然保护地都是人类生存和发展、形成人类文明的基础条件。建立和保护自然保护地，更是通过人类活动才能实现的目标。因此，“自然保护地”的法律概念中还必须具有人文因素，涵盖一定地理范围内的人类经济社会活动和社会治理方式，以体现法律调整社会关系的基本属性。在立法时，应对国家公园试点中出现的简单化为“无人模式”的现象保持理性，摒弃既忽视人类生存和永续发展根本价值，[1]也置法律基本属性于不顾的思维方式。[2]明确“自然保护地”的法律定义是“由各级政府依法划定或确认”的特定的“陆域或海域”，以保护特定的“陆域或海域”的生态功能与价值为“主要目标”而非唯一目标，以适应不同类型的自然保护地在保护“生态价值”主要目标下的多种生态功能保护方式并为此提供基础性法律依据。

2.“自然保护地”是空间多维与时间延拓相融合的立体性概念。我国过去的相关立法中，将自然保护区或其他保护地界定为“区域”、“特定区域”或“场所”，含义比较模糊。《指导意见》明确了“重要的自然生态系统、自然遗迹、自然景观及其所承载的自然资源、生态功能和文化价值实施长期保护的陆域或海域”，在一定程度上以“陆域或海域”体现了“空间多维”、以“长期保护”体系体现了“时间延拓”，但依然不够明确。世界自然保护联盟将自然保护地的范围界定为“一个明确界定的地理空间”，并将其解释为“包括陆地、内陆水域、海洋和沿海地区，或两个或多个地区的组合”，强调自然保护地应是免受空中、地下和水下活动干扰的“三维空间”，同时强调自然保护地的代际传承。[3]故在我国的《自然保

---

〔1〕参见蔡华杰：《国家公园的“无人模式”：被想象和建构的景观——基于政治生态学的视角》，载《南京工业大学学报（社会科学版）》2018年第5期。

〔2〕参见胡玉鸿：《以人为本的法理解构》，载《政法论丛》2019年第1期。

〔3〕参见［英］Nigel Dudley主编：《IUCN自然保护地管理分类应用指南》，朱春全、欧阳志云等译，中国林业出版社2016年版，第19页。

护地法》中,可以借鉴世界自然保护联盟的表述及其解释,将其明确为:"由各级政府依法划定或确认的重要的自然生态系统、自然遗迹、自然景观及其所承载的自然资源、生态功能和文化价值实施永久或长期保护的陆域和海域以及多个地区的组合",为自然保护地法律制度的空间化和实现代际公平提供法律依据。

二、厘清各类自然保护地的管理目标及关系

由于多种保护地类型的存在,各国立法面临的一个共同难题就是如何通过立法确定不同类型自然保护地之间的关系。对此,许多国家和地区从各类自然保护地统一协调的角度进行立法,以形成对自然保护地的法治保障合力。通过前文对域外自然保护地制度现状的梳理可知,主要立法模式有二:一是多部法律并行模式,此种模式以新西兰较为典型,通过建立法律间联系的方式理顺各种自然保护地交叉、重复等情况及法律适用问题。[1] 二是自然保护地综合性立法模式,即在一部法律中理顺、明确本国范围内各种自然保护地类型间的关系。前述的巴西、南非、日本、韩国、法国、阿根廷、瑞典等国都采取了这种模式。但无论采取哪种具体模式,基本上都吸纳了世界自然保护联盟的建议:一是通过设定体系化的管理目标来划分自然保护地类型;二是基于自然资源管理和保护的整体性、联系性原则,各类自然保护地之间应当不发生交叉、重叠或者重复命名的现象。[2]

从我国的现实情况看,目前正在推进的是以国家公园为主体的自然保护地体系改革。为此,《总体方案》提出:"优化完善自然保护地体系","改革分头设置自然保护区、风景名胜区、文化自然遗产、地质公园、森林公园等的体制,对我国现行自然保护地保护管理效能进行评估,逐步改革按照资源类型分类设置自然保护地体系,研究科学的分类标准,厘清各类自然保护地关系"。《指导意见》也明确提出了"形成以国

---

〔1〕 参见赵智聪、庄优波:《新西兰保护地规划体系述评》,载《中国园林》2013 年第 9 期。

〔2〕 参见刘超:《以国家公园为主体的自然保护地体系的法律表达》,载《吉首大学学报(社会科学版)》2019 年第 5 期。

家公园为主体、自然保护区为基础、各类自然公园为补充的自然保护地管理体系”的目标。为此,《自然保护地法》应针对我国目前自然保护地类型依据保护对象的差异加以划分、规定差异性管理制度、由不同部门设置和管理的现状,按照山水林田湖草沙是一个生命共同体的理念,统筹解决自然保护地管理目标确定、类型划分、管理措施和监督标准等问题。具体而言,应在《自然保护地法》中明确以管理目标作为标准划分自然保护地类型、重构自然保护地体系的依据,并界定不同自然保护地类型之间的地位与关系。[1]

(一)明确各种类型自然保护地的管理目标

作为自然保护地体系立法中的“基本法”,《自然保护地法》的重要任务是确定各类自然保护地管理的共同目标。世界自然保护联盟将自然保护地的共性目标归纳为保护生物多样性等六个方面。[2] 其首要目标是增加生物多样性就地保护的有效性,这与我国自然保护地体系改革任务中提出的通过生态修复实现“严格保护具有国家代表性的重要自然生态系统”是一致的。[3] 在这个总目标下,以各种自然生态系统的代表性、功能定位为基础,确立不同类型自然保护地的具体管理目标。根据《指导意见》提出的国家公园、自然保护区、自然公园三种类型,应将国家公园的管理目标确定为对重要自然生态系统的原真性、完整性的严格保护,明确禁止开发行为,纳入生态保护红线管控范围;自然保护区的管理目标是保护其特殊科学研究价值并实行分区管控,禁止或限制开发性建设活动,控制人类的活动范围和程度;自然公园的管理目标是保护其所设区域的自然特征和自然原貌,区域内的相关开发建设需要遵守规划与程序。

---

〔1〕 参见刘超:《以国家公园为主体的自然保护地体系的法律表达》,载《吉首大学学报(社会科学版)》2019 年第 5 期。

〔2〕 具体可参见[英]Nigel Dudley 主编:《IUCN 自然保护地管理分类应用指南》,朱春全、欧阳志云等译,中国林业出版社 2016 年版,第 24 ~ 25 页。

〔3〕 参见吕忠梅:《以国家公园为主体的自然保护地体系立法思考》,载《生物多样性》2019 年第 2 期。

（二）界定国家公园的“主体”地位及与其他保护地的关系

《指导意见》提出，未来我国要建成的是以国家公园为主体、以自然保护区为基础、以自然公园为补充的自然保护地体系。其中，国家公园具有“主体”地位。因此，如何准确地理解国家公园的“主体”地位及其与其他自然保护地类型之间的关系，就成为《自然保护地法》必须要回答的问题。在现代汉语中，“主体”就是事物的主要部分。故仅从字面理解，“主体”一般是指在组成事物的各部分中，该部分所占的比重（权重）最大。例如，作为“以国家公园为主体的自然保护地体系示范省”的青海省的109处各级各类自然保护地目前已整合优化到79处，保护地总面积增加3.41万平方公里，占全省国土面积比例提升至38.42%，其中国家公园占保护地总面积52.2%。[1] 而且，就整个自然保护地体系中的国家公园而言，从单体意义上讲国家公园确实往往面积广大。但是，在世界自然保护联盟的统计口径下，仅占比2.46%的数量（见表2－1），就覆盖了12.02%的面积（见表2－2）。而且，就绝对的数量和面积的角度讲，其无疑仍是占比较低。从我国的现实情况看，自然保护区等其他类型的自然保护地在数量和占有的国土面积总量上相较国家公园也占绝对多数。

表2－1　世界自然保护联盟统计口径下全球各类自然保护地的数量

项目	Ia	Ib	Ⅱ	Ⅲ	Ⅳ	Ⅴ	Ⅵ	NA*	NR**	总计
数量/个	9997	2921	5175	23,561	55,311	28,311	8076	29,280	47,511	210,143
比例/%	4.76	1.39	2.46	11.21	26.32	13.47	3.84	13.93	22.61	100

注：* 未采用IUCN分类体系。

** 上报分类类型。（NA、NR，参见李俊生等编著：《国家公园体制与研究实践》，中国环境出版集团2018年版，第38～39页。）

〔1〕 参见宋明慧：《青海：以国家公园为主体的新型自然保护地体系基本成型》，载《青海日报》2022年2月7日，第1版。

表 2－2　世界自然保护联盟统计口径下全球各类自然保护地的面积

项目	Ia	Ib	Ⅱ	Ⅲ	Ⅳ	Ⅴ	Ⅵ	NA*	NR**	总计
面积/百万平方千米	139.60	76.33	464.24	19.27	305.92	268.87	821.25	898.39	867.79	3861.66
比例/%	3.62	1.98	12.02	0.50	7.92	6.96	21.27	23.26	22.47	100

注：* 未采用 IUCN 分类体系。

** 上报分类类型。（NA、NR，参见李俊生等编著：《国家公园体制与研究实践》，中国环境出版集团 2018 年版，第 38～39 页。）

因此，仅从数量和规模的角度衡量国家公园在未来我国自然保护地体系中的"主体"地位，明显是不全面、不准确的。实际上，我国国家公园的"主体"地位，应当主要体现在实质意义而非简单的形式意义上。即，国家公园的保护价值和生态功能在我国自然保护地体系中居于"主体"地位。具体而言：

1. 生态价值最大

生态价值最大具体表现在以下两个方面：其一，国家公园在维护国家生态安全关键区域中具有首要地位。国家公园以保护"大面积自然生态系统"为主要目的，此类生态系统范围大、生态过程完整。而在《指导意见》中，将自然保护区定位于"具有较大面积"，自然公园则未特殊提及面积要求。因此，国家公园对于自然生态系统的原真性、整体性、系统性保护在各类自然保护地中应当最为充分。从维护国家生态安全的角度讲，国家公园必然是其中的首要区域。其二，国家公园在保护最珍贵、最重要生物多样性集中分布区的过程中居于主导地位。《指导意见》提出："把应该保护的地方都保护起来。"其中，国家公园是"我国自然生态系统中最重要、自然景观最独特、自然遗产最精华、生物多样性最富集的部分"。概言之，与其他类型的自然保护地相比，国家公园所保护的是我国自然生态系统中"最应该保护的地方"。

2. 具有国家代表性

从世界范围来看，国家代表性是国家公园的基本属性。我国正在建设的中国特色的自然保护地体系，也将国家公园定位于保护"具有国家代表性的自然生态系统”，即“具有国家象征，代表国家形象，彰显中华文明”。相比而言，自然保护区、自然公园则分别定位于“典型自然生态系统”“重要的自然生态系统”。因此，自然生态系统是否具有国家代表性、典型性，是国家公园的基本准入条件之一。特别在第一批国家公园正式设立之后，今后的设立工作要在全面分析自然地理格局、生态功能格局、保护管理条件等多种因素的基础上，从具有国家代表性乃至全球价值的自然生态系统、生物多样性和自然遗迹集中分布区中遴选出一批国家公园候选区，作为正式设立国家公园的主要依据。[1]

不仅如此，三江源、东北虎豹、海南热带雨林、祁连山、大熊猫等5个国家公园都是经国务院正式批准设立的，而此前该5个体制试点区则都曾经过中央深改委（组）审批。中央深改委（组）的设立，目的就在于加强党中央对涉及党和国家事业全局的重大工作的集中统一领导，强化决策和统筹协调职责，负责相关领域重大工作的顶层设计、总体布局、统筹协调、整体推进、督促落实。[2] 显然，正因为自身具有国家代表性，国家公园的建设才成为事关党和国家事业全局的重大工作，设立国家公园才属于国家的重大决策。相比而言，无论是自然保护区还是自然公园，都存在地方级。故其设立、调整、管理等虽然也十分重要，但并不完全属于“国家决策”“国家代表”。当前，各地区在大力推进生态文明建设的过程中，高度关注国家公园的建设工作。在已有5个国家公园和5个体制试点区的基础上，不少地区“自行”提出筹建“国家公园”的方案，还有部分地区提出了建设“国家公园城市”“公园城市”等目标。虽然这种态度和实践中的建设需求固然值得肯定，但必须注意的是，如果没有经过法定程序而启动“国家公园”筹建工作，势必会对国家公园的“国家代表性”带来负面影响。

3. 保护强度最高

目前，实践中存在一种“公园热”的现象，如山东省、云南省、辽宁省、西藏自治区等地区宣布正在积极筹建国家公园甚至“国家公园群”。

---

〔1〕 参见关志鸥：《高质量推进国家公园建设》，载《求是》2022年第3期。

〔2〕 参见《深化党和国家机构改革方案》。

与此同时，不少社会舆论则将已建甚至筹建中的“国家公园”与打造新的“旅游景点”相联系。实际上，《指导意见》对我国自然保护地类型的划分，基本标准之一就是按照“保护强度高低”依次分为国家公园、自然保护区、自然公园三类。也就是说，与世界自然保护联盟和部分国家有所不同，我国的国家公园在自然保护地体系中保护强度应当是最高的。正如习近平总书记在黄河流域生态保护和高质量发展座谈会上的讲话所强调的那样：“三江源、祁连山等生态功能重要的地区，就不宜发展产业经济，主要是保护生态，涵养水源，创造更多生态产品。”〔1〕

具体而言，根据《指导意见》的要求，对于国家公园和自然保护区实行分区管控，原则上核心保护区内禁止人为活动，一般控制区内限制人为活动。自然公园原则上按一般控制区管理，限制人为活动。这意味着，国家公园和自然保护区的保护强度首先要明显高于自然公园。进一步，《总体方案》对国家公园范围内的保护提出了更为严格的要求，即“除不损害生态系统的原住民生产生活设施改造和自然观光、科研、教育、旅游外，禁止其他开发建设活动”。而根据现行《自然保护区条例》的有关规定，在自然保护区的实验区内，不得建设污染环境、破坏资源或者景观的生产设施；建设其他项目，其污染物排放不得超过国家和地方规定的污染物排放标准。显然，国家公园范围内的保护强度、要求相比自然保护区更高。

4. 管理顺位最优

管理顺位最优具体展现在：一方面，国家公园的设置与范围划定在各类自然保护地中最优先。按照《指导意见》的要求，在整合各类自然保护地的过程中，“将符合条件的优先整合设立国家公园”。并且，在国家公园建立后，在相同区域一律不再保留或设立其他自然保护地类型。据此，在《自然保护地法》中应当确立国家公园设置与范围划定优先原则，即一旦设定为国家公园，其他保护地类型、管理机构均应退出，法律上只允许存在国家公园并只适用国家公园管理制度体系。同理，自然保

---

〔1〕 习近平：《在黄河流域生态保护和高质量发展座谈会上的讲话》，载《求是》2019 年第 20 期。

护区与自然公园之间的关系亦应照此原则处理。

另一方面，国家公园的管理事权在各类自然保护地中最高、最完整。理论上，国家公园的管理事权属于国家事权，全部由国家批准设立，由中央直接管理或委托省级政府管理。而且在条件成熟时，逐步过渡到国家公园内全民所有自然资源资产所有权由中央政府直接行使。亦即，国家公园应通过立法建立统一管理机构并赋予其最高、最完整的自然生态系统保护与管理事权，逐步“实现国家公园内全民所有自然资源资产所有权由统一的专门机构代表中央政府直接行使”。

三、创新自然保护地多元共治体系

虽然正在推进的机构改革，尤其是自然资源部与国家林业和草原局的组建开启了创新自然保护地管理体制的新窗口，但现行管理体制在很多方面仍不能适应自然保护地体系建设新要求，如何在本来就很脆弱的生态环境条件下，依托现有资源，统筹谋划自然保护地类型，建设合理的自然保护地体系，处理好经济建设、社会发展、自然保护的矛盾，贯彻绿色循环低碳发展理念，推动产业结构、增长方式、消费模式向有利于节约能源资源和保护生态环境的目标转型升级，在我国前期准备不足，实践经验欠缺。还有一些部门和地区，因为既得利益而对全面推进自然保护地体制改革、创新管理体制机制认识不到位、有抵触情绪，甚至以各种方式阻碍改革。这更需要以突破部门利益、地方利益藩篱的决心和勇气强力推进体制改革，建立统筹协调、规划引领、市场运作的领导体制和工作机制，促进政府主导、多元主体积极参与、相关利益方通力协作的多元共治格局逐步形成，加快推进政府职能转变，提高公共服务水平，创造良好的自然保护地体系运行环境。

现阶段，自然保护地建设的首要任务是生态修复，要优先实施重大生态修复工程，把防护林体系建设、水土流失及岩溶地区石漠化治理、退耕还林还草、水土保持、河湖和湿地生态保护修复等作为推动自然保护地建设的优先选项，增强生态系统的水源涵养、水土保持等生态服务功能，既涉及中央与地方的多个管理部门，也涉及多个省（市、区）；但从目前的法律规定看，自然保护地建设方面的中央事权与地方事权、地方之间的事权、中央部门事权与地方部门事权等方面，既缺乏划分依据，也没有评价标准，还欠缺健全的协调、协作机制，造成了自然保护地治理中的不同部门公权力、公权力与私权利、职权与职责等划分不清，导致自然保护地各级地方政府之间封闭、自利化管理，职能部门之间“七虎争山”，自然保护地管理机构的事权被虚化、弱化，政府与市场、社会、公众之间尚未形成治理合力等问题。这些问题的解决，从根本上有赖于《自然保护地法》加以统筹考虑，对自然保护地事权的划分作出系统性、科学性的制度设计和安排。

四、重构法律制度体系

随着自然保护地改革的深入推进，自然保护地内外经济、社会与生态环境之间，地区间和部门间，以及各相关产业之间的矛盾日渐突出，关系协调和利益调整非常复杂，权益纠纷也会越来越多。各利益主体往往立足于自身立场，将多元利益主张通过“法言法语”转化为权利（力）的主张及冲突博弈，力求获取法律的支持。但是，现行的立法层级较低和采取分散立法模式，导致法制基础薄弱、法律制度相互冲突和法律空白等问题同时存在，不足以彻底解决自然保护地建设过程中的严重利益冲突问题。这主要表现在如下两个方面：

第一，在制度层级方面，自然保护地立法最为薄弱。在生态环境保护的法律法规体系中，与自然保护地有关的法律法规最为薄弱，与加强管理的客观要求特别是自然保护地管理体制改革的现实要求极不适应。一是国家立法滞后，综合性的自然保护地立法长期处于空白状态；二是地方立法层面遭遇困境，随着国家公园体制改革的快速推进，各种矛盾凸显，一些地方加快了相关立法步伐，但由于国家公园体制改革属于中央事权，地方立法在这方面难以真正有所作为。目前，我国有效的自然保护地立法仅有《自然保护区条例》《风景名胜区条例》，属于立法效力较低的单项立法，不能满足解决自然保护地问题的法律需求。

第二，在制度构造方面，我国采取了资源、环境分别立法的形式。[1]虽然在自然资源和环境保护的相关法律中，有一些涉及自然保护地的条款，但这些法律制度主要按照资源要素设立，缺乏对自然生态的系统性和完整性考虑。加之各类保护地依据各自的法规建立、运行，缺乏国家法律统一协调，不可避免地出现了自然保护地分类不科学、区域重叠、保护标准不清晰、公益属性不明确、多头交叉管理、权力与责任不明确、保护与开发矛盾难以协调等问题。值得注意的是，由于我国实际上的行政主导立法方式，各涉及自然保护地的管理部门容易从各自的管理职能出发考虑问题，而导致法律制度间的不一致、不衔接甚至空白。这些制度运用到自然保护地管理中，不但缺乏对自然保护地特殊问题的针对性，而且可能导致法律制度实施的负效益，出现各部门“依法打架”，因部门利益竞争而导致自然保护地的管理目标无法实现。

显然，既有的法律制度体系不能适应新时代自然保护地管理体系的需要，必须通过制定《自然保护地法》加以改革甚至重构。在提升法律制度体系效力层次的同时，更加注重自然保护地涉及自然、行业、地区等不同要素具有社会、经济、文化属性复合交融的特点，通过系统分析自然保护地生态系统与其他生态系统的关联性、与经济社会发展的同构性，从法律制度体系上予以引导、规范、预防，以满足自然保护地区位特征、自然特性与管理特点对法律制度体系的现实需求。

---

〔1〕 参见吕忠梅：《新时代环境法学研究思考》，载《中国政法大学学报》2018年第4期。

第三章　自然保护地的管理体制

对于制定一部涉及大量行政管理事务的法律而言,管理体制涉及管理机构设置、职权划分和相互关系等。故在理论上,其构建的科学性和合理性直接影响法律实施的效果。[1] 再从自然保护地体系改革的角度看,启动此轮改革的动因之一就是囿于既有自然保护地管理体制弊端的根本影响,对职权的调整和对法律法规的小修小改根本无法改变我国自然保护地管理混乱。[2] 不仅如此,构建以国家公园为主体的自然保护地新体系还涉及既有各级各类保护地的优化整合并归。上述情况迫切地需要通过立法重构我国的自然保护地管理体制,以实现《指导意见》提出的"建立统一规范高效的管理体制"这一改革任务。可见,自然保护地管理体制的构建甚至重构,无疑是自然保护地立法理论研究中的核心问题之一。

传统意义上,管理体制是基于一国或一地的行政空间(行政区划)设定的。或者说,管理主体及其职权的边界就是行政空间的边界。然而,自然保护地作为一种自然地理空间单元,其特殊性就在于空间范围既依托于行政空间,又基于生态系统的整体性、完整性而不完全与行政空间重合。如何在其管理体制的立法构建中契合并回应这种空间属性所带来的需求,无疑是重点和难点所在。

---

〔1〕 参见秦天宝、刘彤彤:《自然保护地立法的体系化:问题识别、逻辑建构和实现路径》,载《法学论坛》2020 年第 2 期。

〔2〕 参见汪劲、吴凯杰:《〈国家公园法〉的功能定位及其立法意义——以中国自然保护地法律体系的构建为背景》,载《湖南师范大学社会科学学报》2020 年第 3 期。

第一节　自然保护地管理体制的立法需求

理论上，管理体制有其自身的构建逻辑和运行规律，自然保护地亦有一套相对独立的价值目标、功能定位、管理规范等。但是，当二者统一于自然保护地管理体制的立法构建时，自然保护地与管理体制就聚合为一个有机的整体，成为同一事物内相互影响、相互作用的两个方面。申言之，一方面，经立法确认的管理体制能够为有效的自然保护地管理提供充分的法治保障；而另一方面，作为管理活动的对象，自然保护地也会反作用于管理体制。在管理体制的立法构建阶段，这种反作用主要体现在其对管理体制的"塑造"作用上。也就是说，《自然保护地法》能否构建一套科学、完备的管理体制，基本前提之一就是能否回应自然保护地对于管理体制"提出"的特殊立法需求。

一、自然保护地作为管理对象的空间特殊性

空间是行政、市场与社会等一切行为的载体，自然成为赋予其他概念以意义的决定性来源。[1] 诸如在法律领域，不同尺度的场所空间中弥散和充斥着不同的法律，它们塑造着人们的决策，支配着人们的行为。[2] 而作为管理对象，自然保护地的特殊性就主要体现在其空间属性——"嵌套"于行政区域空间的自然地理空间。

（一）空间上与行政区划不完全重合

传统意义上，行政区划是国家政治和经济社会发展的基本单元，[3] 进而也是最基本的行政管理空间。其空间范围的确定虽然不乏自然因素（如以山岭、河湖等为界），但也综合考虑了政治、文化、民族、历史等

〔1〕 参见景天魁、张志敏等：《时空社会学：拓展和创新》，北京师范大学出版社 2017 年版，第 7 页。

〔2〕 参见吕忠梅等：《长江流域立法研究》，法律出版社 2021 年版，第 70 页。

〔3〕 参见刘佳奇：《论流域管理法律制度的实施机制》，载《湖南师范大学社会科学学报》2021 年第 2 期。

很多其他因素。而且，这一空间的范围还因为战争、自然、行政等，始终处于不断变化调整之中。按照世界自然保护联盟的定义，自然保护地是一个明确界定的地理空间，通过法律或其他有效方式获得认可、得到承诺和进行管理，以实现对自然及其所拥有的生态系统服务和文化价值的长期保护。[1] 可见，自然保护地空间范围的确定及可能的调整，主要是基于保护自然及其生态系统的需要。一方面，受到保护的空间在地理上首先必然要位于一定的行政区划之内，这是自然保护地存在及对其实施管理的空间基础。例如，《甘肃省自然保护区条例》第 2 条规定："本省行政区域内自然保护区建设和管理的相关活动，适用本条例。"另一方面，受保护的自然生态系统在地理空间的分布上遵循一定的自然规律（如大熊猫的主要活动区域、鱼类的洄游通道等），基于对其进行完整性、原真性保护的需要，被划为自然保护地的空间很可能或者基本上与行政区划的边界不同，甚至可能超越单一行政区划的空间边界。例如，东北虎豹国家公园就涉及黑龙江、吉林两省的 2 个地市、6 个县、17 个乡镇。

（二）特定的管理目标

无论是我国还是其他国家和地区，抑或是按照世界自然保护联盟的标准，自然保护地总体而言是一个较为宽泛的"大类"概念。实践中，某一国家或地区的自然保护地可能包括不同的具体保护地类型。仅以《法国环境法典》为例，其中就规定了国家公园、自然保护区、大区自然公园、海洋保护区、群落生境保护区等多种保护地类型。[2] 但无论是"大类"意义上的自然保护地，还是一国、一地划定并设立的某一具体保护地类型，在理论上可以抽象出一个共同的、特定的管理目标，即保护自然生态系统以提高生态系统服务功能。只是在不同国家和地区或者不同的保护地类型之间，因具体管理目标、保护严格程度、资源利用和开发强度等

---

〔1〕 参见［英］Nigel Dudley 主编：《IUCN 自然保护地管理分类应用指南》，朱春全、欧阳志云等译，中国林业出版社 2016 年版，第 16 页。

〔2〕 参见《法国环境法典》（第 1 卷至第 3 卷），莫菲、刘彤、葛苏聃译，法律出版社 2018 年版，第 296～330 页。

实践差异而各有侧重。[1] 例如，我国《自然保护区条例》第1条就规定自然保护区建设和管理的目标是“保护自然环境和自然资源”，而《湖南省森林公园条例》第1条则规定了该省规范森林公园管理的目标是“有效保护和合理利用森林风景资源，发展森林生态旅游，传播森林生态文化”。二者间的异同之处可谓一目了然。

（三）重点的管理内容和活动

就某一行政区域空间而言，其管理内容和活动明显具有综合性。例如，县级以上人民政府依法制定的国民经济与社会发展规划纲要，就是对该行政区域在未来一定时期内管理内容和活动的总体部署，其中涉及经济社会发展的各个方面。诚然，自然保护地范围内也存在并需要综合性的管理内容和活动（如民生保障、基础设置建设、义务教育、文化传承等），但同时更需要确定一些重点的管理内容和管理活动，以有效达成其保护自然生态系统这一特定的管理目标。其中，重点管理内容主要是特定自然地理空间范围内的自然生态系统、自然遗迹、自然景观及其承载的自然资源、生态功能和文化价值等。例如，大熊猫国家公园最重要的管理内容之一，就是保护大熊猫这一物种及其生存的空间。基于此，自然保护地的重点管理活动就是可能对前述重点管理内容产生影响的相关人类活动，这种影响可能是正面的，也可能是负面的。例如，在自然保护地范围内建立巡护巡查制度，就是一种对前述重点管理内容有正面影响的人类活动；而非法猎杀自然保护地内的珍贵、濒危野生动物，则会对重点管理内容产生负面影响。显然，这两种人类活动都是自然保护地的重点管理活动。

二、空间特殊性对管理体制立法构建的影响

自然保护地立法之所以存在或者被需要，重要原因之一就在于自然保护地这一特殊空间范围内缠绕的利益关系、正在进行的权利（力）义

---

[1] 参见谢忠洲、陈德敏：《类型化视域下自然保护地立法的制度建构》，载《重庆大学学报（社会科学版）》2021年第1期。

务,为法律的实现提供了场所。[1] 换言之,考虑到自然保护地作为管理对象是一个特殊的空间单元,精心设计的法律制度必须实现这一特殊空间秩序的塑造保障以及规则的生成确认。[2] 鉴于管理体制在《自然保护地法》所确立的法律制度体系中的特殊重要性,其立法构建必须充分考虑自然保护地的空间特殊性。详言之,作为一种"嵌套"于行政区域空间的自然地理空间,自然保护地的上述三个特殊表现分别对管理体制的立法构建相应地产生三个方面的影响。

(一)基本权力配置

就一般意义而言,管理体制立法构建的核心就是各级政府间事权的配置,即权力的立法配置。[3] 其主要包括"条"和"块"两个方面:"条"是指中央与地方、上级与下级政府之间的权力配置,而"块"则是各级政府所属相关职能部门、机构之间的权力配置。其中,"条"意义上的权力配置,特别是中央与地方之间的权力配置,是整个权力配置体系的基础,亦是针对某一管理对象开展管理活动的基础。考虑到生态环境这一领域本身已经是政府间权力配置中被具体划分出的"一块",其在"条"的意义上基本遵循或沿袭了既有的央地权力分配规则和结果。是故,相关立法中较少关注或涉及央地间基本权力的配置问题。其表现如,此类立法中有关管理体制的规定集中于确定主(统)管部门及其职能,而对各级政府则往往简单表述为对本行政区域"负总责""组织领导"等。

前文已述,自然保护地作为一种特殊的自然地理空间,就对其实施管理而言:一方面,空间是一种权力的象征,是权力获得"合法性"的场域。另一方面,空间是权力运行的重要载体,权力通过空间来发挥作用。[4] 然而,自然地理空间与行政区域空间从形态上并不完全重合,甚至可能如前所述超出单一行政区划甚至省级行政区划的空间范围。特

〔1〕参见朱垭梁:《法律的空间意象性》,法律出版社 2017 年版,第 46 页。

〔2〕参见陈虹:《流域法治何以可能:长江流域空间法治化的逻辑与展开》,载《中国人口·资源与环境》2019 年第 10 期。

〔3〕参见刘佳奇:《论长江流域政府间事权的立法配置》,载《中国人口·资源与环境》2019 年第 10 期。

〔4〕参见袁超、李建华:《论空间权力化》,载《湖南师范大学社会科学学报》2014 年第 6 期。

别是对于某些自然地理空间的保护不仅之于当地,甚至对国家而言都具有特殊重要的意义,故其往往会被冠以“国家”或者“国家级”的称谓(如国家公园、国家级自然保护区等)。上述因素决定了自然保护地的管理中既涉及地方政府基于行政区划的“属地管理”,也必然涉及中央对于某些跨区域或特殊重要的自然保护地实施直接管理。例如,作为我国自然保护地体系“主体”的国家公园,其最大的特点和基本定位之一就是坚持国家代表性、国家所有。那么,这是否就意味着我国要参考美国国家公园的所谓垂直管理体制,将该自然地理空间的管理权完全“上收”交由国家(中央)直接行使,抑或在中央与地方之间进行一定的权力划分。由此可见,自然保护地立法不同于传统生态环境领域的立法,其管理体制的构建中不可避免地会涉及中央与地方之间的基本权力配置问题。

（二）管理机构设置

以“条”为基础,自然保护地管理体制的立法构建中也需要进一步配置“块”意义上的权力。而传统意义上“块”权力的立法配置,主要体现在管理机构的设置上。这具体表现为,在立法中设置或者明确规定某一部门(机构)的统(主)管地位及其主要职责。诚然,这种立法思路对自然保护地而言依然具有十分重要的意义。因为自然保护地作为一个特定的管理领域,也需要确定由一个“行业”主管部门主要负责。这既是依法行政的基本要求,也是保证行政管理效率的必然选择。但同时也必须看到,自然保护地有其特殊的管理目标——保护自然生态系统以提高生态系统服务功能。一方面,每一个被保护的自然生态系统都是“占据”相当甚至广大地理空间范围的管理单元,其中涉及大量的具体管理事务。另一方面,管理目标虽然在整体上趋同,但对不同类型、不同区域的自然保护地而言,目标的具体实现明显具有差异性。以优化整合后的自然保护区与森林公园为例,前者更强调保护,而后者则要同时兼顾旅游和文化功能。受上述因素的共同影响,仅明确统(主)管部门的传统立法思路难以充分实现对各类自然保护地的具体管理(况且该部门往往还需要依法履行其他职责)。这就要求,自然保护地立法应当特别关注管理机构的设置问题,避免仅规定统(主)管部门而了之,以有效回应并高度契合这一特殊空间的管理目标。

(三)具体模式选择

通常情况下,管理体制立法构建过程中所选择的最主要模式无疑是科层型模式。亦即,主要凭借政府(及其相关职能部门)的权力,通过对下级相关政府(及其相关职能部门)的控制和其他主体的监管,以实现对某一空间单元的管理。[1] 从性质上讲,自然保护地的重点管理内容、管理活动都具有典型的公共性,故现代社会之政府及其有关职能部门、机构等对此主要负责并施以管理应该说是责无旁贷的。换言之,科层型管理体制将是未来自然保护地立法必然选择并建立的模式基础。

但是,模式基础并不意味着模式的全部,或者说单纯选择科层型模式对于自然保护地的管理而言并不完美。一方面,在理论上科层型并非管理体制唯一的模式选择,还可能包括但不限于下列模式类型:(1)自主治理型。空间内所涉相关政府及非政府主体,以类似自主治理的协议、协商等方式来独立应对治理事务、解决相关治理问题和纠纷。(2)市场型。注重在相关主体间采用政府间生态补偿、排污税费和排污权交易等市场化方式,以抑制管理中负外部性问题的发生。[2] (3)参与型。参与型治理在世界范围内日益增多,如欧盟《水框架指令》就规定了多种形式的公众参与。[3] 另一方面,虽然自然保护地有其重点的管理内容和活动,但是对同一管理内容和活动来说,不同区域、主体间却可能产生差异化的功能诉求。这是因为,各种类型的自然保护地既是以生态要素为纽带和基础的自然地理空间单元,同时也是构成人类(尤其是原住居民和社区)生产和生活的经济社会单元。[4] 例如,原住居民因自然保护地确定范围、勘定边界、分区管理等管理活动可能失去住所、土地等资

---

〔1〕参见刘佳奇:《论空间视角下的流域治理法律机制》,载《法学论坛》2020年第1期。

〔2〕参见王勇:《论流域政府间横向协调机制——流域水资源消费负外部性治理的视阈》,载《公共管理学报》2009年第1期。

〔3〕See David Benson, Oliver Fritsch, Hadrian Cook, Marylise Schmid, *Evaluating Participation in WFD River Basin Management in England and Wales: Processes, Communities, Outputs and Outcomes*, 38 Land Use Policy Vol. 38, p. 213 - 222(2014).

〔4〕参见吕忠梅:《以国家公园为主体的自然保护地体系立法思考》,载《生物多样性》2019年第2期。

源、被迫放弃权利抑或改变生活习惯。[1] 如果在自然保护地范围内单纯采取科层型的管理模式，只考虑保护类的管理内容、仅对人类活动采取禁止或限制性措施，尤其是不能将原住居民和社区的合法权益、发展利益纳入考量，将可能使整个管理体制陷入合法性危机之中。

第二节　自然保护地管理体制的目标定位及其立法回应

从《总体方案》到《指导意见》再到《中华人民共和国国民经济和社会发展第十四个五年规划和2035年远景目标纲要》，构建以国家公园为主体的自然保护地体系的改革目标愈加清晰、明确。而在生态文明建设实现新进步的过程中，政策与法律之间具有天然的密切联系。就《自然保护地法》而言，一方面，上述方案、意见、建议等在性质上无疑属于国家政策，对该法的制定起着指导作用；[2] 另一方面，该法的制定既可以确保重大改革于法有据，也是落实相关改革部署的重要步骤和任务。鉴于管理体制是立法中的核心内容和重要任务，故其立法构建不仅需要以改革目标定位为指导，更需要在此次基础上对目标定位给予充分的立法回应。

一、自然保护地管理体制的目标定位

针对我国既有自然保护地体系仍然存在重叠设置、多头管理、边界不清、权责不明、保护与发展矛盾突出等问题，《指导意见》明确提出了改革的目标定位——建立统一规范高效的管理体制。基于自然保护地这一特殊空间对管理体制的前述特殊需求和塑造作用，这一目标定位亦

---

〔1〕 参见李一丁：《整体系统观视域下自然保护地原住居民权利表达》，载《东岳论丛》2020年第10期。

〔2〕 参见于文轩：《生态环境协同治理的理论溯源与制度回应——以自然保护地法制为例》，载《中国地质大学学报（社会科学版）》2020年第2期。

应具体从基本权力配置、管理机构设置、具体模式选择等三个方面入手加以立法实现。

（一）基本权力配置——从属地管理为主到分级分类管理

前文已述，基于自然保护地特殊的空间属性，对于那些超越单一行政区划以及被冠以“国家”或者“国家级”的重要自然保护地而言，必然存在央地之间的基本权力配置问题。央地基本权力配置，具体表现为行政管理权（事权）的基本分配以及与之相匹配的财政支出责任（财权），即事权与财权的划分。长期以来，由于中央事权与地方事权和财政关系不清晰，特别是各类冠以“国家”或者“国家级”的自然保护地存在中央事权不顺达和中央财政投入不配套的现象。这不仅逐渐形成了中央政府与地方政府间在建立自然保护地的目的和基本理念认识上南辕北辙，[1]更形成了以属地管理为主的事实状态。

为了解决央地在自然保护地管理中权责不明的问题，《指导意见》结合自然资源资产产权等相关改革举措提出了新的分级分类管理体制。所谓分级，就是将各类型的自然保护地分为国家和地方两级，其中地方级又突出“省级政府批准设立，管理主体由省级政府确定”；所谓分类，不是简单地将自然保护地类型确定为国家公园、自然保护区和自然公园，而是从央地管理权配置的角度将自然保护地分为中央直接管理、中央地方共同管理和地方管理三类（其中，国家公园未来主要包括中央直接管理和中央委托地方管理两类）。显然，上述关于央地基本权力配置的改革目标定位必须在立法中得以明确和保障，以奠定管理体制的权力基础。特别是省级政府在未来的分级分类管理中，不仅是分级管理中地方级的基本管理主体，还在分类管理中发挥着上承中央、下启市县的关键性作用。例如，三江源国家公园就是由中央委托青海省代为管理。故《自然保护地法》在央地基本权力划分的立法设计中，必须特别关注并明确中央与省级政府之间的事权和财权划分。

（二）管理机构设置——从分部门管理到整合式管理

为了实现自然保护地特殊的管理目标，既有的管理体制不仅明确了

---

〔1〕 参见汪劲：《论〈国家公园法〉与〈自然保护地法〉的关系》，载《政法论丛》2020 年第 5 期。

相应的行业主管部门,还进一步设置了自然保护地的专门管理机构(或称"主管机构")。由相应的主管部门或主管机构在上级部门的监督指导下,负责辖区内"自然保护地"的建设、管理或者保护工作。[1] 这种体制设计固然能够在一定程度上缓解单一的行业部门与具体管理事务众多、目标管理存在差异之间的矛盾。但是,"主管部门 + 主管机构"也是建立在传统分部门管理的基础之上的。实际上,各部门都可能依法依规成为"主管部门",各部门都可以设置各自的归口管理机构并加以领导。这是造成改革前原有各级、各类自然保护地重叠设置、多头管理、边界不清的根本原因之一。[2]

为此,新一轮政府机构改革尤其是国家林业和草原局的成立,使我国各类自然保护地有了统一的管理机构,解决了长期存在的"多头管理"的问题。[3] 进一步,《指导意见》在整合交叉重叠的自然保护地的过程中提出"做到一个保护地、一套机构、一块牌子"的原则性要求。应该说,此轮改革在管理机构设置方面明显体现出"整合式管理"的目标定位,应当作为《自然保护地法》中有关管理机构设置方面的基本遵循。但同时必须看到,影响自然生态系统及其服务功能的因素有很多,特别是很多人为因素。为了实现保护自然生态系统以提高生态系统服务功能这一特定的管理目标,自然保护地的整合式管理除要求保护自然生态系统外,还必须对大气、水、土壤等各类环境要素进行综合调整,并应对污染排放行为、资源开发行为等各类影响环境的行为一视同仁,而且重视它们之间的互动联系。[4] 显然,其中所涉及的管理权限、事项、内容等已经远远超过林草部门和自然保护地管理机构的范畴。[5] 这也就意

---

〔1〕 参见胡德胜、杨焱:《长江流域自然保护地体系及其管理体制机制探析》,载《江西社会科学》2021 年第 1 期。

〔2〕 参见李俊生等编著:《国家公园体制与研究实践》,中国环境出版集团 2018 年版,第 23 ~ 24 页。

〔3〕 参见吕忠梅:《关于自然保护地立法的新思考》,载《环境保护》2019 年第 Z1 期。

〔4〕 参见吴凯杰:《环境法体系中的自然保护地立法》,载《法学研究》2020 年第 3 期。

〔5〕 例如,生态环境部为履行其"组织制定各类自然保护地生态环境监管制度并监督执法"的职责,2020 年 12 月 21 日专门印发了《自然保护地生态环境监管工作暂行办法》(环生态〔2020〕72 号)。

味着，除整合主管部门和主管机构外，主管部门、主管机构与自然保护地所在的地方政府、其他相关部门和机构等的有效整合，也是立法过程中必须考量的问题。

（三）具体模式选择——从一元政府管理到多元网络化治理

无论是政府还是其所属的职能部门、机构等，其在既有的科层型模式中几乎是唯一的管理主体。但如前所述，自然保护地有重点的管理内容和活动，需要政府在该空间内实施公共管理。但对同一管理内容和活动来说，不同区域、主体也可能产生差异化的功能及利益诉求。故在实际管理的过程中，仅由政府主体实施一元管理明显存在体制弊端：一方面，有限的执法资源与广阔的自然地理空间、众多的保护地数量之间明显存在较大差距，导致政府对自然保护地始终存在"管理不足"的问题。另一方面，保护地范围内的原住居民和社区在科层型模式下仅被动地接受政府管理，不仅相互间容易对具体的管理内容和活动产生利益分歧甚至矛盾，还浪费了宝贵的原生治理资源。

虽然《指导意见》提出了"统一规范高效"的管理体制改革目标，并要求"发挥政府在自然保护地规划、建设、管理、监督、保护和投入等方面的主体作用"。但同时，其中，"建立健全政府、企业、社会组织和公众参与自然保护的长效机制""探索公益治理、社区治理、共同治理等保护方式""推行参与式社区管理""激励企业、社会组织和个人参与自然保护地生态保护、建设与发展"等一系列表述也说明，建立统一规范高效的自然保护地管理体制不必然也不可能使管理体制完全做到"千园一面"。首先，应当使自然保护地管理体制获得《自然保护地法》的"统一"规定，改变此前各自为政的状态。其次，还需要进一步聚合治理共同体的力量和能力，协调多元利益主体和社会资本力量，建立具有韧性和持续能力的治理模式。[1] 从具体模式选择的角度讲，就是以科层型模式为基础，选择并充分发挥自主治理、市场、参与式治理等其他模式的优势，形成适应各自然保护地发展和建设管理实际需要的多元网络化治理

〔1〕 参见孙柏瑛：《从网格化管理到网络化治理》，载《中国纪检监察报》2020年9月10日，第7版。

模式。

二、对自然保护地管理体制目标定位的立法回应

所谓立法回应，就是运用准确的立法语言，将政策中有关自然保护地管理体制的目标定位转化为《自然保护地法》中有关管理体制部分的具体法律规定及条文表述。

（一）确定央地事权与财权划分的基本规则

1. 确定中央政府与省级政府的财权与事权划分规则。从分级分类管理的角度讲，需要明确中央政府财权与事权的主要是中央直接管理和中央地方共同管理这两类自然保护地。考虑到当前正在推进的以国家公园为主的自然保护地体系改革，是我国生态文明体制改革的组成部分，与其他改革事项密切相连、高度相关。特别是自然保护地的管理目标和对象集中（或主要归属）于自然资源领域，故管理权的来源基础是自然资源资产产权的改革。虽然《自然资源领域中央与地方财政事权和支出责任划分改革方案》将“国家级自然保护地的建设与管理”确认为中央与地方共同财政事权，由中央与地方共同承担支出责任。但是《总体方案》提出：“部分国家公园的全民所有自然资源资产所有权由中央政府直接行使，其他的委托省级政府代理行使。条件成熟时，逐步过渡到国家公园内全民所有自然资源资产所有权由中央政府直接行使。”这就意味着，作为未来自然保护地体系主体的国家公园，最终将完全实现中央直接管理，但现阶段仍有相当一部分是由中央委托省级政府代理行使全民所有自然资源资产所有权并进行管理。从事权与财权相匹配的原则出发，现阶段委托省级政府代为管理的国家公园，可以按照《自然资源领域中央与地方财政事权和支出责任划分改革方案》的相关要求由央地分担事权和财权。但现在（典型如东北虎豹国家公园）及将来全民所有自然资源资产所有权由中央政府直接行使的国家公园，其事权及财政支出责任则应当明确由中央政府承担。鉴于《自然保护地法》在自然保护地体系建立和管理中的“基本法”地位和作用，其必须综合考虑现阶段的改革实践及未来的改革趋势，对包括国家公园在内的各类保护地的央地事权与财权划分作出全面的立法回应。具体而言，中央政府直接行

使全民所有自然资源资产所有权的自然保护地，其规划、建设、管理、监督、保护等所需经费列入中央预算。中央地方共同管理或委托省级人民政府代理行使全民所有自然资源资产所有权的自然保护地，前述之有关经费由中央和其所在的省、自治区、直辖市人民政府根据职权划分，分别承担相应的支出责任。

2. 明确地方各级政府的事权与财权划分规则。除中央直接管理和中央地方共同管理两类外，由地方管理的自然保护地应当由地方政府承担事权和财政支出责任。但无论是管理体制还是财政体制，地方政府体系内都包括具体的层级，而各级地方政府间实际承担的事权内容和财政支出责任应当各有侧重。具体而言，省、自治区、直辖市人民政府负责本行政区域内地方级自然保护地的组织领导工作，将地方级自然保护地规划、建设、管理、监督、保护等工作所需经费列入本级预算，并加大对区域内地方级自然保护地的财政转移支付力度。自然保护地所在的市、县级人民政府负责自然保护地内经济发展、社会管理、公共服务、防灾减灾、市场监管等职责，加大对自然保护地内居民生产生活、公共服务等的财政投入。自然保护地内的乡（镇）人民政府、街道办事处协助履行自然保护地的保护和管理职责，加强生态管护，组织村（居）民委员会引导村（居）民形成绿色环保的生产生活方式。

（二）实现"统管＋专管＋监督"的整合式管理

1. 明确统管部门及其职责。按照新一轮国务院机构改革的结果，国务院林业草原主管部门应当对全国各类自然保护地实施统一监督管理。但是，统管并不是也不可能"包办一切"，而应当突出强调"统一"。结合国家林业和草原局的"三定方案"，其实现"统一"管理所涉及的主要职责是：（1）编制各类自然保护地规划和相关国家标准；（2）负责国家公园设立、规划、建设和特许经营等工作；（3）负责中央政府直接行使所有权的各类自然保护地的自然资源资产管理和国土空间用途管制；（4）提出新建、调整各类国家级自然保护地的审核建议并按程序报批；（5）法律、行政法规规定的其他职责。在地方层面，则应当明确由省、自治区、直辖市人民政府自然保护地主管部门负责本行政区域内地方级自然保护地的监督管理,[1]并依据职权划分负责本行政区域内中央地方共同管理、委托省级人民政府代理行使全民所有自然资源资产所有权的自然保护地的有关监督管理工作。

2. 规定自然保护地管理机构的设置规则及其主要职责。自然保护地管理机构是具体设置在各自然保护地,专门负责保护地范围内日常管理的行政主体。按照分级分类管理的基本目标定位,自然保护地管理机构应当相应地设置为:中央政府直接行使全民所有自然资源资产所有权的自然保护地,应当由国务院林业草原主管部门设立管理机构,实施统一管理;中央地方共同管理、委托省级人民政府代理行使全民所有自然资源资产所有权的自然保护地,应当由其所在的省、自治区、直辖市人民政府设立管理机构,实施统一管理;地方级自然保护地管理机构的设置,由省、自治区、直辖市人民政府根据本地具体情况确定。此外,结合自然保护地改革特别是三江源、东北虎豹等国家公园的相关实践,根据自然保护地发展和建设管理的实际需要,经设立自然保护地管理机构的主体批准,可以设立自然保护地二级管理机构,依法负责自然保护地内部分区域的有关具体管理工作。在此基础上,自然保护地管理机构应当主要履行下列职责:(1)贯彻执行有关法律、法规和政策、规划;(2)编制该自然保护地的相关规划,建立健全保护管理制度;(3)会同有关部门承担生态保护、自然资源资产管理、特许经营、社会参与和科研宣教等职责;(4)按照有关规定设置必要的设施、标志,维护管理秩序;(5)开展巡查巡护,及时制止破坏自然保护地生态环境、自然资源的行为;(6)负责协调与当地政府及周边社区关系;(7)法律、法规规定的其他职责。

3. 强化生态环境部门的监督职责。自然保护地的管理目标是保护自然生态系统,实现这一目标的过程以及最终实现的程度、结果显然与改革后新组建的生态环境部门高度相关。因此,确立统管部门和专管机

---

[1] 之所以称省、自治区、直辖市人民政府的"自然保护地主管部门"而非"林业和草原主管部门",是因为现实中各省级政府主管部门的设置及其称谓并不相同。例如,陕西省、浙江省等设立的是"林业局"而非"林草局";又如,山东省是由自然资源厅负责全省各类自然保护的监督管理。

构并不意味着排斥或不再需要生态环境部门的监管,而是如何通过职能分工,形成各部门、机构之间的监管合力。在此过程中,生态环境部门应当侧重发挥其对生态环境和人类活动的“监督者”功能。具体体现是:(1)对自然保护地相关规划中生态环境保护内容的实施情况进行监督;(2)对各级、各类自然保护地的设立、调整和退出实施监督;(3)组织对自然保护地生态环境和人类活动的监测;(4)对自然保护地存在突出生态环境问题的,采取函告、通报、约谈等方式督促整改;(5)依法查处自然保护地内有关破坏生态、污染环境的违法行为。[1]

4. 建立协同、协作管理机制。实际上,自然保护地作为一个“嵌套”于行政区域空间的自然地理空间,既涉及层级管理与属地管理,又涉及统一管理、专门管理与监督管理等。因此,在这一特殊的空间范围内明确划分各类、各级行政主体的职责,只是实现“整合”的基础,还需要在“分”的同时建立必要的协同、协作管理机制。具体而言:(1)统筹配置行政执法职能和执法资源,在自然保护地内实行生态环境保护综合执法。根据实际需要,法律、法规可以授权自然保护地管理机构履行自然保护地内必要的资源环境综合执法职责;自然保护地所在的市、县人民政府负有资源环境保护监督管理职责的有关部门,也可以委托自然保护地管理机构进行执法。(2)建立多层次的协调机制。省级以上人民政府应当建立自然保护地管理工作协调机制,统筹协调自然保护地规划、国土空间用途管制、自然资源资产管理、调整归并、生态保护补偿等重大事项,研究解决保护、建设和管理中的重大问题。在省、自治区、直辖市人民政府之间还可以协商建立跨行政区域自然保护地的生态保护协作机制,加强规划和标准制定、生态环境监测、执法、信息共享等方面的协作。此外,自然保护地管理机构应当与自然保护地所在的市、县级人民政府及其有关部门、乡(镇)人民政府、街道办事处建立健全协作机制,共同制定并实施自然保护地的有关保护管理制度,研究解决保护、建设和管理中的有关问题。

---

〔1〕 参见《自然保护地生态环境监管工作暂行办法》第4、5、6、7、8、12、13、14、17条。

(三)建立政府主导下的多元参与治理体系

明确央地事权与财权的划分、建立整合式管理体制,是立法对《指导意见》中"政府主导"的基本原则,抑或是对前述之"科层型模式为基础"的回应。除此之外,还需要在《自然保护地法》中设定政府之外相关主体参与自然保护地治理的相关规则体系,以最终形成多元网络化治理模式。

1. 专家的参与。无论是特殊的管理目标还是重点的管理内容和活动,都显示出自然保护地的管理具有较强的科学性、专业性。作为科学理性的最主要代表,自然保护地的管理工作离不开专家的参与,实践中专家的参与也几乎涉及自然保护地管理的各个方面。但就构建管理体制的角度讲,专家最重要的参与内容是宏观层面的决策咨询,而最有效的参与方式是通过立法设立相应的专家决策咨询机制。上述构想在立法中可具体表述为,国务院林业草原主管部门负责组织成立国家自然保护地专家委员会。国家自然保护地专家委员会由自然生态保护相关领域专家组成,为全国自然保护地发展和建设管理提供咨询、论证和评审服务,具体办法由国务院林业草原主管部门制定。省、自治区、直辖市人民政府应当建立健全地方级自然保护地的决策咨询机制,可以结合实际情况和需要组织成立本行政区域的自然保护地专家委员会。

2. 原住居民和社区的参与。国内外相关理论和实践反复证明,自然保护地内的原住居民和社区不仅是该空间范围内"生态—社会系统"的基本组成部分,更是实现自然保护地内可持续发展的社会基础。对于原住居民和社区非但不能简单地作为管理对象,甚至"一刀切"式地强制要求其搬迁、退出,反而应当通过立法为其有效参与未来自然保护地的治理提供更有力的法治保障。[1] 具体而言,自然保护地内的村(居)民委员会可以通过联户参与、签订管护协议等形式,协助有关政府或负有自然保护地监督管理职责的部门、机构等开展自然保护地的巡查、管护等工作。同时,还应鼓励自然保护地内及其周边区域的居民通过依法制定并实施村规民约、社区公约等方式,参与自然保护地的生态保护、建设

---

〔1〕 参见刘佳奇:《国家公园建设中的核心法律问题研究》,辽宁大学出版社 2020 年版,第 123 页。

与发展。

3. 保护地与其周边区域的合作。在很多情况下，自然保护地的空间边界与生态系统及其过程的时空分布并不完全重合。故从原真性、完整性保护的角度讲，某一自然保护地的管理边界并不当然是空间管控边界，其周边区域对于该自然保护地的保护同样十分重要。例如，美国国家公园实施的“界外管理”，就是由国家公园管理机构通过各种方法对国家公园边界外的土地利用、设施建设、人类活动等进行管理和协调，目的在于避免和解决潜在的冲突、保护公园资源和价值、提供游客游憩机会以及社区共赢。[1] 无独有偶，我国的自然保护区管理中，依法也可以在自然保护区的外围划定一定面积的外围保护地带。鉴于此，立法中应当规定自然保护地周边区域的乡（镇）人民政府、街道办事处、村（居）民委员会可以通过相互或与自然保护地管理机构签订合作保护协议等方式，共同保护自然保护地及其周边的自然资源。同时，各类各级自然保护地管理机构之间也可以通过联合巡护、互通信息、执法协作等方式开展合作，共同促进自然生态系统的完整保护。

4. 为全社会的参与提供法律依据和途径。《指导意见》明确提出自然保护地的功能定位包括服务社会，即“为人民提供优质生态产品，为全社会提供科研、教育、体验、游憩等公共服务”。据此，全社会不仅有权享受自然保护地带来的优质生态产品和服务，还应当有权参与对自然保护地的管理。这就需要在立法中明确赋予全社会参与自然保护地管理的权利及具体的参与途径，同时也可为前述“公益保护地”“自然保护小区”等的存在和运行提供必要的法律依据。即公民、法人和其他组织可以通过社区共建、协议保护、授权管理和领办生态保护项目等方式，参与自然保护地的生态保护、建设与发展。此外，为进一步激发全社会参与生态环境治理的积极性，扩大包括对自然生态系统进行保护的对象和空间范围，公民、法人和其他组织还可以依据相关法律、法规、规划等，对自然保护地以外的陆域或海域开展其他公益性生态保护活动。

---

〔1〕 参见杨锐等：《国家公园与自然保护地研究》，中国建筑工业出版社 2015 年版，第 36～38 页。

第四章　自然保护地的分区管控机制

改革后的自然保护地体系将同时承载保护自然、服务人民、永续发展的功能,实现生态保护、绿色发展、民生改善相统一。因此,自然保护地立法必须考虑建立健全一套核心法律机制,以实现在生态优先、保护为主的前提下,有效平衡自然生态保护与资源利用、游憩宣教、社区和原住居民可持续发展等的关系。从世界范围内的经验看,分区(zoning)是实现上述既定管理目标的基本工具和手段,即将某一区域细分为多个空间单元、定义活动类别并明确每个空间单元内允许的、限制的或者禁止的活动。[1] 目前,国际上一般将国家公园可进入区域控制在不超过5%的小范围内,以此对国家公园内商业活动实行严格控制和有效监管。正因如此,分区管控机制被广泛应用于世界各国的自然保护地立法之中。例如,《加拿大国家公园法》将国家公园分为5区,即第Ⅰ区——特别保护区、第Ⅱ区——荒野区、第Ⅲ区——自然环境区、第Ⅳ区——户外游憩区和第Ⅴ区——公园服务区。

事实上,分区管控机制在我国既有的自然保护地立法中已经有所体现。例如,根据《自然保护区条例》的规定,我国改革前的自然保护区就分为核心区、缓冲区、试验区,保护区外围还可划定一定范围的准保护区,且不同区域的管理强度和要求也不同。正因如此,在构建自然保护地新体系的过程中,《总体方案》提出国家公园应当"按照自然资源特征和管理目标,合理划定功能分区,实行差别化保护管理";《指导意见》进

---

〔1〕 See Roman, S. J., Dearden, P., Rollins, R., *Application of Zoning and "Limits of Acceptable Change" to Manage Snorkelling Tourism*, 39 Environmental Management 819(2007).

一步提出"实行自然保护地差别化管控",并将其作为自然保护地管理体制改革的主要内容之一。目前,关于自然保护地分区管控的方法与标准、域外分区管控的制度实践和分区管控措施的有效性等已有不少研究成果,但关于自然保护地分区管控的法学研究相对较少。鉴于此,研究自然保护地分区管控机制的法律表达,是展开自然保护地立法理论研究之必需。

第一节 自然保护地分区管控的理论基础

空间是人类栖居的场所,提供人类和其他生物生存和发展所需的各种资源。近代空间观认为,空间是一个静止的容器,时间则是匀速地流逝的——牛顿的绝对空间和绝对时间就是如此。但如果空间是静止的,而时间却变为加速度的话,就出现了"时空压缩"的问题,即地理的重要性不断降低。因此,第二次世界大战前多数学科聚焦于时间性范畴。20世纪下半期以来,哲学社会科学呈现整体性的"空间转向"。[1] 即空间不再是独立于人类之外被实践的对象,人类与空间的二元对立格局被不断消解。空间范畴不再局限于物理意义上的地理空间,还包括人文空间和社会空间。申言之,由于社会关系在空间关系中的投射,空间的社会意义受到重视。在此背景下,法律的空间性得到重视,法律规范被解释为一种对领域空间关系进行调整的社会规范。[2]

一、自然保护地的空间属性

自然保护地是由各级政府依法划定或确认,对重要的自然生态系统、自然遗迹、自然景观及其所承载的自然资源、生态功能和文化价值实施长期保护的陆域或海域。按照自然生态系统原真性、整体性、系统性及其内在规律,依据管理目标与效能并借鉴国际经验,《指导意见》重构

---

〔1〕 参见冯雷:《理解空间:20世纪空间理念的激变》,中央编译出版社2017年版,第15页。

〔2〕 参见朱娅梁:《法律的空间意象性》,法律出版社2017年版,第23页。

了我国自然保护地体系,依据生态价值和保护强度高低将自然保护地依次分为国家公园、自然保护区和自然公园。从自然保护地体系建设的整体看,各种类型的自然保护地既是以生态要素为纽带和基础的自然单元,同时也是构成人类生产和生活的经济社会单元,是自然系统、管理系统、社会系统、文化系统、法律系统等的复合体。[1]

(一)作为自然地理空间的自然保护地

自然保护地的概念和内涵在不同时期发生着变化,但都保持基本的共同属性——划定自然地理界限。申言之,自然保护地是一个自然地理意义上确定的空间单元。自然保护地的位置和边界不但在法律文本、总体规划和地图中得到了清楚的描绘,而且往往通过具象的界桩、界碑或标识牌等物理方式得以展示。受爱迪生、梭罗等超自然主义的荒野审美和自然理念影响,美国黄石国家公园等早期自然保护地采用"荒野路径",强调只有将土地与利用隔离才可能实现保护目标。这种将人与自然隔离,以实现"出于国家利益,使自然资源免于受人类活动破坏"的理念,是典型的孤岛式保护。[2] 虽然岛屿生物地理学理论关于物种丰富度与保护面积和隔离程度之间关系的研究促进了生物多样性地理分布和保护的研究,但孤岛式保护片面强调物种数量和保护地面积的关系,没有考虑同一物种个体的大小和数量差异,没有关注空间的异质性对此种关系的影响。[3] 实践中,孤岛式保护导致野生动物栖息地的碎片化。

20 世纪 60 年代,Richard Levin 提出"集合种群理论",即在相对独立的地理区域内,由空间上相互隔离,但又有功能联系(一定程度的个体迁移)的两个或两个以上的局部种群组成的种群镶嵌系统。[4] 1975 年,Wilson E. Wells 等在岛屿生物地理学和集合种群理论的基础上提出了

---

[1] 参见吕忠梅:《以国家公园为主体的自然保护地体系立法思考》,载《生物多样性》2019 年第 2 期。

[2] 参见肖练练等:《近 30 年来国外国家公园研究进展与启示》,载《地理科学进展》2017 年第 2 期。

[3] 参见赵淑清、方精云、雷光春:《物种保护的理论基础——从岛屿生物地理学理论到集合种群理论》,载《生态学报》2001 年第 1 期。

[4] 参见赵淑清、方精云、雷光春:《物种保护的理论基础——从岛屿生物地理学理论到集合种群理论》,载《生态学报》2001 年第 1 期。

"廊道"的概念,指出利用廊道连接相互阻隔的生境斑块,以缓解生境破碎对生物生存所带来的威胁。"廊道"这一概念的提出开启了网络化保护的生物多样性保护模式。[1] 20 世纪 80 年代后,景观生态学成为自然保护地的主要理论之一。其强调空间异质性、生态学过程和尺度以及它们之间的关系,为解决实际环境和生态学问题提供了一个更合理、更有效的概念架构。[2] 2003 年,在南非德班召开的第五届世界公园大会的主题是"超越边界的利益"(benifit beyond boundaries),即强调将自然保护地周边区域也纳入保护范围。

(二)自然保护地空间的社会意义

实际上,孤岛式保护理念、网络式保护理念和景观生态学保护理念,都存在明显的局限性。首先,忽略了地球进入人类世时期后,人类对于土地和其他自然资源的需求急剧增加。人类活动对生态系统的影响是复杂的、非线性的,建立自然保护地只是提出了一个线性的解决方案。其次,因为缺乏整体的规划,设立自然保护地的主要考量因素并非完全是生态系统完整性,也可能源于数量上或者面积上的追求,或者其他政治考虑。结果,自然保护地往往在一些没有面临巨大土地开发利用的区域设立。选址偏见可能导致自然保护地规模被缩减,甚至被撤销。最后,自然保护地与社会脱节。自然保护地的设立、管理一般由自然科学家和环保主义者推动。他们信奉荒野保护理念,反对将当地居民纳入自然保护地。[3] 这种将人与自然隔离的自然保护地实践造成并加剧了"人地冲突"。例如,南非在 1900 年至 1950 年主要采取"栅栏 + 罚金"的方式建立自然保护地,强制驱逐原住居民。其间,大量珍稀和濒危动物被血腥捕猎和贩卖,一些物种灭绝。同时,由于减少了当地居民和社区从自然保护地获得的生态系统服务,还造成贫困和其他严重的社会问题。

---

[1] 参见郑好等:《生态廊道》,载《生态与农村环境学报》2019 年第 3 期。

[2] 参见邬建国:《景观生态学——概念与理论》,载《生态学杂志》2000 年第 1 期。

[3] See Ignacio Palomo et al., *Incorporating the Social – ecological Approach in Protected Areas in the Anthropocene*, 3 BioScience 181(2014).

20世纪中叶,“生态系统服务功能”这一术语逐渐为人们所公认和普遍使用,并且随着生态系统理论水平和实践能力的提高,生态系统服务功能的研究日益受到重视。[1] 2001年,联合国启动了千年生态系统评估,以系统梳理生态系统服务功能。基于生态系统服务的视角,Ignacio Palomo 提出了自然保护地的“社会—生态系统”理念(social – ecological system),指出自然保护地提供的生态系统服务和效益。[2] 作为生态空间的自然保护地提供多元化的生态系统服务,包括供给服务、调节服务、支持服务和文化服务。其中,供给服务体现为提供水源、天然药物、食物、木材等自然产品;调节服务包括气候调节、水利调节和预防疾病等;支持服务包括营养循环、土壤形成、提供栖息地等。此外,在自然保护地的游憩、健康疗养等活动增长了认识,带来了精神和审美感受,反映了生态系统的文化服务功能。生态系统服务直接或间接支持和增进人类福祉,满足了人对安全、健康等多方面的需求,亦产生重要的经济价值。而且,生态系统为人类提供供给、调节等多元服务,并不意味着生态系统完全独立于人类。完整的生态系统是由自然资源与人文资源共同构成的。[3] 在自然保护地建立之前,人类就已经存在于自然保护地范围内及其周边区域,并在长期的生产生活实践中形成了独特的历史和文化。这些无疑已成为生态系统的有机组成部分。

二、自然保护地空间的法律意涵

各种领域空间经由法律的调整而不断地被法律化,成为法律的内容。领域空间的法律化所要描绘的是作为一种物理存在的空间经由人类的改造获得主观意义并进而成为法律文本的过程和事实。[4] 由于自

---

[1] 参见李文华:《生态系统服务功能价值评估的理论、方法和应用》,中国人民大学出版社2008年版,第17页。

[2] See Ignacio Palomo et al., *Incorporating the Social – ecological Approach in Protected Areas in the Anthropocene*, 3 BioScience 181(2014).

[3] 参见任啸:《自然保护区的社区参与管理模式探索——以九寨沟自然保护区为例》,载《旅游科学》2005年第3期。

[4] 参见朱娅梁:《法律的空间意象性》,法律出版社2017年版,第74~75页。

然保护地空间的复合性,自然保护地的设立及其分区管控不应是纯粹的科学判断,而应是自上而下和自下而上协商的结果,并反映在自然保护地分区管控的权力配置和权利限制。

一方面,《指导意见》不仅要求理顺现有各类自然保护地管理职能,提出自然保护地设立、晋(降)级、调整和退出规则,制定自然保护地政策、制度和标准规范,实行全过程统一管理,还明确每个自然保护地作为独立的登记单元,清晰界定区域内各类自然资源资产的产权主体和权利边界。从这个意义上讲,自然保护地亦是管理单元,是权力的支配对象。在划定自然保护地外部界限和内部分区时,不但要考虑中央和地方政府之间在自然保护地管理方面的纵向权力配置,亦要注意不同行政区域之间的横向权力协调。实践中比较常见的是,地方政府各自为政,分别编制或批准行政管辖内自然保护地的规划或分区管控方案,使两个自然保护区的毗邻区域被划分为不同的功能分区,导致自然保护地管理上的冲突,减损了自然保护地的管理和保护效果。

另一方面,划定自然保护地外部界限和编制自然保护地分区方案,旨在根据管理目标对特定自然空间采取用途管制措施,从而赋予特定自然地理空间一种强制性。可见,自然保护地的建立和管理既推动了生态保护,也限制了权利人对其财产的占有和处分,限制了相关主体对自然资源的利用。因此,保护和利用是自然保护地建立和管理中的主要矛盾。而自然保护地空间的复合性,决定了分区管控的方案既要考虑自然保护地作为生态空间的原真性、整体性和系统性,亦应将自然保护地的社会意义纳入考量范围,以协调保护和利用的关系。

三、自然保护地空间的功能定位

《指导意见》明确提出,要将生态功能重要、生态环境敏感脆弱以及其他有必要严格保护的各类自然保护地纳入生态保护红线管控范围;《总体方案》更是提出将国家公园定位为"属于全国主体功能区规划中的禁止开发区域,纳入全国生态保护红线区域管控范围,实行最严格的保护"。但如何理解并实现"(最)严格保护",在实践中并不一致,甚至存在一定的误区亟待澄清。

1."(最)严格保护"不等于"无人化、封闭式"保护。在西欧、北美和其他工业化国家,保护自然的驱动力更多地源于道德和休憩的动机,而不是为了提供生计。而且这种制度的出现似乎与不断增加的财富有关,即在城市和人造环境生活的人民,有必要保存并获得更多的自然空间。[1] 加之,美国、加拿大、澳大利亚等国家都有大片的荒野和无人区,自然保护地内的人口原本就很少,故相关国家的自然保护地(尤其是国家公园)建设比较崇尚"荒野式"保护。受其影响,国土面积同样比较广阔的我国,在国家公园体制改革的实践中也出现了将"(最)严格保护"具体化为"无人模式"的现象。但事实上,这种模式并不完全适合我国。

一方面,我国的经济社会发展确实也使一部分社会群体产生了类似工业化国家的保护动机——道德与休憩。但更需关注的是,我国人口众多、经济社会发展不平衡,既有或未来将要设立的自然保护地(尤其是国家公园)又较多位于经济社会发展相对不平衡、不充分的地区。显然,这与工业化国家自然保护的初衷、价值等存在较大差异。特别是当地政府、原住居民、社区等发展经济、振兴致富的愿望十分强烈,且发展过程对资源环境的依赖强烈。另一方面,我国的自然保护地内及其周边区域原本存在大量的原住居民和社区,[2] 其生产生活与消耗性使用自然资源的关联密切。[3] 例如,神农架国家公园试点区覆盖5个乡镇、25个行政村的2万多人,南山国家公园试点区有常住人口2万人。如果将周边社区包含在内,人口规模更大。再以三江源国家公园为例,虽然公园区域内的牧民数量约1.7万人,但其涉及的玛多、杂多、治多、曲麻莱4县共有7.2万人。不仅如此,各区域的人口密度差别较大,原住居民的收入渠道和收入水平差距较大,纳入国家公园(体制改革试点)后对其既

---

[1] 参见[英]Grazia Borrini - Feyeraband 等编著:《IUCN 自然保护地治理——从理解到行动》,朱春全等译,中国林业出版社 2017 年版,第 22 页。

[2] 例如,根据《武夷山国家公园体制试点区试点实施方案》,武夷山国家公园规划的严格控制区内就存在较大规模原住居民生产活动(如原自然保护区的试验区——星村镇桐木村)。

[3] 参见苏杨等:《中国国家公园体制建设研究》,社会科学文献出版社 2018 年版,第 14 页。

得利益结构的影响差别也较大。[1] 在此情况下，仅靠移民、搬迁等方式制造“无人区”“封闭区”，不但代价较大，而且保护效果并不一定能达到预期，甚至还可能适得其反。

2.“（最）严格保护”不绝对排斥开发利用类活动和功能。实际上，开发与保护之间原本就是一种双向制约的辩证统一关系。从某种程度上说，开发意味着一定程度的破坏。开发利用不当，只注重索取、不加强保护的开发，必然会造成生态环境的严重破坏。但过度保护妨碍开发，片面封闭式地保护忽视开发，也不能全面体现资源环境本身的价值。参考《生态保护红线监督办法（试行）（征求意见稿）》的有关表述，虽然生态保护红线内，自然保护地核心保护区原则上禁止人为活动，其他区域严格禁止开发性、生产性建设活动。但同时，在符合现行法律法规的前提下，除国家重大战略项目外，仍允许对生态功能不造成破坏的有限人为活动。[2] 不仅如此，国家公园虽然属于全国主体功能区规划中的禁止开发区域，但结合《全国主体功能区规划》，其中的“开发”特指大规模高强度的工业化城镇化开发，其中的禁止/限制开发区域也不是绝对禁止发展，而是为了更好地保护这类区域的农业生产力和生态产品生产力，实现绿色发展、高质量发展。

有资料显示，在澳大利亚开展生态旅游是国家公园的主要活动，如今生态旅游已经成为澳大利亚增幅最快的支柱产业之一，每年所提供的就业机会占全国就业机会的10%以上，创造的经济效益有400亿澳元之多。[3] 同样在南非，国家公园等自然保护地内的野生动物数量总体保持稳定。例如，克鲁格国家公园中大象的数量就有19,700头，超过环境承载量12,000头。南非野生动物的可持续利用，每年为国家作了13亿美元的经济贡献，解决了14万人的就业。其原因在于，可以通过狩猎农场和旅游业获得足够的经济回报，这会促使相关权利主体按照保护原则

---

〔1〕 参见苏杨等：《中国国家公园体制建设研究》，社会科学文献出版社2018年版，第43页。

〔2〕 参见《生态保护红线监督办法（试行）（征求意见稿）》第7条。

〔3〕 参见杨彦锋等：《国家公园：他山之石与中国实践》，中国旅游出版社2018年版，第15页。

非常有效地管理和经营国家公园。[1] 相比之下，哥伦比亚 Virachey 国家公园内的 Kavet 社区，长期以来在河流和小溪边的竹林里进行轮耕，在休耕地里保存了大量的生物多样性和农业多样性。20 世纪八九十年代，政府说服 Kavet 社区的人放弃轮耕，并搬出了国家公园居住在其周边。但 Kavet 社区的人没有得到足够维持生计的土地，政府便分配了公园内的社区保护地（CPAs）给他们。但是，CPAs 的控制权仍然保留在公园管理方，村民可以在那里采集一些林产品，但他们缺乏对自身基本权利的认识。现在村庄经常出现饥饿的情况，人们企图非法盗伐林木和偷猎野生动物卖钱，而这些都是他们以前从来没有想过会做的事情。[2] 上述事例共同说明，对各类自然保护地的“（最）严格保护”并不是只体现在保护上。而是在保护的前提下、在可接受的范围内，进行必要的建设和利用，以实现区域内的可持续发展。

3.“（最）严格保护”不是中国特色自然保护地体系建设的唯一目的。正如习近平总书记 2021 年 3 月在福建考察时指出的那样：“建立以国家公园为主体的自然保护地体系，目的就是按照山水林田湖草是一个生命共同体的理念，保持自然生态系统的原真性和完整性，保护生物多样性。要坚持生态保护第一，统筹保护和发展，有序推进生态移民，适度发展生态旅游，实现生态保护、绿色发展、民生改善相统一。”[3] 按照《指导意见》的要求，中国特色自然保护体系除严格保护生态环境和自然资源之外，还应当“服务社会，为人民提供优质生态产品，为全社会提供科研、教育、体验、游憩等公共服务”。这无疑表明，我国的自然保护地体系建设虽然是坚持生态保护优先，突出（最）严格保护、禁止开发。但是，这种“保护”“最严”“禁止”并不是孤立的、“防卫式”的对单一物种或区域的“protection”，而是积极向上的、考虑有效保护和合理利用的“conservation”。

---

〔1〕 参见唐方林等：《国家公园理论与实践》，中国林业出版社 2017 年版，第 99～100 页。

〔2〕 参见［英］Grazia Borrini – Feyeraband 等编著：《IUCN 自然保护地治理——从理解到行动》，朱春全等译，中国林业出版社 2017 年版，第 95 页。

〔3〕 《习近平在福建考察时强调　在服务和融入新发展格局上展现更大作为　奋力谱写全面建设社会主义现代化国家福建篇章》，载《人民日报》2021 年 3 月 26 日，第 1 版。

不仅如此，中共中央办公厅、国务院办公厅印发《关于建立健全生态产品价值实现机制的意见》，首次对生态产品价值实现机制进行了系统化、制度化阐述，构建了“绿水青山转化为金山银山”的政策制度体系。可以肯定地说，以国家公园为主体的自然保护地体系将是我国生态产品最为“富集”的空间之一。因此，这一空间需要也必须通过必要的实现机制，特别是发挥科研、游憩和宣教等功能以实现生态产品的价值转化。无独有偶，正如美国《黄石国家公园法》所规定的，黄石国家公园是“为了国民的利益和快乐”而设立的。显然，游憩、宣教是国民“最直观”的获益方式。

4.“（最）严格保护”需要通过分区管控机制加以实现。综上，对我国各类自然保护地的“（最）严格保护”不能单纯地实施“无人化、封闭式”保护，更不能借“（最）严格保护”之名剥夺一定地区、社会群体、原住居民的生存权、发展权，必须在保护的基础上兼顾多元功能和价值的实现以及区域内的可持续发展。从世界范围内的经验来看，自然保护地内及其周边区域保护与发展、游憩、宣教等功能间的平衡主要通过分区管控来实现的。例如，国际上一般将国家公园可进入区域控制在不超过5%的小范围内，以此对国家公园内商业活动实行严格控制和有效监管。又如，《韩国自然公园法》将包括国立公园在内的自然公园分为4区，即公园自然保护区、公园自然环境区、公园村庄区、公园文化遗产区；南非也将国家公园划分为偏远核心区、偏远区、安静区、低强度休闲利用区、高强度休闲区。其中，部分区域主要承担了保护功能，也有部分区域则主要承担利用、游憩等利用或服务类的功能。

事实上，分区管控在我国既有的自然保护地管理立法中已经有所体现。例如，根据《自然保护区条例》的规定，我国改革前的自然保护区就分为核心区、缓冲区、试验区，保护区外围还可划定一定范围的准保护区，且不同区域的管理强度和要求也不同。鉴于此，《总体方案》明确提出，国家公园应当“按照自然资源特征和管理目标，合理划定功能分区，实行差别化保护管理”；《指导意见》也要求“合理确定归并后的自然保护地类型和功能定位，优化边界范围和功能分区”。但需要说明的是，所谓的“功能分区”或“分区管理”不只是对自然保护地进行空间上的功能划分，而是在科学规划并合理划分不同功能区的基础上，对不同功能区域采取差别化管理手段、配套措施等，进而形成一套完整的自然保护地分区管控机制。

第二节 自然保护地分区管控的基本模式

自然保护地的自然禀赋、功能地位和发展方向不同，其面临的自然生态保护压力也不相同。合适的分区模式是实现自然保护地科学管理，提升自然保护地功能的关键。[1]

一、自然保护地分区管控模式的现状

经过60余年的努力，我国已建立数量众多、类型丰富、功能多样的各级各类自然保护地。2015年启动国家公园体制试点改革后，又出台一些关于自然保护地体系建设的改革政策、规范性文件。由于目前尚无自然保护地的基本法律，自然保护地分区管控的规范散见于政策、行政法规、地方性法规、部门规章和技术标准之中。梳理和考察相关政策和法律，作为自然保护地的下位概念，国家公园、自然保护区和自然公园在我国出现和发展的阶段不同，其分区模式存在显著差异（见后表3-1）。

（一）自然保护区的"三分区"模式

20世纪七八十年代，经济快速发展成为全球趋势，为解决自然保护地内及周边居民生产生活及发展需求，联合国教科文组织提出了生物圈保护区的三分区模式，即"核心区、缓冲区和过渡区"模式。以自然保护为单一目标的自然保护区在分区上相对简单，基本采用了联合国教科文组织提出的"核心区/缓冲区/过渡区"的三圈层同心圆模式。[2] 自然保护区是我国最早设立的自然保护地类型，借鉴了三分区模式，只是将"过

---

〔1〕 参见唐芳林、王梦君、黎国强：《国家公园功能分区探讨》，载《林业建设》2017年第6期。

〔2〕 参见黄丽玲、朱强、陈田：《国外自然保护地分区模式比较及启示》，载《旅游学刊》2007年第3期。

渡区”称为“实验区”。[1] 1994 年《自然保护区条例》明确自然保护区可以分为核心区、缓冲区和实验区。由于我国尚无法律位阶的自然保护地立法,《自然保护区条例》长期以来都是最高位阶的自然保护地立法,“核心区、缓冲区和实验区”的三分区模式成为我国自然保护区的法定分区模式。各省市制定的地方性法规都遵循这一分区模式。即便在印发《指导意见》后,地方性法规仍旧采纳“三分区”模式。[2]

(二)国家公园分区模式渐趋一致

2015 年启动国家公园体制试点改革后,国家公园体制试点区开始了自主自发的功能分区试点。由于中央层面没有明确国家公园分区模式,各地方性法规和国家公园体制试点区总体规划中的分区模式在形式和实质上都存在显著差异。[3] 其中既有核心保护区、生态保育区、游憩展示区和传统利用区四分法,[4]还有些采取核心保育区、生态保育修复区和传统利用区三分法。[5] 2018 年原国家林业局制定的《国家公园功能分区规范》(LY/T 2933—2018)规定国家公园可划分为严格保护区、生态保育区、传统利用区和科教游憩区,而《指导意见》则明确了自然保护地分区采取“核心保护区和一般控制区”的“两区”模式。《指导意见》印发后,国家林业和草原局印发的《国家公园总体规划技术规范》(LY/T 3188—2020)将分区模式从“四区”又调整为“核心保护区和一般控制区”,各地制定的地方性法规或者公园总体规划也相继调整为“两

[1] 《森林和野生动物类型自然保护区管理办法》第 10 条规定:“自然保护区管理机构可以根据自然资源情况,将自然保护区分为核心区、实验区。核心区只供进行观测研究。实验区可以进行科学实验、教学实习、参观考察和驯化培育珍稀动植物等活动。”

[2] 如《新疆维吾尔自治区卡拉麦里山有蹄类野生动物自然保护区管理条例》第 14 条规定,卡山自然保护区划分为核心区、缓冲区和实验区,实行分区管理。

[3] 参见刘超:《国家公园分区管控制度析论》,载《南京工业大学学报(社会科学版)》2020 年第 3 期。

[4] 如《武夷山国家公园条例(试行)》规定了特别保护区、严格控制区、生态修复区和传统利用区,《云南省国家公园管理条例》和《神农架国家公园保护条例》规定了严格保护区、生态保育区、游憩展示区和传统利用区,《钱江源国家公园体制试点区山水林田河管理办法》规定了核心保护区、生态保育区、游憩展示区和传统利用区,《东北虎豹国家公园总体规划》规定了核心保护区、特别保护区、恢复扩散区和镇域安全保障区。

[5] 如《三江源国家公园条例(试行)》规定了核心保育区、生态保育修复区和传统利用区。

区”模式。具体表现如,《海南热带雨林国家公园条例(试行)》《钱江源—百山祖国家公园总体规划(2020—2025)》《祁连山国家公园总体规划》《大熊猫国家公园总体规划》等。因此,在形式意义上国家公园的分区模式已经逐渐趋同于“核心保护区和一般控制区”,这一点在《国家公园管理暂行办法》中也再次得到了确认。[1]

（三）自然公园分区模式不一致

自然公园是非常宽泛的概念,包含森林公园、地质公园、湿地公园和海洋公园等不同下位概念。目前,湿地公园、风景名胜区和森林公园等大部分自然公园的分区模式已有相应的法律规范或技术标准。例如,《国家湿地公园管理办法》规定,国家湿地公园可以划分为保育区、恢复重建区和合理利用区;《风景名胜区总体规划标准》(GB/T 50298—2018)将风景名胜区的功能分区确立为特别保存区、风景游览区、风景恢复区、发展控制区、旅游服务区等。但是,其他类型自然公园分区模式的依据或标准处于缺失状态,更没有普遍适用于所有类型自然公园的分区模式(见表4-1)。[2]

表4-1　现行自然保护地的分区模式

自然保护地类型	分区模式	分区依据
国家公园	核心保护区、一般控制区	《国家公园管理暂行办法》《国家公园总体规划技术规范》
自然保护区	核心区、缓冲区、实验区	《自然保护区条例》

[1] 《国家公园管理暂行办法》第16条规定:“国家公园应当根据功能定位进行合理分区,划为核心保护区和一般控制区,实行分区管控。”

[2] 参见马冰然、曾维华、解钰茜:《自然公园功能分区方法研究——以黄山风景名胜区为例》,载《生态学报》2019年第22期。

续表

自然保护地类型		分区模式	分区依据
自然公园	风景名胜区	特别保存区、风景游览区、风景恢复区、发展控制区、旅游服务区	《风景名胜区总体规划标准》
	地质公园	地质遗迹景观区、自然生态区、人文景观区、综合服务区、居民点保留区	《地质公园规划编制要求》
	森林公园	核心景观区、一般游憩区、管理服务区、生态保育区	《国家级森林公园总体规划规范》
	湿地公园	保育区、恢复重建区、合理利用区	《国家湿地公园管理办法》
	沙漠公园	生态保育区、宣教展示区、体验区、管理服务区	《沙漠公园总体规划编制导则》
	海洋公园	重点保护区、生态与资源恢复区、适度利用区、预留区	《海洋特别保护区管理办法》
	水利风景区	出入口区、游览区、服务区、保护区、管理区	《水利风景区规划编制导则》

二、自然保护地分区模式的立法进路

《指导意见》要求"完善法律法规体系",加快推进自然保护地相关法律法规和制度建设,加大法律法规立改废释工作力度。修改完善《自然保护区条例》,突出以国家公园保护为主要内容,推动制定出台自然保护地法,研究提出各类自然公园的相关管理规定。作为自然保护地管理的重要制度之一,分区模式的立法进路应该契合自然保护地法的体系安排。申言之,《自然保护地法》作为自然保护地立法体系中的"基本法",应该致力于解决各类自然保护地立法中面临的共性问题,以及各专类保护地法无法单独解决的问题。[1]《国家公园法》《自然保护区条例》等专类保护地立法,应该专注于特定类型自然保护地特有的问题。

分区模式是自然保护地的基本制度之一,是国家公园、自然保护区和自然公园等不同类型自然保护地面临的共性问题。虽然《自然保护区条例》采取了"核心区/缓冲区/实验区"的三分区模式,但是"三分区"模式存在定义和目标争议。例如,缓冲区的目标究竟是减少保护地周边地区活动对保护地的不利影响还是增进保护地周边居民的利益、如何评估和监督缓冲区的效果。[2] 此外,"三分区"模式还存在分区模式僵化、科学依据不足等问题。[3] 相比于"三分区"模式,"核心保护区和一般控制区"的"两区"模式控制了决策成本,提高了决策效率,同时更好地与国土空间规划衔接,实现"多规合一"和"一张蓝图"。[4] 因此,《自然保护地法》应该明确"核心保护区和一般控制区"的分区模式。

在此基础上,考虑到国家公园、自然保护区和自然公园的生态价值、管理目标差异,"核心保护区和一般控制区"的"两区"模式过于简洁,难以适应不同类型自然保护地的功能需求。为了实施专业的精细化管理,国家公园、自然保护区等具体的自然保护地类型还可以结合实际情况实施"管控—功能"二级分区模式。即首先通过管控分区明确自然保护地内核心资源的位置、范围、保护强度及管控方式,确保自然保护地的系统性保护有效落实,再以功能分区分类区划自然保护地内的科研、教育、游憩、社区发展等区域,明确各功能分区的定位、发展目标及方向,为后续专项规划和管理计划的制定奠定基础。[5] 例如,《国家公园总体规划技术规范》(LY/T 3188—2020)采取了"管控分区和功能分区"的二级分区

---

〔1〕 参见吴凯杰:《环境法体系中的自然保护地立法》,载《法学研究》2020 年第 3 期。

〔2〕 Martino, Diego, *Buffer Zones Around Protected Areas: A Brief Literature Review*, Electronic Green Journal, Vol. 15:1, p. 2(2001).

〔3〕 参见李小双等:《浅析自然保护区功能分区》,载《林业建设》2012 年第 2 期。

〔4〕 参见赵智聪、郭琳:《国家公园分区规划演变及其发展趋势》,载《风景园林》2020 年第 6 期。

〔5〕 参见孙鸿雁等:《论国家公园的"管控—功能"二级分区》,载《林业建设》2019 年第 3 期;马冰然、曾维华、解钰茜:《自然公园功能分区方法研究——以黄山风景名胜区为例》,载《生态学报》2019 年第 22 期。

模式，即在"核心保护区和一般控制区"管控分区的基础上，国家公园还可根据发挥的功能进一步区划功能区。因此，《国家公园法》《自然保护区条例》等专类保护地立法可以在《自然保护地法》确立"核心保护区和一般控制区"的基础上，明确各类自然保护地的二级分区规则。

实际上，基本法和专类保护地立法在功能分区上的不同规定也可见诸域外立法中。例如，《新西兰保护法》非常重视自然保护地类型和功能分区。新西兰的自然保护地类型包括国家公园、野生生物区域、保护区（reserves）和保育区（conservation areas）。《新西兰保护法》明确保育区大体上分为三大类：特别保护区、边缘条带和管护区。其中，特别保护区可以进一步分为保护公园、荒野区、生态区域、庇护区、水道区域、游憩区和野生生物管理区。《新西兰国家公园法》也明确规定，国家公园分为特别保护区、荒野区和游憩区。其中，特别保护区可以根据娱乐的、历史的、景观的、科学的和当地的目标进一步分区。

第三节　自然保护地分区管控的具体要求

理论上，国土空间规划、生态保护红线和分区管控等都属于空间治理手段，其要义在于根据资源环境的承载能力和国土空间开发适宜性评价等将空间划分为不同的管理单元，并明确不同管理单元的管控要求。作为管理工具，分区的重要优势在于，它允许保护地当局在单个经合法指定场地内以明确而系统的方式承认和管理具有多元价值、目标和混合土地权利类型的特定区域。[1] 由于自然保护地分区管控要求反映不同利益诉求，关乎行为的法律效力评价和管理部门的职责，成为自然保护地分区管控法律表达的主要问题。例如，自然保护地内游憩活动的正当性及其规制、可允许的科研活动类型及要求、穿越工程的唯一性要件等。

---

〔1〕 参见［美］芭芭拉·劳瑎：《保护地立法指南》，王曦、卢锟、唐瑭译，法律出版社 2016 年版，第 187 页。

一、自然保护地分区管控的基本原则

自然保护地处于生态保护红线范围内，属于以提供生态产品或生态服务为主导功能的生态空间，按照禁止开发区域进行管理。但是，整体意义上的生态空间不应遮蔽自然保护地内不同区域的空间异质性。一方面，随着国土空间利用效率的提高，城镇空间、农业空间、生态空间等三类空间交叉现象愈加普遍，多功能导向成为空间利用形态进化的必然趋势，进而形成生态城镇空间、生态农业空间等复合生态空间。[1] 另一方面，自然保护地范围内不同分区的空间分布形态不同，也存在功能的复合。例如，我国一些面积较大的自然保护地（如国家公园）内存在自然村、建制村或乡镇，有大量的居民居住。农业生产和其他空间利用行为对生态空间的挤占压力较大。

传统规划的生态空间管制分区强调采用保护行为以减少人类活动对自然环境的扰动影响，主张权衡自然生态系统功能来确定生态空间或生态保护红线。但这种模式忽略了“人与自然是生命共同体”的理念，缺少对社会文化服务功能的考量，难以诠释生态系统服务的多重性与生态服务价值的人本性，更意味着生态“利用”导向的缺失。[2] 例如，《自然保护区条例》第26条明确禁止在自然保护区内进行砍伐、放牧、狩猎、捕捞、采药、开垦、烧荒、开矿、采石、挖沙等活动。如此宽泛的“十不准”虽然便利自然保护地管理者的监督和执法，却也模糊了自然保护区内核心区、缓冲区和实验区的界限，不区分被禁止行为对自然资源的影响程度，引发对过度表达自然保护区保护价值的质疑。例如，某自然保护地内的原住居民在端午节前后有上山采摘粽叶的传统。虽然采摘粽叶的时间只有一个月左右，但由此所得的收入与种茶的年收入相差无几，成为一些村民的重要收入来源。而且，粽叶本身是年生植物，不采摘也会自然脱落。显然，将此类自然资源利用行为列入禁止活动范围，不仅降

---

〔1〕参见沈悦、刘天科、周璞：《自然生态空间用途管制理论分析及管制策略研究》，载《中国土地科学》2017年第12期。

〔2〕参见陈阳等：《国土空间规划视角下生态空间管制分区的理论思考》，载《中国土地科学》2020年第8期。

低这些管控措施被当地居民接受的意愿，更不当增加了实施管理措施的成本。

因此，自然保护地分区管控原则上应该综合考量生态空间的生态系统服务功能、面临的空间利用转换需求和管理目标，不能只强调利用忽略保护，亦不可只强调保护而忽略利用，应坚持“生态优先、绿色发展”的理念，探索和开展生态产品的价值实现。

二、自然保护地分区管控的规范构造

（一）核心保护区的管控要求

核心保护区是自然保护地范围内自然生态系统保存最完整或核心资源集中分布、生态脆弱的区域，应实行最严格的生态保护和管理。《指导意见》明确规定，原则上核心保护区应该禁止人为活动，一些域外国家的立法亦采取类似的管控要求。例如，《南非保护地法》第45节规定，禁止任何人员进入特别保护区、在特别保护区居住或开展活动，但上述禁止不适用于为了实施管理计划、执行公务的警察和其他官员。而且，保护地管理机构可以在与部长商量后豁免上述条款的适用：为了进行科学研究的科学家、从事与生物多样性保护有关的人员、报道发生在保护区内的新闻工作人员或者其他执行公务人员。因此，核心保护区可以采取“原则禁止+例外列举”的规范构造模式。即规定自然保护地核心保护区原则上禁止人为活动，但下列活动除外：(1)自然保护地管理机构开展的管护巡护、保护执法、调查监测、防灾减灾等活动；(2)因有害生物防治、外来物种入侵、自然灾害预防和救助、维持主要保护对象生存环境等特殊情况，开展必要的生态修复工程、增殖放流、病害动植物清理等人工干预措施；(3)科学研究；(4)原住居民在不增加现有使用强度和损害自然资源保护的前提下，开展采摘、种植、放牧、捕捞、养殖等活动；(5)自然保护地设立之前已有公共基础设施的改造、运行和维护；(6)国境边界通视道清理、确实难以避让的军事设施建设、重大军事演习和训练活动。

（二）一般控制区的管控要求

一般控制区是自然保护地内核心保护区以外的区域，其生态重要性或生态敏感性不及核心保护区。而且,在空间分布上,一般控制区往往与村镇相邻,人类活动频繁,面临较大的空间挤占压力。对生态保护红线的二级管控区,有建议实行“负面清单式”的管控策略。即以清单的方式明确列出禁止和限制进行开发利用的行业和活动等,除这些明令禁止或限制的活动外,其他活动均可在不降低区域生态系统服务功能和生态安全的前提下进入二级管控区。[1] 鉴于自然保护地在整体上属于生态保护红线中的禁止开发区域,列举一般控制内可以开展的活动提高了生态保护强度,也体现了“生态优先、绿色发展”的理念。

需要注意的是,分区管控是自然保护地的重要管理手段,通过明确的区域划分调整和规范人的行为,降低空间利用行为对自然资源和生态环境的压力。但是,作为“命令—控制”式的规制方法,分区管控属于自上而下管控空间利用行为,执法成本较高。因此,许多国家或地区还同时采取了其他治理方法,共同推进自然保护地治理。例如,美国联邦和州立法机构通过税收抵扣立法,激励私人土地所有者与政府机构或者社会公益组织签订保护地役权合同,使私人土地所有者承担不损害生态环境的不作为义务或者特定情形下承担保护自然资源的作为义务。保护地役权合同由政府机构或社会公益组织与私人土地所有者协商确定,内容的意定性赋予私人土地所有者更大的决策权,税收抵扣激励私人土地所有者参与生态保护治理。2000 年以来,美国保护地役权的数量迅速增长,已经成为土地管理的主要方式。[2]

三、自然保护地分区管控中的公众参与

自然保护地的设立和管理是不同利益群体进行互动并力争达成共识的问题。公众参与促进科学理性与社会理性的协调,增加公众对自然保护地管控要求的接受度和支持意愿。正因如此,相关改革文件非常重

---

〔1〕 参见姚岚等:《生态保护红线研究评述及框架体系构建》,载《中国土地科学》2019 年第 7 期。

〔2〕 See Federico Cheever & Nancy A. McLaughlin, *An Introduction to Conservation Easements in the United States: A Simple Concept and a Complicated Mosaic of Law*, 1 J. L. Prop. & Soc'y 107 (2015).

视自然保护地建设和管理中的公众参与。例如,《指导意见》要求建立健全政府、企业、社会组织和公众参与自然保护的长效机制。但在实践中,我国自然保护地建设和管理过程中的公众参与情况并不乐观。例如,中央第四生态环境保护督察组 2018 年 10 月进驻湖南省,对第一轮中央生态环境保护督察整改情况开展“回头看”。同年 11 月 14 日,督察组对衡阳市大义山省级自然保护区探矿权和采矿权清理工作进行现场检查,发现衡阳常宁市将保护区核心区或缓冲区调出保护范围,以代替整改,为矿产开发“量身打造”方案,保护区矿山野蛮开发。[1] 无独有偶,“申请调整保护区的边界”几乎是每个地方政府都向巡查组提过的建议,甚至在一些地区,“保护区边界划定不合理”成为违法违规行为的“挡箭牌”。[2]

表面上看,这些现象反映了用途管制与地方经济发展的冲突。自然保护地分区管控限制特定空间的资源利用行为,地方政府为了经济发展有调整自然保护地功能分区的“冲动”。[3] 然而,上述问题亦深刻反映了自然保护地分区管控方案编制和调整中公众参与的不足。一方面,地方政府在设立和调整自然保护地时的封闭决策。例如,《自然保护区条例》仅仅规定了批准建立自然保护区的人民政府负有标明和公告自然保护区的范围和界线的义务,没有规定自然保护区建设和管理的公众参与。因此,自然保护地的设立和管理通常是地方政府封闭决策的结果。最初设立自然保护区时为了获得更多的经费支持和人员编制,地方政府片面追求保护地面积。[4] 划定自然保护区边界和确定功能分区方案时

---

〔1〕 参见《湖南衡阳大义山省级自然保护区以调代改为矿产开发让路》,载中华人民共和国生态环境部网,http://www.mee.gov.cn/xxgk2018/xxgk/xxgk15/201812/t20181208_680872.html。

〔2〕 参见张夺文:《保护区生态亮红灯,“绿盾”行动再敲警钟》,载《中国青年报》2018 年 11 月 6 日,第 4 版。

〔3〕 See Xu W., Li X., Pimm S. L., Hull V., Zhang J., Zhang L., Xiao Y., Zheng H., Ouyang Z., *The Effectiveness of the Zoning of China's Protected Areas*, Biological Conservation 204, p. 231 – 236.

〔4〕 参见张夺文:《保护区生态亮红灯,“绿盾”行动再敲警钟》,载《中国青年报》2018 年 11 月 6 日,第 4 版。

没有注意到保护地居民生产生活的实际情况，将人口稠密的乡镇划入核心区或缓冲区。而当经济发展与生态保护发生冲突后，地方政府在调整自然保护地分区时同样没有重视当地居民和社区的参与。另一方面，片面追求自然保护地分区管控方案的科学理性。自然保护地功能分区方案通常是自然保护地总体规划的重要组成部分。自然保护地总体规划一般交由专业技术团队编制。分区管控方案编制时没有当地居民和社区的参与，纸上的功能分区可能严重影响当地居民的生活与生产，导致自然保护地管理机构无法实行严格的资源管理措施。甚至有时不得不对居民利用自然资源的行为"睁一只眼闭一只眼"，或者不得不在自然保护地功能分区方案被批准后再进行调整。

不仅如此，在中央启动国家公园体制改革和自然保护地体系建设后，地方性法规中有关国家公园建设和管理方面公众参与的规定也并不一致。有的地方性法规要求国家公园的总体规划"应当依法进行环境影响评价，并履行风险评估、专家论证、公开征求意见等程序，必要时进行听证"或"应当公开征求相关部门、专家和社会公众的意见并进行听证"；[1]有的并未规定总体规划的公众参与。而且，审批部门通常在审批国家公园总体规划时才公开信息并征求意见，有关的信息公开和公众参与力度远远不够。[2] 从世界范围的法制建设经验看，各国普遍重视自然保护地设立和调整的公众参与。例如，《新西兰保护法》《新西兰国家公园法》不仅规定原住居民参与自然保护地建设和管理，还进一步明确了保护地规划程序中的公众参与，通过对规划程序的控制保证包括分区管控在内的各项规划内容都得到公众参与。[3] 在我国的法治实践中，环境影响评价的公众参与制度将科学理性与决策制定联系起来，成为环境管理的重要手段。《自然保护地法》应借鉴域外及我国环评公众参与的有益经验，构建自然保护地分区管控方案编制和调整中的公众参与制度。

---

[1] 具体详见《神农架国家公园条例》第 17 条、《武夷山国家公园条例（试行）》第 21 条。

[2] 参见严厚福：《国家公园范围和分区调整中的公众参与》，载《中华环境》2020 年第 8 期。

[3] 参见赵智聪、庄优波：《新西兰保护地规划体系评述》，载《中国园林》2013 年第 9 期。

(一)明确公众参与的范围

作为一个具有确定地理边界的空间,自然保护地分区方案的编制和调整首先影响自然保护地范围内和相邻区域居民和社区的权益。因此,宜参考《环境影响评价公众参与办法》,要求自然保护地分区方案的建设单位和审批部门应当听取直接或间接受自然保护地建设和管理影响的公民、法人和其他组织的意见,主要包括当地居民、自然保护地范围内的经营者、相邻区域的居民和经营者等。不过,《环境影响评价公众参与办法》只是鼓励建设单位听取环评影响范围以外的公众的意见。由于自然保护地体系建设具有社会公益性,影响自然保护地的生态系统服务功能,故还应扩大自然保护地建设和管理过程中"公众"参与的范围,将对自然保护地建设和管理感兴趣的公民、法人和组织都纳入进来。

(二)规定公众参与的程序

显然,在规划的审批阶段才公开分区管控方案并征求公众意见,不仅减少了受影响公众参与的机会,还增加了变更分区方案的成本。相较而言,环境影响评价的公众参与程序通常包括两个阶段,即建设单位编制环评报告阶段和生态环境主管部门审批环评报告阶段。在编制环评阶段,建设单位应该公开环评报告征求意见稿,征求公众意见,并将公众参与说明作为附件送交生态环境主管部门。在审批环评报告阶段,生态环境主管部门应公开建设项目相关信息和环评报告书等信息。借鉴环境影响评价的公众参与程序,《自然保护地法》应明确规定,自然保护地分区管控方案的编制(或调整)阶段和审批阶段均应设定必要的公众参与程序。

第五章　自然保护地的制度体系

“制度体系”一词进入党的正式文件始于党的十七大，[1]如今已经成为判断中国特色社会主义制度成熟和定型的重要理论依据和法治评估指标之一。无论是现阶段还是未来，我国都将长期存在大量不同级别、不同类型的自然保护地。这就意味着，从国家层面开展的自然保护地立法必须充分把握各级各类自然保护地的共性规律，以充分提取各级各类自然保护地法律规范中的“公因式”。进而，通过一定的功能定位、价值选择、类型划分、排列组合，形成一整套具有逻辑性的法律制度体系。

正因如此，《指导意见》中关于“一整套体系完善、监管有力的监督管理制度”的要求，指出了加强制度选择、制度耦合、制度协同、制度查漏补缺等方面的“制度体系”研究命题。鉴于此，自然保护地立法的重心也在于坚持超越部门与地方利益本位的基本法、统筹保护与合理利用的综合法、整合空间与平面的立体法之法律属性，[2]以制度体系的重构解决既有制度缺位、制度拥挤、制度冲突等问题。

---

〔1〕 党的十七大报告指出，要形成拒腐防变教育长效机制、反腐倡廉制度体系、权力运行监控机制。其中，“反腐倡廉制度体系”一词第一次以制度体系的形式出现在党的正式文件中。参见莫纪宏：《从制度、制度化到制度体系构建——制度发展的内在逻辑》，载《西北大学学报（哲学社会科学版）》2020 年第 3 期。

〔2〕 参见吕忠梅：《〈长江保护法〉适用的基础性问题》，载《环境保护》2021 年第 Z1 期。

第一节　自然保护地制度体系的演进及其启示

通过对自然保护地立法现有研究成果的梳理发现，不少研究在宏观角度上从整体论的视角阐释国家公园法与自然保护地法的关系〔1〕、功能定位及其立法意义〔2〕、自然保护地立法的体系化〔3〕等问题，也有在微观角度上研究国家公园、自然保护区、风景名胜区等各类自然保护地体系优化及其“立改废释”问题。诚然，在宏观层面阐释自然保护地法的立法路径、立法模式、体例结构等问题，从微观角度解析自然保护地分类、自然保护地管理体制、自然保护地治理等有关的职能职责与权利义务，均对推进我国自然保护地治理现代化具有重要意义。但是，现有相关研究较多聚焦的是宏观层面的“立法论”研究，缺乏从中观层面运用体系思维、系统论的方法来探讨自然保护地立法中的制度体系化问题。但实际上，体系是秩序的反映以及逻辑规则的使用，而体系思维更是理解法律、法学、法治的重要视角。

一、自然保护地制度体系的演进

制度体系必须在“制度化”中来构建“体系化”结构，〔4〕需要回顾和梳理我国自然保护地政策和法律规范的发展历程。中华人民共和国成立七十多年来，我国自然保护地建设经历了从自然保护区建设与发展，到自然和人文遗迹保护与风景名胜区并立，再到各类自然公园兴起和国家公园体制试点与自然保护地整合归并优化等三个基本阶段。如今，我

〔1〕 参见吴凯杰：《环境法体系中的自然保护地立法》，载《法学研究》2020 年第 3 期。

〔2〕 参见汪劲、吴凯杰：《〈国家公园法〉的功能定位及其立法意义——以中国自然保护地法律体系的构建为背景》，载《湖南师范大学社会科学学报》2020 年第 3 期。

〔3〕 参见吕忠梅：《以国家公园为主体的自然保护地体系立法思考》，载《生物多样性》2019 年第 2 期。

〔4〕 参见莫纪宏：《从制度、制度化到制度体系构建——制度发展的内在逻辑》，载《西北大学学报（哲学社会科学版）》2020 年第 3 期。

国已建立数量众多、类型丰富、功能多样的各级各类自然保护地，包括国家公园、自然保护区、风景名胜区、自然遗产、地质公园、森林公园、湿地公园、沙漠公园、草原公园、海洋公园、冰川公园、农业公园、沙化土地封禁保护区、水利风景区、草原风景区、饮用水源地保护区、生境保护点、海洋特别保护区、种质资源保护区、自然保护小区等20余种。2018年党和国家机构改革后，原来分属在各个部门的各类自然保护地管理职能统一整合到国家林业和草原局，并加挂国家公园管理局的牌子，为“一个保护地、一套机构、一块牌子”的统合式管理与《自然保护地法》奠定了基础。这也意味着，我国自然保护地法治建设进入了“升级换代”的新阶段。

改革开放以来，国务院及相关部委先后制定或更新了数十部有关自然保护地的行政法规、部委规章和规范性文件。其中，具有代表性的相关行政法规有《自然保护区条例》（1994年）、《风景名胜区条例》（2006年）；相关部委规章和规范性文件有《森林公园管理办法》（1993年）、《地质遗迹保护管理规定》（1995年）、《水利风景区管理办法》（2004年）、原国土资源部办公厅《关于加强国家矿山公园建设的通知》（2006年）、《海洋特别保护区管理办法》（2010年）、《水产种质资源保护区管理暂行办法》（2011年）、《国家沙漠公园试点建设管理办法》（2013年）、《湿地保护管理规定》（2013年）、《国家湿地公园管理办法》（2017年）、《自然保护地生态环境监管工作暂行办法》（2020年）等。

总之，我国对自然保护地制度建设的认识和实践，经历了一个从强调某一类保护地“制度”建设，到更加注重“制度体系”建设的过程。从制度变迁来看，目前以国家公园为主体的自然保护地体系构建与“制度体系”建设具有改革型、试验型和探索型等特征。1979年《环境保护法（试行）》首次将名胜古迹、风景游览区、自然保护区等自然保护地纳入“环境”的范畴，自此开始了不同类型自然保护地建设的法制化进程。目前，普遍采用的法律措施主要有划定区域范围、确定保护对象、设立保护管理机构、制定保护规划、实行分级分类保护、采取封禁措施、限制人为活动等，形成了正式制度（主要是国家法律体系和党内法规体系）、非正式制度与实施机制相互匹配与支撑的多元规范体系。

《指导意见》提出，在自然保护地相关法律、行政法规制定或修订前，自然保护地改革措施需要突破现行法律、行政法规规定的，要按程序报批，取得授权后施行。2015 年启动东北虎豹、祁连山、大熊猫、三江源、海南热带雨林、武夷山、神农架、普达措、钱江源、南山等 10 处国家公园体制试点，并已正式设立了 5 个国家公园。根据《立法法》第 13 条的规定，改革试验型的立法授权主要有中央机关之间的立法授权、地方机关之间的立法授权和央地机关之间的立法授权等类型。例如，中共中央办公厅、国务院办公厅印发的《关于设立统一规范的国家生态文明试验区的意见》以及福建、海南、江西、贵州等国家生态文明试验区实施方案，均要求对难度较大、确需先行探索的生态文明重大制度开展先行先试。经过近五年的试点，生态文明领域的立法授权改革试验形成了由法律、行政法规、地方性法规暂时调整或暂时停止实施为内容的多层级授权规范体系。[1] 此时，需要总结这些以国家公园体制试点授权为标志的授权实践，以及生态文明体制改革综合试验的成果经验。

客观而言，现行自然保护地法律规范体系存在立法层级偏低、保护对象界定模糊、制度之间缺乏协调等结构性问题。鉴于此，社会各界一直尝试推动自然保护地的立法工作。2004 年，我国第一版《自然保护地法（草案）》诞生以来，先后更名为《自然保护区法》、《自然保护区域法》和《自然遗产保护法》等。2012 年，全国人大环资委提出过《自然遗产保护法（草案建议稿）》；2013 年由全国人大代表集体联名提出《自然保护地法（草案建议稿）》；2018 年，全国人大常委会将《国家公园法》列入立法计划。2020 年由国家林草局委托专家起草《自然保护地法（草案建议稿）》等多部法律草案。其中，相对完整并具有代表性的有：2006 年全国人大环资委牵头起草的《自然保护地法（草案征求意见稿）》、2012 年中科院解焱研究员团队的《自然保护地法（草案）》（以下简称《中科院草案》）等。在体例结构上，《自然保护地法（草案征求意见稿）》设置了“总则、自然保护地的规划、自然保护地的设立、自然保护地的管理、法律责任和附则”等 6 章；《中科院草案》设置了“总则、管理体制、基本制度、自

---

〔1〕 参见刘锐一：《从个案授权到制度体系——全国人大常委会立法授权改革试验的嬗变》，载《四川大学法律评论》2020 年第 1 期。

然保护地的设立、保护和利用、自然保护地管理的监督、法律责任与附则”等7章。前述这些立法动向和不同版本草案所聚焦的问题和智慧共识，为加快《自然保护地法》立法步伐工作奠定了良好的基础。

二、自然保护地制度体系演进的启示

体系语用带有强烈的方法论色彩，意指各种制度要素是相互有机联系在一起的整体，在于发挥制度体系的“合力”。例如，党的十八大报告提出，全面建成小康社会必须“构建系统完备、科学规范、运行有效的制度体系，使各方面制度更加成熟更加定型”。又如，邓小平同志在改革开放之初提出的“制度现代化”，到党的十八届三中全会被升华为“完善和发展中国特色社会主义制度、推进国家治理体系和治理能力现代化”。故对于《自然保护地法》而言，在法律工作范围内之体系性思考的目标则是将众多的规范与事实问题安排进一个秩序里，由此创造出一个统一体。[1]

具体到自然保护地体系改革所涉及的生态文明建设领域，党的十八届三中全会首次提出了“生态文明制度体系”一词，阐述了生态文明制度体系的构成及改革方向、重点任务。党的十九届四中全会《关于坚持和完善中国特色社会主义制度 推进国家治理体系和治理能力现代化若干重大问题的决定》所要坚持和巩固、完善和发展的中国特色社会主义制度，乃是新时代系统集成、协同高效的科学制度体系。其中规定了“生态文明制度体系”等13个方面的具体制度建设任务，并提出了“法治化”是制度化的最佳状态的命题。一方面，上述顶层设计对生态文明制度体系提出的目标、要求等，为《自然保护地法》中制度体系的构建提供了基本指引和遵循。另一方面，在具体推进自然保护地制度化、体系化与法治化治理的过程中，要注重形式法治和实质法治的有机统一，需要从形式和实质意义上的制度体系展开反思与检讨。

首先，在形式意义的制度体系（结构的体系化）方面，我国还缺乏一部体系化的自然保护地“基本法”加以统摄与协调。改革开放以来，各

---

〔1〕 参见陈爱娥：《法体系的意义与功能——借镜德国法学理论而为说明》，载《法治研究》2019年5期。

类自然保护地法律法规和政策“立改废释”的同时，也暴露出专门法律法规或规范文件之间协调性不强、产权与立法体系碎片化、法律制度实施效果欠佳等问题。加之，国土空间开发保护、自然资源监管领域等基础性法律还未制定，自然保护地技术规范和标准体系也存在一些空白。换言之，我国自然保护地治理的法治化过程中长期存在制度缺位、制度体系的创新不足等问题。尤其是要重视自然保护地范围内的自然资源客体形态和权能构造方面的“绿化”和制度体系化之不足问题，以及新型的和“无形的”自然资源产权保护乏力，甚至行政不作为、乱作为、慢作为、形式主义、“一刀切”等现象，更要打破“无保护地的地方政府事不关己高高挂起”等狭隘认知。对此，中共中央办公厅、国务院办公厅《关于构建现代环境治理体系的指导意见》明确提出了环境治理责任制度建设、绿色认证制度、转移支付制度改革、生态环境机构监测监察执法垂直管理制度改革、统一国内绿色债券标准等制度建设任务清单。

其次，在实质意义的制度体系（功能的体系化）方面，自然保护地法律法规在立法目的、法律原则、综合性制度、实现机制等方面有待实现“法律生态化”与“治理现代化”转型。功能的体系化是指将各项自然保护地制度功能分配给相应的法律法规，同时在未来的《国家公园法》《自然保护区条例》等之间进行合理配置，并与《环境保护法》等生态环境基础性立法以及外部相关法律法规之间形成有效衔接与制度的协同配合。长期以来，我国自然保护地建设与管理存在的“重经济价值属性轻生态和社会价值属性”“重陆地保护地轻海洋保护地”“重有形自然资源轻无形自然资源”“重国家法律轻党内法规运用”等“四重四轻”之弊端，需引起高度重视。因此，要秉持基于生态整体主义的方法论与法治化、体系化思维，构建与治理现代化要求相适应的自然保护地法律制度体系与保障机制。

第二节　自然保护地制度体系的主要缺陷

长期以来，碎片化的自然保护地管理体制以及分散性、低位阶性、缺乏协调性的规范体系等制约着制度革新,在很大程度上阻滞了《自然保护地法》的立法进程。这些问题反映了加强法律体系的连贯性、体系融贯性与理念融贯性的重要性,亟待通过制度创新、试点经验总结与体系化整合,解决制度缺位、制度拥挤、制度冲突等问题。

一、制度设计缺乏绩效引领

自然保护地制度体系应谋求生态效益、经济效益和社会效益最大化,坚持制度绩效引领与治理效能的原则,重视实践中存在的下列问题:

1. 缺乏制度的绩效评价。改革前既有的自然保护地体系是按照保护对象的不同进行分类的,其固然有简明、直观等优点,但缺少明确的管理目标,难以涵盖除自然保护区外的其他类型保护区域,与前述的整合式管理体制之要求相背离。对于一些替代性制度本应通过绩效评价进行优化选择,但相关政府部门往往基于自身偏好或管理惯性作出简单化取舍。一方面,这可能导致原本更好的制度无法脱颖而出;另一方面,还可能导致“为制度创新而创新”的怪现象。中华人民共和国成立以来,各地、各部门出台了许多规范文件,有的文件试行多年仍在“试行”。例如,建设项目清单制度、资源税与环境保护税制度“一试就灵”而自然资源资产产权制度长期处于改革状态中而“光试不推”;又如,部分地方政府因同时实施“总量控制”和“价格管制”而导致生态产品的价值实现“有场无市”,往往出现供需失衡。尤其是长期缺乏生物多样性保护相关的绩效考评制度,甚至有的流域(如长江)出现环境质量改善但出现生物多样性锐减等生态倒退的“悖论”。[1]

2. 缺乏制度的耦合强化。对于具有互补性的制度,需要通过自然保护地立法的综合化、体系化来实现“1 + 1 > 2”的制度耦合效应。但长期以来,既有立法往往满足或偏好于某一个制度的“单打独斗”,如自然保护地整合优化与生态保护红线、全国生态功能区划与生态功能保护区、最严格的生态环境保护制度与自然资源开发利用、生态环境损害赔偿制

〔1〕 参见陈真亮、李明华:《论水资源“生态红线”的国家环境义务及制度因应——以水质目标“反退化”为视角》,载《浙江社会科学》2015 年第 10 期。

度与环境公益诉讼、气候变化与生态保护修复、碳排放总量控制与碳排放权交易等配合起来，均可产生极佳的制度绩效。但是，自然资源资产产权体系与监管体系这两大前提性、基础性制度安排的不完善与长期滞后，直接导致自然保护地法律体系建设长期滞后，也影响了《自然保护地法》的立法进程。

3. 缺乏大历史观下制度的演化分析。随着生态文明建设的深入推进，面对环境污染与生态破坏问题比较突出的形势，官员问责、刑事追责、企业关停搬迁等"强制性制度"往往占据主导地位。但是，这些制度在基层环境治理过程中容易发生执行偏离甚至以"一刀切"为主要表现的环保形式主义和官僚主义现象，甚至出现环境效益好而经济效益低、合法合规企业的基本权益难以得到充分的补偿与保障等问题。因此，要在强制性制度、约束性指标基础上充分运用绿色财税、自然资源产权等激励型制度，规定配套措施促进守法激励。

二、制度之间存在冲突

理论上，各级各类自然保护地形成的纵向与横线制度要有机组合，相关制度间要相互匹配、相互耦合、相互协作。但实践中，存在一些彼此冲突的现象。

1. 上位法之间存在冲突，导致地方政府和自然保护地管理机构无所适从。其表现为，由不同主体制定的同类制度存在相互冲突，或不同主体制定的解决同类问题的制度尺度不一致，进而制度打架和"执行难"。例如，自然资源国家所有权下中央与地方事权与财权关系如何界定、自然保护地范围内集体所有权如何实现生态功能国有化以及如何限制与行使。

2. 同位法之间存在冲突，导致各类制度不衔接、不协调。例如，分别依法制定的城市总体规划、产业发展规划、土地利用规划、环境保护规划、自然保护地规划等存在目标、功能、任务上的不一致，导致在自然保护地范围内难以形成规划合力。又如，一方面规定对某些自然保护地所在地不考核 GDP，但同时仍然通过特许经营等变相考核招商引资指标和经济指标。显然，这种现象的存在容易导致制度实施效果打折扣，甚至导致实践中存在懒政、执法怠惰甚至是变相过度保护等一系列问题。

3. 下位法与上位法不一致，违背制度设计的初衷。例如，“生态优先”并非“只要保护不要发展”，而是要谋求生产、生活、生态“三生融合”的绿色发展。下位法的规定过度严格或者不讲条件的保护，甚至是“一刀切”执行管控型生态红线制度，就会影响保护地原住居民生存发展与原生态秩序，反而影响制度的可持续性。

三、制度体系内存在制度拥挤

目前，虽然各级各类自然保护地的制度体系已基本形成，有的国家级自然保护区、国家公园体制试点地区的制度形式上也较为丰富。但总体上看，数量众多、类型丰富的各类各级自然保护地是制度拥挤的直接原因：

1. 制度多但主导性制度不清晰，存在制度“浑水摸鱼”和“搭便车”现象。实践中，自然保护地管理涉及部门众多，每个部门都根据各自职责出台了许多规章制度，但不少制度形同虚设，没有真正发挥应有作用。此外，针对同一个问题出现多个层面、多种类型的制度。例如，在自然保护地的监督检查方面，就存在不同层级和类型的监督检查制度，导致保护地所在的地方党委政府与保护地管理机构疲于应付，甚至出现重复监督检查的现象。

2. 制度建设存在扭曲和异化，片面地服务于部门利益或地方利益。实践中，部分地区一味追求建立“国家级”保护地的政绩冲动，通过超前或者过度立法“配合”自然保护地申报竞赛或流于形式的声誉竞赛。[1]而实际上，这些立法与改革目标之间的匹配度缺乏有效的评估与预测，导致制度建设仍然没能触及自然保护地管理事权划分、公私协同治理等核心问题，对于自然保护地整合优化也仅停留于形式上的空间边界、管理机构等的调整。

---

[1] 参见汪再祥：《自然保护地法体系的展开：迈向生态网络》，载《暨南学报（哲学社会科学版）》2020年第10期。

四、制度创新存在缺位

（一）制度体系不完整

自然保护地立法是一项系统工程，与之相适应的制度创新应是体系化的制度创新而非简单地仅针对某一个具体制度的创新。特别是在实现自然保护地政策向法律转化的过程中，要对《中共中央关于坚持和完善中国特色社会主义制度　推进国家治理体系和治理能力现代化若干重大问题的决定》中提出的“坚持和完善生态文明制度体系，促进人与自然和谐共生”这一改革任务进行充分回应。具体而言，可能涉及的主要制度包括：国土空间规划和用途统筹协调管控制度，资源高效利用制度，资源有偿使用制度，资源总量管理和全面节约制度，自然资源统一调查、评价、监测制度，生态文明建设目标评价考核制度，中央生态环境保护督察制度，生态补偿制度和生态环境损害赔偿制度等。

（二）制度创新力度不足

目前关于自然保护地的人地关系、央地关系、土地权属关系等基本问题尚未完全理顺，自然保护地的空间规划、行政审批、行政监督等职能需要立法明确。根据中共中央办公厅、国务院办公厅《关于统筹推进自然资源资产产权制度改革的指导意见》，我国正在开展的全民所有自然资源资产所有权委托代理机制改革、促进生态保护修复的产权激励机制改革、资源集约开发利用和加强产权保护救济的改革，以及地方自然保护地法治建设的“先行先试”经验，都进行绩效评估，将一些行之有效的改革经验与制度成果上升为法律制度。[1] 否则，相关改革试点及制度创新仍处于低位阶徘徊状态，不仅浪费了宝贵的立法资源，还难以从整体上突破既有自然保护地制度体系的瓶颈。

（三）配套机制尚不完善

随着“大综合一体化”行政执法改革向纵深推进，事关自然保护地的统一监管和执法、深化生态环境领域的“放管服”改革、第三方评估等配套机制也有待加强。例如，在自然保护地特许经营方面存在负面

---

〔1〕 例如，浙江省的钱江源　百山祖国家公园的“一园两区”建设、垂直管理与政区协同相结合的管理体制、生态产品价值实现机制试点、生态银行与地役权制度等。

清单和正面清单不完整、政策模棱两可或执行偏离等问题，出现了部分“绿色项目”应该落地而没有落地，而部分“非绿色项目”不该落地而落了地的现象。又如，部分自然保护地长期以来由行政监管机构代为管理，导致管理者和被管理者混同，存在既当运动员又当裁判员的“治理风险”。

第三节 自然保护地制度体系的立法重构及其逻辑展开

对于自然保护地制度体系的立法构建，理论界的观点可谓不一而足。例如，有的学者主张构建以分区定保护级别制度、总行为控制制度为核心的制度体系；[1]有的建议规定设立（变更、终止）、统一保护规范、合理利用、行为管控等制度；[2]有的建议规定管理体制、设立与规划、资源保护、利用与服务以及社会参与等制度；[3]有的主张规定生态空间保护制度、发展与保护协调制度、监管制度、部门协同制度、权属制度、法律责任制度、纠纷解决制度等制度[4]。但无论具体结论或方案如何，从制度的生成与优化来看，均需要基于自然保护地的实在法规范体系和改革试点成果来提取“制度公因式”，提炼、选择可适用于各类保护地的共性制度，生态型、义务型基本制度及统筹型、协同型基本制度。然后，基于形式意义和实质意义的体系化考量，加强自然保护地的制度选择、制度耦合、制度协同、制度查漏补缺等工作，在体系性思考与问题取向思考之间寻求平衡。

---

〔1〕 参见吴凯杰：《环境法体系中的自然保护地立法》，载《法学研究》2020 年第 3 期。

〔2〕 参见汪劲：《论〈国家公园法〉与〈自然保护地法〉的关系》，载《政法论丛》2020 年第 5 期。

〔3〕 参见秦天宝、刘彤彤：《自然保护地立法的体系化：问题识别、逻辑建构和实现路径》，载《法学论坛》2020 年第 2 期。

〔4〕 参见吕忠梅：《关于自然保护地立法的新思考》，载《环境保护》2019 年第 Z1 期。

一、自然保护地制度体系的立法重构

（一）共性基本制度

1.《自然保护地法》应规定反映生态文明体制改革与现代环境法治精神的共性制度。例如，规划、标准、环境资源承载能力监测预警、目标考核责任制、环境影响评价、生态环境监测、生态环境监察等管理类的基本制度，应当在《自然保护地法》中予以体现。但须注意的是，当两种不同的制度可以实现相同或者近似的法治效果时，则这两种制度之间具有替代性。此时，就要准确把握每一种制度的比较优势，选择更具竞争力的制度或法律体系，防止出现政出多门后的选择性执法、执法冲突甚至是制度效应抵消。

2. 在其他共性制度选择中要避免前文所述的“四重四轻”问题。鉴于此，《自然保护地法》要从源头、过程、后果三个维度，按照“源头严防、过程严管、后果严惩”的立法思路构建共性的基础性制度。党的十九届四中全会《中共中央关于坚持和完善中国特色社会主义制度　推进国家治理体系和治理能力现代化若干重大问题的决定》提出“坚持和完善生态文明制度体系，促进人与自然和谐共生”，实行最严格的生态环境保护制度，全面建立资源高效利用制度，健全生态保护和修复制度，严明生态环境保护责任制度等4个方面，为制度体系的完善指明方向。此外，《中共中央关于坚持和完善中国特色社会主义制度　推进国家治理体系和治理能力现代化若干重大问题的决定》规定了“应当坚持和完善”的生态文明制度体系包括主体功能区制度、绿色生产和消费的法律制度、生态环境保护法律体系和执法司法制度、自然资源产权制度、生态保护和修复制度、生态环境保护责任制度、生态环境公益诉讼制度等已经成熟和定型的制度。显然，《自然保护地法》应结合自然保护地建设和管理的实际作出有针对性的制度设计。

（二）生态型、义务型基本制度

在面上制度方面，《自然保护地法》应规定特有的偏重生态型、义务型的基本制度。这是制度体系中最高层次、比较抽象的行为准则与共通性基础规范，需要对相关法律规范文件经由体系化、抽象化及类型化之观察方法，获得融贯事前、事中、事后规制的基础性制度，形成纵向到底、横向到边、协同联动的制度体系。

1. 要强化生态优先的立法价值取向，坚持“核心保护区和一般控制区”的二分法，对各层级关于国家公园、自然保护区、自然公园、自然保护小区等各类保护地相关措施进行修改、合并、删除，减少制度类型与制度体系的烦琐与冗杂。同时，还要及时将实践中关于核心保护区和一般控制区的成熟经验和地方做法“上升”为面上的法律制度。

2. 需要对自然保护地法律法规、实现机制及其实施效果进行全方位的立法后评价，及时回应中共中央办公厅、国务院办公厅《关于统筹推进自然资源资产产权制度改革的指导意见》提出的改革任务清单。目前大部分自然保护地内的国有、集体自然资源统一确权登记已经“制度化”，但要加快推动所有权与使用权分离的“法治化”步伐，构建以“生态价值”为中心的自然保护地“义务性”制度体系。在生态文明建设目标评价考核方面，要建立健全生物多样性保护与恢复成效的标准规范体系，完善自然保护地绩效考评制度；要全面实行生态环境损害责任终身追责、党政同责制度、领导干部自然资源资产离任审计制度。尤其是要强化生态环境保护、自然资源管控、节能减排等约束性指标管理，严格落实保护地特许经营企业主体责任和政府监管责任。

3. 面上制度的构建需要注意制度互补性、制度耦合问题。制度互补性是指将两种以上制度组合起来协同实施，要求其所带来的制度绩效要大于单个制度实施时的绩效加总。制度耦合则强调各项制度要为了实现其核心功能而有机地组合在一起。尤其应实现自然资源有偿使用制度、生态保护补偿制度与生态环境损害赔偿制度的“三偿制度”耦合，让生态环境保护成为各利益相关者与管理主体的共同理性选择。具体而言，按照《指导意见》的要求依法清理整治探矿采矿、水电开发、工业建设等项目，通过分类处置方式有序退出，依法依规对自然保护地内的耕地实施退田还林还草还湖还湿。因此，立法中要创新自然资源使用制度，明确自然保护地内自然资源利用方式，规范利用行为，全面实行自然资源有偿使用、生态保护补偿和生态环境损害赔偿。

（三）统筹型、协同型基本制度

从制度协同的机制来看，《自然保护地法》要构建以环境质量改善与生物多样性保护为核心的保护地监管制度体系，完善跨区域联动机制和陆海统筹的生态环境治理体系。从全过程保护来看，要破除部门利益固化和“信息孤岛”效应所导致的制度之间相互冲突问题，加强“两个统筹”。

一方面，统筹多部门多层级的自然保护地制度综合决策。自然保护地制度的制定和实施属于公共选择问题，难免受到不同政府部门利益与地方发展偏好的影响。因此，在进行自然保护地制度设计和选择的时候，必须要考虑选择者的自身偏好问题，否则会出现适得其反的效果。例如，实施碳汇交易、碳排放权、排污权制度就意味着原先由相应政府部门拥有的行政权力要被市场机制所取代，从而削弱部门或地方利益。在体制障碍尚未被打破之前，会出现部门权力不愿意让渡于市场机制的现象。这就需要针对自然资源的内在价值体系构建、自然资源产权制度的生态绩效与利益增进等方面进行综合决策，促进自然保护地治理从“政策主导”向“法律主导”的治理体系与能力现代化转变，使自然保护地“山水湖田林草沙”上的自然资源资产产权进行制度集成与体系化。

另一方面，协同推进多部门联合监管和多主体联动。在执法方面，要建立健全多部门、跨地区的信息共享、案情通报、案件移送和行刑衔接机制，加大自然保护地及其周边范围内生态环境与自然资源违法犯罪行为的惩处力度。尤其应通过制度设计转变长期以来不同部门、地区各自为战的碎片化监管理念，实行多部门联合监管和跨地区协同执法机制，避免多头执法、重复检查，提高监管效能。此外，还应加强对自然保护地全民共享和全社会参与保护地治理的有关规定。

二、自然保护地制度体系的逻辑展开

既然《自然保护地法》应定位于自然保护地建设和管理的基本法、综合法，[1]那么其基本立法任务是将“人与自然是生命共同体”[2]的伦

〔1〕 参见吕忠梅：《以国家公园为主体的自然保护地体系立法思考》，载《生物多样性》2019年第2期。

〔2〕 参见习近平：《推动我国生态文明建设迈上新台阶》，载《求是》2019年第3期。

理观、“绿水青山就是金山银山”[1]的发展观、“良好生态环境是最公平的公共产品,是最普惠的民生福祉”[2]的人民主体观,“环境就是民生,青山就是美丽,蓝天也是幸福”[3]的幸福观,“用最严格制度最严密法治保护生态环境”[4]的法治观加以贯彻落实,为生态文明治理体系和治理能力现代化提供法治保障。为此,自然保护地制度体系的逻辑展开必须在该法的框架结构,即立法对章节和基本内容的安排中得以充分体现。

1. 我国正在建设的是以国家公园为主体的自然保护地体系,其核心是将既有的各类、各级自然保护地整合为国家公园、自然保护区、自然保护地三大类,以及中央和省两级。这就要求,作为一部新创设的法律,本法必须首先对自然保护地的设立问题作出体系性规定。这既是对《指导意见》中“构建科学合理的自然保护地体系”这一要求的必要立法回应,更为改革后重组的各类、各级自然保护地提供其存在的最基本法律依据。同时,考虑到未来自然保护地的发展具有动态性,已经依法设立的保护地未来完全有可能发生变化。因此,还必须在通过立法规范保护地设立的基础上,进一步对保护地的调整作出相应的、有前瞻性的法律制度设计。

2. 在明确我国法定的自然保护地类型和级别之后,作为自然保护地发展和建设管理的基本法,本法需要对整个自然保护地体系的监督管理进行顶层设计。考虑到,一方面,各类自然保护地的功能定位存在较大差别,相互间在具体管理制度、手段、强度等方面必然存在差异;另一方面,除中央立法外,省级立法对于本级自然保护地的管理完全可以而且应该发挥重要的规范作用。因此,本法中有关监督管理的制度设计,重点在于坚持实践导向和问题导向,对各类、各级保护地监督管理中普遍

---

〔1〕 参见习近平:《推动我国生态文明建设迈上新台阶》,载《求是》2019年第3期。

〔2〕 中共中央文献研究室编:《习近平关于全面深化改革论述摘编》,中央文献出版社2014年版,第107页。

〔3〕 中共中央宣传部编:《习近平总书记系列重要讲话读本》,学习出版社、人民出版社2016年版,第233页。

〔4〕 参见《推动形成绿色发展方式和生活方式 为人民群众创造良好生产生活环境》,载《人民日报》2017年5月28日,第1版。

需要构建和完善的基本制度（管理体制、规划、标准、功能分区等）作出统一规定；其目标在于，既为相关立法、下位立法提供必要的、基本的监督管理法律依据，也为相关立法、下位立法细化、深化监督管理工作预留充分、必要的立法空间。

3. 在支撑起自然保护地监督管理的“四梁八柱”后，本法必须妥善处理和回答“保护”和“发展”之间的关系，以准确、全面地落实“保护自然、服务人民、永续发展”的改革目标。一方面，自然保护地的首要功能和管理目标是保护，即把应该保护的地方都保护起来，做到应保尽保。这就要求，在本法中必须坚持生态优先、保护为主的原则，建立一整套完善的保护类法律制度体系。另一方面，严格保护不意味着绝对保护、片面保护，必须践行绿水青山就是金山银山理念，探索自然保护和资源利用新模式，不断满足人民群众对优美生态环境、优良生态产品、优质生态服务的需要。这就要求，在立法过程中辩证地看待保护与利用的关系。即坚持在保护中利用、在利用中保护；通过严格保护提升利用的可持续度，通过可持续利用增加保护地对高质量发展的贡献度。综上，拟专设“保护与可持续利用”一章。亦即，在价值排序上充分体现“保护优先”，更以“可持续”这一表述对于“利用”加以准确的限定，从而充分体现保护与利用的辩证统一关系。

4.《自然保护地法》作为一部法律，也必须要符合我国立法的基本惯例和要求。因此，可将“总则”“法律责任”“附则”分别置于第一章、第六章、第七章。最终，在框架结构方面的具体安排情况如下：

第一章，总则。主要规定了本法的立法目的、适用范围、自然保护地的法律概念与地位、基本原则、相关主体的基本权利与义务、宣传教育、行政奖励、立法授权、国际合作等内容。

第二章，设立与调整。主要规定自然保护地的类型、级别，以及各级、各类保护地的设立标准、设立方式、设立程序、命名、勘界立标、动态调整、公示、其他类型保护地的设立与确认等内容。

第三章，监督与管理。本章共设管理体制、规划与标准、分区管控三节。其中，第一节“管理体制”重点在于明确自然保护地建设央地财权与事权的分配、主管部门与分管部门的职责、自然保护地管理机构的设置及其权限、执法机制、专家咨询以及保护地的社区治理、合作治理、公益治理问题；第二节“规划与标准”重点在于建立健全自然保护地的规划和标准体系，并加强对规划全过程的法律控制；第三节“分区管控”重点在于根据各类自然保护地功能定位合理划分功能区，实行差别化管控。

第四章，保护与可持续利用。本章分两节，第一节“保护”重点规定本底调查、巡护和监测预警、生物多样性保护、自然与文化遗产保护、生物安全保护、应急管理、生态修复、生态补偿等自然保护地基本保护类制度。第二节“可持续利用”侧重对各类利用行为的限制，主要包括确权登记、利益分配机制、设施管理、建设项目清单管理、占地限制、通行限制、传统资源利用限制、特许经营、旅游经营、保护地周边经营活动限制、科学研究、社区和原住居民的发展等内容。

第五章，保障措施。为了配合上述体制、制度的有效实施，特专设本章规定必要的保障措施，主要包括生态环境监测、考核评价、监督检查、生态环境保护督察、约谈、信息公开、社区和原住居民的参与、投诉举报、多元化资金投入、科技研发推广、志愿者制度、司法专门化。

第六章，法律责任。重点规定了相关主体违反本法有关规定所应当承担的政务责任、行政责任、民事责任、刑事责任以及生态环境损害赔偿责任。

第七章，附则。规定了本法的施行时间。

立法建议编

在上编相关理论研究的基础上，按照“立法先行、法治护航”这一国家治理现代化的客观要求进一步开展自然保护地的立法实践探索，最终形成了包括7章、105条的《自然保护地法（专家建议稿草案）》及其条文说明（含具体的法条说明及国内外的参考立法例）。《自然保护地法（专家建议稿草案）》跳出传统自然保护地立法的既有模式、范式，创新地将《自然保护地法》的立法目标确定为“特殊自然地理空间的保护与开发综合法”。然后，基于“自然保护地基本法”的定位开展了以下具体立法设计。

首先，基于“国家公园为主体、自然保护区为基础、自然公园为补充”的自然保护地体系新格局，规定了各级各类自然保护地的设立及其动态调整制度体系。其次，在明确划分央地事权的基础上，构建了“统管+专管+监督”的整合式管理体制，以及执法协调协作、专家参与决策、社区治理、公益治理、合作治理等机制。再次，坚持“保护优先、绿色发展”的理念，在自然保护地的规划和标准体系下，构建自然保护地的分区管控机制，进而分别建立自然保护地及其周边区域的自然生态系统保护制度体系和自然资源可持续利用制度体系。复次，健全包括生态环境监测、监督制约、信息公开、公众参与、多元化资金投入、志愿服务、司法专门化等在内的监督保障措施，以实现前述制度体系的有效实施。最后，在夯实政府和行政相对人两大法律责任体系的基础上，重点突出涉自然保护地的领导干部生态环境损害责任追究、生态环境损害赔偿、刑事责任追究等方面相关法律责任规定。

《自然保护地法(专家建议稿草案)》及其条文说明

第一章　总　　则

第一条　为了建立以国家公园为主体的自然保护地体系,系统性保护重要自然生态系统、自然遗迹、自然景观和生物多样性,提升生态产品供给能力,维护国家生态安全,推进生态文明建设,推动经济社会高质量发展,制定本法。

| 法条说明 |

本条是关于本法的立法目的的规定。

立法目的,是全部法律条文价值目标的体现。如果没有明确的立法目的做指引,立法活动便是盲目的、任意的。[1] 考虑到,一国的自然保护地体系在价值实现和功能定位上并非只是对自然生态的保护。由此,反映在立法目的中就是目的本身的复合性。例如,《日本自然公园法》第1条规定:"本法旨在保护优美的自然风景地,并通过促进其利用,在有助于国民的健康、休养和教化的同时,保护生物多样性。"[2] 作为生态文明体制改革的重要内容,我国正在建设的中国特色自然保护地体系,

---

〔1〕 参见吕忠梅、刘佳奇:《26年后,野生动物保护法该怎么修》,载《环境经济》2016年第3期。

〔2〕 参见转引自刘佳奇:《国家公园建设中的核心法律问题研究》,辽宁大学出版社2020年版,第129页。

同样承载了多重价值、多种功能。这就意味着，作为本领域的“基本法”，《自然保护地法》必须承载多元、多层次的立法目的，并加以递进式地表达。

1. 直接目的

从原有的“以自然保护区为主体的自然保护地体系”发展为“以国家公园为主体的自然保护地体系”，是贯彻习近平生态文明思想的重大举措，是党的十九大提出的重大改革任务。为落实此项重大改革决策部署，《指导意见》对于我国自然保护地体系建设的目的提出了明确的要求：“建立自然保护地目的是守护自然生态，保育自然资源，保护生物多样性与地质地貌景观多样性……”显然，上述改革决策和具体部署是我国自然保护地体系改革和建设最直接的目标定位，也应当作为本法的直接目的。

2. 实质目的

习近平总书记指出，我国生态文明建设正处于压力叠加、负重前行的关键期。我们要积极回应人民群众所想、所盼、所急，大力推进生态文明建设，提供更多优质生态产品，不断满足人民群众日益增长的优美生态环境需要。为加快构建生态文明体系，他进一步强调，加快建立健全以生态系统良性循环和环境风险有效防控为重点的生态安全体系。[1]正如《指导意见》所讲：“作为生态建设的核心载体、中华民族的宝贵财富、美丽中国的重要象征，自然保护地不仅能够提供高质量生态产品，而且在维护国家生态安全中居于首要地位。”因此，建立新的自然保护地体系并加强系统性保护，其实质功能是提升生态产品供给能力，维护国家生态安全。作为这一新体系的基础性法治保障，上述实质功能应当在前述直接目的的基础上，递进地转化为本法的实质目的。

3. 最终目的

党的十九大报告明确提出，新时代我国经济社会发展的突出特征，是已由高速增长阶段转向高质量发展阶段。高质量发展，是能够很好满足人民日益增长的美好生活需要的发展，是体现新发展理念的发展。当

---

〔1〕 参见习近平：《推动我国生态文明建设迈上新台阶》，载《求是》2019 年第 3 期。

前,我国经济社会发展同生态环境保护的矛盾仍比较突出,影响全面建成小康社会的最后一程,也是实现高质量发展的明显短板。[1] 因此,加强生态文明建设、推动绿色发展,是实现高质量发展的题中之义。作为生态文明体制改革的重要内容之一,构建以国家公园为主体的自然保护地体系从国家发展总体战略布局的角度看,其终极目标是推进生态文明建设,从而推动经济社会高质量发展,而这也必然应当成为制定和实施本法的最终目的。

| 参考立法例 |

中共中央办公厅、国务院办公厅《关于建立以国家公园为主体的自然保护地体系的指导意见》(2019 年)

……为加快建立以国家公园为主体的自然保护地体系,提供高质量生态产品,推进美丽中国建设,现提出如下意见。

一、总体要求

(一)指导思想。……确保重要自然生态系统、自然遗迹、自然景观和生物多样性得到系统性保护,提升生态产品供给能力,维护国家生态安全,为建设美丽中国、实现中华民族永续发展提供生态支撑。

《建立国家公园体制总体方案》(2017 年)

建立国家公园体制是党的十八届三中全会提出的重点改革任务,是我国生态文明制度建设的重要内容,对于推进自然资源科学保护和合理利用,促进人与自然和谐共生,推进美丽中国建设,具有极其重要的意义。

《日本自然公园法》(2019 年)

第一条　本法旨在保护优美的自然风景地,并通过促进其利用,在有助于国民的健康、修养和教化的同时,保护生物多样性。

《韩国自然公园法》(2020 年)

第一条　本法的目的是通过规定自然公园的指定、保全和管理等有

---

〔1〕 参见常纪文:《以生态文明促进高质量发展》,载《人民日报》2018 年 7 月 19 日,第 9 版。

关事项，保全自然生态系统、自然和文化景观，促进其可持续利用。

第二条 在中华人民共和国领域和中华人民共和国管辖的其他海域内，从事自然保护地发展和建设管理的有关活动，适用本法。

其他法律、法规、规章对于自然保护地发展和建设管理的有关活动有更具体、更详细、更严格规定的，应当从其规定。

｜法条说明｜

本条是关于本法的适用范围及其"基本法"定位的规定。

1. 本法的适用范围

法律的适用范围，是指法律的效力范围，一般包括该法律调整的主体范围、客体范围及地域管辖范围。无论哪部法律，都不可能规范所有地域的所有人、所有活动，而有其特定的适用范围。

本条第1款是对本法适用范围的规定，包括两个方面：首先，本法调整的客体范围。本法调整的客体范围为从事自然保护地发展和建设管理的有关活动。具体而言，这一活动主要包括但不限于政府、企业、社会组织和公众等多元主体从事自然保护地的规划、建设、管理、监督、保护和投入等方面的活动。其次，本法调整的地域管辖范围。考虑到我国国土空间的实际情况，自然保护地既需要在陆域设置，也必然需要在海域设置。因此，本法的地域管辖范围为中华人民共和国领域和中华人民共和国管辖的其他海域。其中"中华人民共和国领域"，是指我国主权所及的所有区域，包括领陆（领土）、领水和领空；"中华人民共和国管辖的其他海域"，是指除领海以外，依照法律规定或者国际惯例，我国享有管辖权的其他海域，包括毗连区、专属经济区和大陆架。在我国，由全国人大及其常委会制定的法律，在全国范围内适用。由有立法权的地方人大及其常委会依法制定的地方性法规，在各该地方行政区域范围内适用。

《自然保护地法》性质上属于全国性法律,其效力范围应当及于全国。[1]

2. 本法的"基本法"定位

理论上,《自然保护地法》应当作为我国自然保护地立法体系中的"基本法"。但无论是未来这一体系的立法数量,还是此前这一体系较为混乱的立法状态,都迫切地需要将这一定位在本法中以具体、妥当的方式加以体现。或者说,需要本法真正地发挥"基本法"的统领作用。其中,可能的方式之一是提升本法的立法层级(位阶),即使本法成为《立法法》意义上的"基本法律",进而对下位法起到统领作用。但实际情况是,本法成为"基本法律"的难度较大,这种方式的可行性较低。而同时,《国家公园法》已经列入全国人大常委会的立法计划。也就是说,凸显本法的"统领地位"很可能要在《自然保护地法》与《国家公园法》同为全国人大常委会制定的"一般法律"的前提下实现。不仅如此,随着未来我国自然保护地立法体系的不断完善,相关下位法完全可能存在"突破"本法进行创新或加严法律约束的情况。

为此,本条第 2 款采取了"授权条款"的模式。亦即,针对《国家公园法》《自然保护区条例》等同位法、下位法等在制定和修改过程中,可能有相较本法更具体、更详细规定的实际情况,明确授权对其优先适用。同时,参考《排污许可管理条例》与相关此前制定的上位法在法律责任的规定方面严格程度不一致的情况(主要是后制定的条例严于先制定的法律),同时明确授权对于更严格的规定(包括同位法和下位法)同样优先适用。这不仅有利于自然保护地的制度创新和加大对相关违法行为的打击力度,更重要的是明确了本法与同位法、下位法之间的关系。换言之,就是通过向同位法和下位法"授权"的方式,确立了本法在自然保护地立法体系中的统领性、基础性地位。

[1] 但需说明的是,在"一国两制"方针指导下,根据我国《宪法》《香港特别行政区基本法》《澳门特别行政区基本法》的规定,自中华人民共和国恢复对香港特别行政区和澳门特别行政区行使主权时起,除两个基本法附件中规定的特别行政区适用的全国性法律外,其他法律不适用于特别行政区。如果《自然保护地法》未被列入两个基本法的附件,原则上不适用于两个特别行政区。

| 参考立法例 |

中共中央办公厅、国务院办公厅《关于建立以国家公园为主体的自然保护地体系的指导意见》(2019 年)

突出自然保护地体系建设的社会公益性,发挥政府在自然保护地规划、建设、管理、监督、保护和投入等方面的主体作用。

《中华人民共和国环境保护法》(2014 年)

第三条　本法适用于中华人民共和国领域和中华人民共和国管辖的其他海域。

《最高人民法院全国经济审判工作座谈会纪要》(1993 年,已失效)

行政法规为了贯彻执行法律,地方性法规为了贯彻执行法律、行政法规,就同一问题作出更具体、更详细规定的,应当优先适用。

第三条　自然保护地是由各级政府依法划定或确认的重要的自然生态系统、自然遗迹、自然景观及其所承载的自然资源、生态功能和文化价值实施永久或长期保护的陆域或海域以及陆域和海域的组合。

自然保护地是生态建设的核心载体、中华民族的宝贵财富、美丽中国的重要象征,在维护国家生态安全中居于首要地位。

| 法条说明 |

本条是关于自然保护地的法律概念及其地位的规定。

对法律、法规中的专(行)业名词、术语和需要定性、定量的名词、术语进行必要的解释,可以使有关规定更加准确,便于人们理解和贯彻执行。对于《自然保护地法》而言,其中最重要的名词、术语就是“自然保护地”。为了将世界上已经呈现的近百种以保护生态代表性为要旨的特定区域进行保护指引,世界自然保护联盟创设了“自然保护地”的概念,将这些命名各异、功能趋同的特定区域界定为“一个明确界定的地理空间,通过法律或其他有效方式获得认可、得到承诺和进行管理,以实现对自然及其所拥有的生态系统服务和文化价值的长期保护”。[1] 2017年,党的十九大报告提出“建立以国家公园为主体的自然保护地体系”,在我国的政策文件中首次出现“自然保护地”的这一专业术语。2019年6月,《指导意见》系统规定了我国自然保护地体系建设的指导思想、基本原则、目标任务、管理体制与保障措施,尤其是提出了按照生态价值和保护强度高低依次将自然保护地体系划分为国家公园、自然保护区、自然公园三种类型的改革目标。这意味着,虽然IUCN对于“自然保护地”已有国际通行的定义,但在对我国目前已经存在的类型各异、名称不同的自然保护地进行优化整合的过程中,必须结合我国的实际情况明确改革后自然保护地的概念及其定位。

1. 自然保护地的法律概念

“自然保护地”首先是一个自然地理空间概念,这是多种自然保护地类型所必须具有的“家族特征”和“最低限度共识”。亦即,各种类型的自然保护地都必须建立在一定的地理位置上,“以保护具有国家代表性的自然生态系统为主要目的”。但在我国过去的相关立法中,将自然保护区或其他自然保护地界定为“区域”、“特定区域”或“场所”,含义比较模糊。实际上,任何一种类型的自然保护地都是人类生存和发展、形成人类文明的基础条件。建立和保护自然保护地,更是通过人类活动才能实现的目标。因此,“自然保护地”的法律概念中还必须具有人文因素,涵盖一定地理范围内的人类经济社会活动和社会治理方式,以体现法律调整社会关系的基本属性。为此,《指导意见》明确了“重要的自然生态系统、自然遗迹、自然景观及其所承载的自然资源、生态功能和文化价值实施长期保护的陆域或海域”,在一定程度上以“陆域或海域”体现了“空间多维”、以“长期保护”体系体现了“时间延拓”,但依然不够明确。考虑到,IUCN将自然保护地的范围界定为“一个明确界定的地理空间”,并将其解释为“包括陆地、内陆水域、海洋和沿海地区,或两个或多个地区的组合”,强调自然保护地应是免受空中、地下和水下活动干扰

[1] [英]Nigel Dudley主编:《IUCN自然保护地管理分类应用指南》,朱春全、欧阳志云等译,中国林业出版社2016年版,第16页。

的“三维空间”,同时强调自然保护地的代际传承。[1] 鉴于此,在我国的《自然保护地法》中,可以借鉴 IUCN 的表述及其解释,将其明确为:“由各级政府依法划定或确认的重要的自然生态系统、自然遗迹、自然景观及其所承载的自然资源、生态功能和文化价值实施永久或长期保护的陆域或海域以及陆域和海域的组合。”

2. 自然保护地的地位

无论是国家公园体制改革还是自然保护地体系改革,都是生态文明体制改革的重要内容和组成部分,也是维护国家生态安全的重大改革举措。因此,对于自然保护地的定位必须上升到生态文明建设和维护国家生态安全的高度加以把握。同时,从实际改革进程来看,此轮自然保护地体系的改革起始于国家公园体制改革,而且关键和亮点也确实在于国家公园体制改革。由此,可能会使人陷入一种误区——自然保护地就是在既有类型的基础上增加、整合设立国家公园。但实际上,建立国家公园体制不是改革的终点,建立中国特色的自然保护地体系才是此轮改革的终极目标。为了确保此轮改革全面、准确地贯彻并实现最终目标,作为自然保护地“基本法”的《自然保护地法》不仅要明确自然保护地的法律概念,还需要结合相关改革部署、要求明确自然保护地的法律地位。

| 参考立法例 |

《决胜全面建成小康社会　夺取新时代中国特色社会主义伟大胜利——在中国共产党第十九次全国代表大会上的报告》(2017 年)

加快生态文明体制改革,建设美丽中国……加大生态系统保护力度……建立以国家公园为主体的自然保护地体系。

中共中央办公厅、国务院办公厅《关于建立以国家公园为主体的自然保护地体系的指导意见》(2019 年)

建立以国家公园为主体的自然保护地体系,是贯彻习近平生态文明思想的重大举措,是党的十九大提出的重大改革任务。自然保护地是生

---

[1] 参见[英]Nigel Dudley 主编:《IUCN 自然保护地管理分类应用指南》,朱春全、欧阳志云等译,中国林业出版社 2016 年版,第 19 页。

态建设的核心载体、中华民族的宝贵财富、美丽中国的重要象征,在维护国家生态安全中居于首要地位。

……

自然保护地是由各级政府依法划定或确认,对重要的自然生态系统、自然遗迹、自然景观及其所承载的自然资源、生态功能和文化价值实施长期保护的陆域或海域。

中共中央办公厅、国务院办公厅《建立国家公园体制总体方案》(2017年)

构建统一规范高效的中国特色国家公园体制,建立分类科学、保护有力的自然保护地体系。

第四条 自然保护地的发展和建设管理应当坚持生态优先、绿色发展、分级管理、分类保护、分区管控、多元共治的原则。

| 法条说明 |

本条是关于本法中基本原则的规定。

基本原则是一部立法的逻辑起点,代表了法律对调整对象及相关人类活动的基本态度。结合相关理论和改革实践,《自然保护地法》应当递进地规定如下基本原则。

1. 生态优先原则

正如2019年习近平总书记在雄安新区视察林区时所指出的那样,蓝天、碧水、绿树,蓝绿交织,将来生活的最高标准就是生态好。而自然保护地具有森林、草原、湿地、河流、湖泊、沙漠等多种自然形态,本身就是一个长期形成的综合性生态系统。坚持生态优先原则,就是要在自然保护地的发展和建设管理中,牢固梳理尊重自然、顺应自然、保护自然的生态文明理念,坚持山水林田湖草沙系统治理。通过加大生态系统保护力度,依靠良好的生态环境来体现自然保护地的价值、增加吸引力。

2. 绿色发展原则

与美国、加拿大等“荒野式”的自然保护地不同，我国的自然保护地不仅需要承载的重要生态功能和价值，相当一部分还位于经济社会发展相对不充分的地区。因此，在其发展和建设管理过程中，不能单纯地实施封闭式保护，必须在生态优先的基础上实现高质量发展。而绿色发展原则就是自然保护地高质量发展的具体导向，其要求在高质量发展的过程中，坚持人与自然和谐共生，坚持生态为民，科学利用。通过发展以生态产业化和产业生态化为主体的生态经济体系，统筹好自然保护地区域内的经济社会发展和生态环境保护的关系。

3. 分级管理原则

我国幅员辽阔，各地区自然、文化、经济社会发展等情况差异较大。因此，完全由中央或者某一级地方政府负责自然保护地的发展和建设管理，不符合我国的实际情况。但从前述的现状分析可知，我国既有自然保护地体系存在的重要问题之一也恰恰就是多头管理。也就是说，有不同级别的主体负责自然保护地管理本身是必要的，但前提必须是合理的分级、有序的管理。鉴于此，此轮改革的重点任务之一就是结合自然资源资产管理体制改革，构建自然保护地分级管理体制。具体而言，就是按照生态系统重要程度，将国家公园等自然保护地分为中央直接管理、中央地方共同管理和地方管理三类，实行分级设立、分级管理。这就从顶层设计的角度理顺和明确了我国自然保护地体系的基本管理体制，因而也应成为未来管理中所需遵循的基本原则之一。

4. 分类保护原则

为了解决既有自然保护地体系存在的重叠设置、边界不清、权责不明的问题，此轮改革按照自然生态系统原真性、整体性、系统性及其内在规律，依据管理目标与效能并借鉴国际经验，将自然保护地按生态价值和保护强度高低依次分为三类。即以国家公园为主体、自然保护区为基础、各类自然公园为补充的自然保护地分类系统。并且明确要求，各地区、各部门不得自行设立新的自然保护地类型。为使此三类优化整合后的自然保护地类型得以有效贯彻落实，有必要在《自然保护地法》明确分类保护的基本原则。

5. 分区管控原则

《指导意见》提出:“在保护的前提下,在自然保护地控制区内划定适当区域开展生态教育、自然体验、生态旅游等活动。”这就意味着,我国的自然保护地不是绝对的、单纯的保护,必须妥善处理保护与发展、游憩、宣教等功能之间的关系。从世界范围内的经验来看,保护与发展、游憩、宣教等功能间的平衡,主要是通过分区管控来实现的。例如,国际上一般将国家公园可进入区域控制在不超过5%的小范围内,以此对国家公园内商业活动实行严格控制和有效监管。[1] 吸收国内外自然保护地管理的有益经验,本法应当将分区管控作为一项基本原则,按照自然资源特征和管理目标,通过合理划定功能分区对自然保护地及其周边区域实行差别化、精细化管理。

6. 多元共治原则

自然保护地体系的建设既可以让当代人享受到大自然的馈赠和天蓝地绿水净、鸟语花香的美好家园,更给子孙后代留下宝贵自然遗产。因此,这是一项典型的社会公益性事业。其间,不仅需要发挥政府在自然保护地规划、建设、管理、监督、保护和投入等方面的主体作用,还需要建立健全企业、社会组织和公众等多元主体参与保护和管理的长效机制。而多元共治既是对《指导意见》中“政府主导,多方参与”这一基本原则的法律化表述,也是对探索全民共享机制和公益治理、社区治理、共同治理等保护方式表达了一种明确的、积极的法律态度。

| 参考立法例 |

中共中央办公厅、国务院办公厅《关于建立以国家公园为主体的自然保护地体系的指导意见》(2019 年)

(二)基本原则

坚持严格保护,世代传承。……

---

〔1〕 事实上,分区管理在我国既有的自然保护地管理立法中已经有所体现。例如,依据《自然保护区条例》的规定,我国改革前的自然保护区就分为核心区、缓冲区、试验区,保护区外围还可划定一定范围的准保护区,且不同区域的管理强度和要求也不同。

坚持依法确权，分级管理。……

坚持生态为民，科学利用。……

坚持政府主导，多方参与。……

坚持中国特色，国际接轨。……

《风景名胜区条例》(2016 年)

第三条　国家对风景名胜区实行科学规划、统一管理、严格保护、永续利用的原则。

《国家公园管理暂行办法》(林保发〔2022〕64 号)

第四条　国家公园的建设管理应当坚持保护第一、科学管理、合理利用、多方参与的原则。

《青海省三江源国家公园条例(试行)》(2017 年)

第五条　三江源国家公园保护、建设和管理，遵循保护优先、科学规划、社会参与、改善民生、永续利用的原则。

第五条　县级以上人民政府应当将自然保护地发展和建设管理纳入国民经济和社会发展规划，组织、协调、督促有关部门依法履行有关自然保护地的监督管理职责。

各级人民政府应当采取有利于维护自然生态系统健康稳定、提高生态产品供给能力的政策和措施，妥善处理自然保护地建设管理与当地经济社会发展和居民生产生活的关系，维持、促进自然保护地及其周边实现人与自然和谐共生。

| 法条说明 |

本条是关于各级人民政府履行自然保护地监管职责的一般性规定。

1. 将自然保护地发展和建设管理纳入国民经济和社会发展规划

国民经济和社会发展规划是我国现代化建设的宏伟蓝图，县级以上人民政府通过制定并实施国民经济和社会发展计划实现统筹规划和部署经济发展和社会发展。国民经济和社会发展规划是根据经济社会发展需要和社会财力、物力的可能，合理地确定经济社会发展战略和宏观调控目标。党的十八大以来，生态文明建设作为“五位一体”总体战略布局中的一位，已经全方位融入经济社会发展，特别是在国民经济和社会发展规划中已成为重要组成部分之一。作为新时代生态文明建设的重要内容之一，自然保护地发展和建设管理工作不仅同污染治理、生态保护与修复、自然资源保护等高度相关，还与国民经济各部门、社会生活各方面密切相关。鉴于此，实践中“十四五”规划纲要已明确提出了关于自然保护地发展和建设管理的相关要求；甘肃省、武夷山国家公园等地方立法也已明确规定将相关自然保护地的管理和保护工作纳入本地区的国民经济和社会发展规划。因此，将这项工作纳入国民经济和社会发展计划既是必要的，也是可行的。

2. 政府职责的基本定位

当前，生态文明建设的相关领域普遍强化了对各级政府“负总责”的法律要求。从“板子”往往打在部门甚至具体工作人员身上到“板子”打在政府身上，这种监管责任的发展是十分必要的。尤其是对于自然保护地的监督管理工作而言，不仅涉及生态环境与自然资源的保护和管理，还涉及基础设施建设、民生改善、社会服务等政府职能。这就需要各级政府切实负担相应的责任，确保中国特色自然保护地体系最终建成。但同时不容忽视的问题是，要求各级政府“负总责”并不意味着政府的职能部门以及相关具体执法工作人员等就不再承担监管责任了。换言之，既要避免“板子”不打在政府身上，同时也要避免出现“板子”只打在政府身上的情况。[1] 鉴于此，《自然保护地法》必须明确政府对于自然保护地的监督管理职责主要是组织、协调、督促有关部门依法履责，而并非以各级政府代替有关部门履责甚至担责。

3. 政府应采取的主要措施

以国家公园为主体的自然保护地体系建设目的在于实现对自然保护地范围内自然生态系统的严格保护、系统保护和整体保护，最终目的

〔1〕 如实践中，部分乡镇级人民政府就曾因为“履职不到位”而被人民检察院提起行政公益诉讼，但实际上其往往并不具备涉案事项的监管职权（职责）。

是推进生态文明建设,实现人与自然的和谐共生。虽然自然保护地本质上是一种自然地理空间,但包括国家公园在内的任何一种自然保护地类型都是人类生存和发展、形成人类文明的基础条件,必然涵盖一定地理范围内的人类经济社会活动和社会治理方式。考虑到自然为人类的生存和发展提供的惠益多层多面,人类对于自然的索取也多种多样。如果人与人之间都能自觉保护生态环境,能动地适应、有效地利用、合理地改造,每个人得到的都是大自然的加倍回报和恩惠,而当人们相互之间竞争、盲目掠夺甚至破坏自然索取资源时,得到的往往是"公地的悲剧"。因此,要实现人与自然的和谐,必须首先实现人与人之间在保护和利用资源环境过程中和谐。如果"一刀切"式地改变自然保护地范围内传统的生产生活方式,特别是不考虑实际情况地采取搬迁、退出、置换等措施,不仅涉及林草管护、草畜平衡等影响人与自然和谐共生的问题,还可能对宝贵的文化遗产带来冲击。[1] 因此,在确立人与自然和谐共生这一最终目的的基础上,必须充分考虑不同自然保护地、自然保护地内不同区域的不同发展水平、不同利益诉求,公平配置资源和保障权利,将"以人民为中心"的理念贯穿自然保护地的发展和建设管理全过程,妥善处理自然保护地建设管理与当地经济社会发展和居民生产生活的关系,确保自然保护地成为人民群众的普惠福祉,切实增强人民的获得感、幸福感、安全感。

| 参考立法例 |

《中华人民共和国国民经济和社会发展第十四个五年规划和2035年远景目标纲要》(2021年)

科学划定自然保护地保护范围及功能分区,加快整合归并优化各类保护地,构建以国家公园为主体、自然保护区为基础、各类自然公园为补充的自然保护地体系。严格管控自然保护地范围内非生态活动,稳妥推进核心区内居民、耕地、矿权有序退出。完善国家公园管理体制和运营

〔1〕 参见贺颖春:《让原住居民继续居住并融入祁连山国家公园建设》,载甘肃政协网2020年5月27日,http://www.gszx.gov.cn/HdApp/HdBas/HdClsContentPrint.php? Id=33662。

机制,整合设立一批国家公园。

中共中央办公厅、国务院办公厅《关于建立以国家公园为主体的自然保护地体系的指导意见》(2019年)

(十八)探索全民共享机制。在保护的前提下,在自然保护地控制区内划定适当区域开展生态教育、自然体验、生态旅游等活动,构建高品质、多样化的生态产品体系。完善公共服务设施,提升公共服务功能。扶持和规范原住居民从事环境友好型经营活动,践行公民生态环境行为规范,支持和传承传统文化及人地和谐的生态产业模式。

(二十二)加强党的领导。地方各级党委和政府要增强"四个意识",严格落实生态环境保护党政同责、一岗双责,担负起相关自然保护地建设管理的主体责任,建立统筹推进自然保护地体制改革的工作机制,将自然保护地发展和建设管理纳入地方经济社会发展规划。各相关部门要履行好自然保护职责,加强统筹协调,推动工作落实。重大问题及时报告中央、国务院。

《甘肃省自然保护区条例》(2018年)

第四条　自然保护区所在地县级以上人民政府应当加强对自然保护区工作的领导,承担自然保护区生态环境保护和修复的主体责任,采取有利于保护和发展自然保护区的政策和措施,将自然保护区发展规划纳入国民经济和社会发展规划及年度计划。

第六条　国家依法保护自然保护地内的原住居民、自然资源权利人,以及在自然保护地发展和建设管理中从事相关经营活动的自然人、法人和非法人组织等的合法权益。

| 法条说明 |

本条是关于利益相关方合法权益保障的一般性规定。

我国要建设的自然保护地体系不同于美国的"荒野模式",即自然保护地不是要建成无人区,也不是一个隔离区,更不是人为设定的一个禁区，而是要妥善处理好保护与发展的关系。这既需要用法律的方式明确自然保护地内自然资源利用方式、规范利用行为，更需要通过法律首先确认利益相关方的合法权益并为之提供必要的保障。否则，“一刀切”式的圈禁、搬迁、拆除、移民等会对原住居民等有关主体的正常生产生活造成严重影响，而借“特许经营”的名义将公益性项目和经营项目整体转让、垄断经营也会对相关经营者的合法权益造成损害。正所谓“有恒产者有恒心”，只有确认并充分保护利益相关方的合法权益，其才能专注于自然保护地建设事业，才能按照相关保护和管理的要求规范自身的行为。因此，《自然保护地法》不仅是一部管理法，还应当是一部权利保障法。而在总则中以一般性条款的方式确认并保护利益相关方的合法权益，不仅具有重大的宣誓意义，更具有最大范围的适用价值。

| 参考立法例 |

中共中央办公厅、国务院办公厅《关于建立以国家公园为主体的自然保护地体系的指导意见》(2019 年)

(十七)创新自然资源使用制度。按照标准科学评估自然资源资产价值和资源利用的生态风险，明确自然保护地内自然资源利用方式，规范利用行为，全面实行自然资源有偿使用制度。依法界定各类自然资源资产产权主体的权利和义务，保护原住居民权益，实现各产权主体共建保护地、共享资源收益。制定自然保护地控制区经营性项目特许经营管理办法，建立健全特许经营制度，鼓励原住居民参与特许经营活动，探索自然资源所有者参与特许经营收益分配机制。对划入各类自然保护地内的集体所有土地及其附属资源，按照依法、自愿、有偿的原则，探索通过租赁、置换、赎买、合作等方式维护产权人权益，实现多元化保护。

《武夷山国家公园条例(试行)》(2017 年)

第四十八条　依法保护武夷山国家公园内土地承包经营人享有的合法权益，支持其依法、自愿、有偿地进行土地承包经营权流转。

《日本自然公园法》

第五条　除《自然环境保全法》第三条的规定外,本法的适用还应尊重相关主体的所有权、矿业权及其他财产权,并考虑土地开发与其他公共利益之间的协调。

第七条　任何单位和个人都有保护自然保护地内生态系统和自然环境、自然资源的义务,并有权制止、举报破坏自然保护地的行为。

| 法条说明 |

本条是关于任何单位和个人在保护自然保护地方面的权利和义务的一般性规定。

一方面,任何单位和个人有保护自然保护地内生态系统和自然环境、自然资源的义务。法律规定的"义务"是必须遵守、履行的某种责任。任何单位和个人都有保护自然保护地内生态系统和自然环境、自然资源的义务,是指单位和个人不能实施破坏自然保护地内生态系统、自然环境、自然资源的行为,实施相关破坏行为必须承担相应的法律责任。基于自然保护地是生态建设的核心载体这一定位,这一基本义务的设定既是维系中华民族宝贵财富的需要,也是维护国家生态安全的需要。

另一方面,任何单位和个人有权制止、举报破坏自然保护地的行为。法律规定的"权利"是指法律赋予人们的某种权能。"生态为民"和社会公益性是我国自然保护地体系建设的重要原则,目的是不断满足人民群众对优美生态环境、优良生态产品、优质生态服务的需要。据此,任何单位和个人有享受自然保护地这一良好生态产品、公共物品的权利。为了保障这一权利的实现,本法赋予对破坏自然保护地的行为进行制止和举报的权利是必要的。这不仅有利于贯彻"生态优先"的基本原则,尽量避免破坏自然保护地的行为和情况的发生,还可以对已经出现的破坏自然保护地的行为和情况做到迅速采取措施,防止损害的扩大。

| 参考立法例 |

《中华人民共和国自然保护区条例》(2017 年)

第七条　县级以上人民政府应当加强对自然保护区工作的领导。

一切单位和个人都有保护自然保护区内自然环境和自然资源的义务,并有权对破坏、侵占自然保护区的单位和个人进行检举、控告。

《国家公园管理暂行办法》(林保发〔2022〕64 号)

第三十九条　国家公园管理机构应当建立健全社会监督机制,接受社会监督,保障社会公众的知情权、参与权、监督权。

公民、法人和其他组织有权依法对国家公园内的违法违规行为进行举报。

第八条　各级人民政府及有关部门应当加强自然保护地的宣传教育,增强全民生态文明意识,鼓励基层群众性自治组织、社会组织、个人等参与自然保护地的生态保护与建设。

广播、电视、报刊、网络等媒体应当加强宣传引导,开展对自然保护地发展和建设管理的相关宣传报道,进行舆论监督。

| 法条说明 |

本条是关于自然保护地宣传教育工作的一般性规定。

推进生态文明建设关键在于增强全社会的生态文明意识,社会公众是其中最根本的推动力。特别是对于建设自然保护地这一社会公益性事业而言,公众参与发挥着举足轻重的作用。通过宣传教育,能够在全社会范围内凝聚起建设中国特色自然保护地体系的广泛共识,夯实全社会广泛参与此项事业的意识基础。为此,各级政府及其有关部门应当加强自然保护地的宣传教育,鼓励基层群众性自治组织、社会组织、个人等参与自然保护地生态保护与建设;广播、电视、报刊、网络等媒体则应当充分发挥自身的舆论引导和监督作用,有效开展对自然保护地发展和建设管理的相关宣传报道。

参考立法例

中共中央办公厅、国务院办公厅《建立国家公园体制总体方案》(2017年)

(十九)完善社会参与机制。在国家公园设立、建设、运行、管理、监督等各环节,以及生态保护、自然教育、科学研究等各领域,引导当地居民、专家学者、企业、社会组织等积极参与。

(二十二)加强舆论引导。正确解读建立国家公园体制的内涵和改革方向,合理引导社会预期,及时回应社会关切,推动形成社会共识。准确把握建立国家公园体制的核心要义,进一步突出体制机制创新。加大宣传力度,提升宣传效果。培养国家公园文化,传播国家公园理念,彰显国家公园价值。

《中华人民共和国固体废物污染环境防治法》(2020年)

第十一条　国家机关、社会团体、企业事业单位、基层群众性自治组织和新闻媒体应当加强固体废物污染环境防治宣传教育和科学普及,增强公众固体废物污染环境防治意识。

学校应当开展生活垃圾分类以及其他固体废物污染环境防治知识普及和教育。

第九条　各级人民政府对在自然保护地发展和建设管理以及在有关的科学研究中做出显著成绩的单位和个人,按照国家有关规定给予表彰、奖励。

对公民、法人和其他组织等设立并依法经过确认的自然保护地,可以由有关人民政府给予适当补助或者奖励。

法条说明

本条是关于对自然保护地发展和建设管理以及有关的科学研究工作作出成绩给予奖励的规定。

1. 奖励的范围、条件和主体

奖励的范围，一是自然保护地发展和建设管理工作；二是与自然保护地相关的有关科学研究工作。奖励的条件是，在工作中作出成绩。本条中的"显著成绩"，一般是指对自然保护地发展和建设管理以及在有关的科学研究作出了突出的贡献。关于奖励的主体，包括两个方面：一是给予奖励的主体是各级人民政府；二是被奖励的主体，包括单位和个人。关于奖励的形式，可以分为两种：一是精神上的奖励，如授予光荣称号、通报嘉奖等；二是物质上的奖励，如发给奖金、晋升工资等。对单位的奖励形式，还可以与给予一定的政策优惠挂钩。

2. 依法确认的自然保护地的补助或奖励

《指导意见》明确提出，自然保护地是由各级政府依法划定或确认，对重要的自然生态系统、自然遗迹、自然景观及其所承载的自然资源、生态功能和文化价值实施长期保护的陆域或海域。其中，既包括各级政府依职权"划定"的区域，也包括对既有自然保护地的"确认"。从实践情况看，除各级政府及其相关部门设立的各级、各类自然保护地外，既有自然保护地还存在一些特殊的保护地类型，如前文中提到的公益保护地、自然保护小区等。这些类型的保护地往往是由公民、法人和其他组织等利用社会公益力量（参与）设立的，普遍采取政府监督、民间管理的模式。例如，2011 年在四川平武老河沟建立了国内第一个在政府监督下，由民间机构建立和管理的社会公益保护地。其存在和运行不仅有效扩大了我国自然保护地的实际范围，还极大地调动了全社会参与自然保护地事业的积极性，是对我国自然保护地体系的有益充实。鉴于此，《自然保护地法》作为各类自然保护地的"基本法"，有必要表明肯定、鼓励这些自然保护地存在的基本态度。并且，基于自然保护地建设事业的需要，有关人民政府在依法"确认"这些自然保护地的同时，可以对其给予适当补助或者奖励。

参考立法例

《中华人民共和国草原法》（2021 年）

第七条　国家对在草原管理、保护、建设、合理利用和科学研究等工作中做出显著成绩的单位和个人,给予奖励。

《中华人民共和国野生动物保护法》(2018 年)

第五条第二款　国家鼓励公民、法人和其他组织依法通过捐赠、资助、志愿服务等方式参与野生动物保护活动,支持野生动物保护公益事业。

第九条　在野生动物保护和科学研究方面成绩显著的组织和个人,由县级以上人民政府给予奖励。

《国家公园管理暂行办法》(林保发〔2022〕64 号)

第三十九条　国家公园管理机构应当建立健全社会监督机制,接受社会监督,保障社会公众的知情权、参与权、监督权。

公民、法人和其他组织有权依法对国家公园内的违法违规行为进行举报。

第十条　对涉及自然保护地发展和建设管理等活动的立法条件还不成熟、需要先行先试的,全国人民代表大会常务委员会应当依法及时作出授权决定或者改革决定。

涉及自然保护地发展和建设管理的有关改革决定在实施过程中,确需暂时调整或停止适用部分法律、法规的,应当由制定相关法律、法规的主体依法及时作出暂时调整或停止适用的决定。

| 法条说明 |

本条是关于对自然保护地改革过程中的“先行先试”进行立法授权的规定。

以国家公园为主体的自然保护地体系改革是一个长期性、系统性工程,《自然保护地法》的制定是改革过程中的重要内容和步骤,但不是改革的终点。也就是说,本法制定之后相关改革措施仍可能继续进行,在本法基础上相关制度探索、创新仍会持续深入开展。为“确保重大改革于法有据”以及社会主义法治的统一性、权威性,《自然保护地法》有必要为今后的相关改革举措和制度探索、创新提供基本的法律依据。

具体而言，一方面，本法施行后仍可能在某些改革领域或环节“先行先试”。对于此种立法条件还不成熟、需要先行先试的情况，参考检察公益诉讼制度改革和试点过程中的法治安排，应当由全国人民代表大会常务委员会依法及时作出授权决定或者改革决定。另一方面，生态文明建设体制改革所涉领域广泛、内容众多，自然保护地作为改革的“核心区域”，可能在本法施行后需要继续承担相关改革任务并执行后续出台的相关改革决定、措施。在此期间确需暂时调整或停止适用部分法律、法规的，根据《立法法》的规定并参考国务院《关于在自由贸易试验区暂时调整有关行政法规、国务院文件和经国务院批准的部门规章规定的决定》等法治实践，应当由制定相关法律、法规的主体依法及时作出暂时调整或停止适用的决定。

| 参考立法例 |

《中华人民共和国立法法》(2015 年)

第十三条　全国人民代表大会及其常务委员会可以根据改革发展的需要，决定就行政管理等领域的特定事项授权在一定期限内在部分地方暂时调整或者暂时停止适用法律的部分规定。

《全国人大常委会 2021 年度立法工作计划》

按照党中央决策部署，对立法条件还不成熟、需要先行先试的，依法及时作出授权决定或者改革决定。对正在实施的授权决定和改革决定，实践证明可行的，由有关方面及时依法提出修改或者制定有关法律的议案，适时安排审议，或者结合相关立法工作统筹考虑。

第十一条　国家组织并鼓励、支持有关自然保护地发展和建设管理的国际合作与交流，积极参与全球生态治理，履行中华人民共和国参加的国际公约所规定的义务。

| 法条说明 |

本条是关于在自然保护地领域加强国际合作和履约的规定。

加强自然保护地领域的对外合作与交流,是我国参与全球生态治理的重要组成部分,是共同构建地球命运共同体的必然要求,是提升我国自然保护地管理水平和质量的重要途径。一方面,良好的生态环境是全人类的共同财富,中国建设自然保护地的发展成果不仅惠及国民,更是对全球生态治理作出重要的中国贡献。特别是,我国已经缔结、加入了包括《生物多样性公约》在内的一系列有关生态环境治理的国际公约、协定。作为负责任的大国,中国忠实履行国际义务、积极践行全球生态治理最重要的区域之一就是自然保护地。另一方面,世界各国和地区在长期的自然保护地发展和建设管理过程中,不仅各自积累了宝贵的经验,在相关领域也具有自己的专长。因此,在立足我国国情的前提下加强国际合作与交流,可以在总结本国经验的基础上借鉴国际有益做法,从而有利于提升我国自然保护地发展和建设管理的质量和水平。

| 参考立法例 |

中共中央办公厅、国务院办公厅《关于建立以国家公园为主体的自然保护地体系的指导意见》(2019 年)

充分借鉴国际先进技术和体制机制建设经验,积极参与全球自然生态系统保护,承担并履行好与发展中大国相适应的国际责任,为全球提供自然保护的中国方案。

《中华人民共和国动物防疫法》(2021 年)

第十三条第一款 国家鼓励和支持开展动物疫病的科学研究以及国际合作与交流,推广先进适用的科学研究成果,提高动物疫病防治的科学技术水平。

《国务院办公厅关于加强草原保护修复的若干意见》(国办发〔2021〕7 号)

(十六)提升科技支撑能力。通过国家科技计划,支持草原科技创新，开展草原保护修复重大问题研究，尽快在退化草原修复治理、生态系统重建、生态服务价值评估、智慧草原建设等方面取得突破，着力解决草原保护修复科技支撑能力不足问题。加强草品种选育、草种生产、退化草原植被恢复、人工草地建设、草原有害生物防治等关键技术和装备研发推广。建立健全草原保护修复技术标准体系。加强草原学科建设和高素质专业人才培养。加强草原重点实验室、长期科研基地、定位观测站、创新联盟等平台建设，构建产学研推用协调机制，提高草原科技成果转化效率。加强草原保护修复国际合作与交流，积极参与全球生态治理。

第二章　设立与调整

第十二条　国家对自然保护地实行分类分级管理制度。

自然保护地按生态价值和保护强度高低依次分为国家公园、自然保护区和自然公园三类。各地区、各部门不得自行设立新的自然保护地类型。

自然保护地根据资源禀赋和保护价值分为国家级和地方级。国家级自然保护地包括国家公园、国家级自然保护区和国家级自然公园。地方级自然保护地包括省级自然保护区和省级自然公园。

| 法条说明 |

本条是关于自然保护地分类分级管理制度的规定。

1. 自然保护地分类分级管理的意义

《指导意见》明确提出，构建统一的自然保护地分类分级管理体制。自然保护地体系的构建是一项庞大的系统工程，立法是体系稳固、高效运行的最核心环节和最有力保障。分类分级管理作为自然保护地立法中的基础性制度规范，决定了自然保护地的管理模式和保护级别，应当在《自然保护地法》中得到明确规定。这既是系统化构建我国自然保护地体系的要求,也是整治自然保护地乱象的必然选择。

2. 自然保护地的法定类型

前文已述,IUCN 体系下将自然保护地分为 7 类:严格自然保护区和荒野、国家公园、自然遗迹或特征、栖息地/物种管理地、受保护的陆地/海洋景观、自然资源可持续利用保护地。故以 IUCN 分类体系为参照,根据本国国情制定自然保护地分类体系是世界各国的普遍做法。我国也应在参考 IUCN 自然保护地分类的基础上结合本国实际情况,改革原有自然保护地体系。在过往的建设实践中,我国已经形成了由自然保护区、风景名胜区、地质公园、森林公园、湿地公园等不同类型自然保护地构成的自然保护地体系,而《指导意见》按照自然生态系统原真性、完整性及其内在规律,依据管理目标与效能并借鉴国际经验,对我国自然保护地进行重新的归类整理。亦即,按自然保护地生态价值和保护强度高低依次分为国家公园、自然保护区及自然公园等三类。实际上,这是按照自然属性、生态价值和管理目标对自然保护地进行调整和归类,充分体现了将生态要素和生态价值的实质相融合的分类理念。

3. 自然保护地的分级管理

为了进一步厘清不同自然保护地的管理权责,有必要依据资源禀赋和保护价值对不同类型的自然保护地加以区别,结合《指导意见》的要求,将自然保护地划分为国家级自然保护地及地方级自然保护地。首先,国家级自然保护地由国家公园、国家级自然保护区和国家级自然公园组成。其中,国家公园作为我国自然生态系统中最重要、自然景观最独特、自然遗产最精华、生物多样性最富集的部分,由国家批准设立和管理。在国内外有典型意义、在科学上有重大国际影响或者有特殊科学研究价值的自然保护区,以及特别具有生态、观赏、文化和科学价值的自然公园,列为国家级自然保护区和国家级自然公园。其次,地方级自然保护地则包括省级自然保护区和省级自然公园。

| 参考立法例 |

中共中央办公厅、国务院办公厅《关于建立以国家公园为主体的自然保护地体系的指导意见》(2019 年)

科学划定自然保护地类型。按照自然生态系统原真性、整体性、系统性及其内在规律，依据管理目标与效能并借鉴国际经验，将自然保护地按生态价值和保护强度高低依次分为3类。

国家公园：是指以保护具有国家代表性的自然生态系统为主要目的，实现自然资源科学保护和合理利用的特定陆域或海域，是我国自然生态系统中最重要、自然景观最独特、自然遗产最精华、生物多样性最富集的部分，保护范围大，生态过程完整，具有全球价值、国家象征，国民认同度高。

自然保护区：是指保护典型的自然生态系统、珍稀濒危野生动植物种的天然集中分布区、有特殊意义的自然遗迹的区域。具有较大面积，确保主要保护对象安全，维持和恢复珍稀濒危野生动植物种群数量及赖以生存的栖息环境。

自然公园：是指保护重要的自然生态系统、自然遗迹和自然景观，具有生态、观赏、文化和科学价值，可持续利用的区域。确保森林、海洋、湿地、水域、冰川、草原、生物等珍贵自然资源，以及所承载的景观、地质地貌和文化多样性得到有效保护。包括森林公园、地质公园、海洋公园、湿地公园等各类自然公园。

《中华人民共和国自然保护区条例》（2017年）

第十一条　自然保护区分为国家级自然保护区和地方级自然保护区。

在国内外有典型意义、在科学上有重大国际影响或者有特殊科学研究价值的自然保护区，列为国家级自然保护区。

除列为国家级自然保护区的外，其他具有典型意义或者重要科学研究价值的自然保护区列为地方级自然保护区。地方级自然保护区可以分级管理，具体办法由国务院有关自然保护区行政主管部门或者省、自治区、直辖市人民政府根据实际情况规定，报国务院环境保护行政主管部门备案。

《南非保护地法》(2003 年)

序言

本法旨在保护和维护代表南非生物多样性的生态上可行的地区及其自然景观和海景;建立国家、省和地方保护地;根据国家规范和标准;用于政府间合作和公众有关保护区事宜的咨询;以及有关事宜。

……

第九条　南非的保护区系统包括以下几类保护区:

(a)特殊自然保护区、自然保护区、保护区(包括荒野区)和保护环境;

(b)世界遗产;

(d)根据 1998 年《国家森林法》(第 84 号法令)申报的特别保护林区、森林自然保护区和森林荒野区域;以及

(e)根据 1970 年《山区集水区法》宣布的山区集水区。

《巴西建立自然保护地管理国家体系法》(2000 年)

第三条　根据本法的规定,国家自然保护区系统由所有联邦、州和市级自然保护地组成。

《澳大利亚自然保护法》(1992 年)

第十四条　本法适用的保护区类别为:

(a)国家公园(科学);

(b)国家公园;

(c)国家公园(原住民土地);

(d)国家公园(托雷斯海峡岛民土地);和

(e)国家公园(约克角半岛原住民土地);以及

(f)保护公园;

(g)资源保护区;

(h)特殊野生动物保护区;

(i)自然避难所;和

(j)协调保护区。

第十三条 设立国家公园的区域,应当是自然景观最独特、自然遗产最精华、生物多样性最富集、具有国家代表性的自然生态系统。

设立自然保护区的区域,应当是典型的自然生态系统、珍稀濒危野生动植物种的天然集中分布区、有特殊意义的自然遗迹所在区域。

设立自然公园的区域,应当是重要的自然生态系统、自然遗迹和自然景观,具有生态、观赏、文化和科学价值,可持续利用的区域。

| 法条说明 |

本条是关于自然保护地设立标准的规定。

自1956年建立第一个自然保护区以来,我国自然保护地建设取得显著成绩,数量和规模都已十分可观。但是,自然保护地建设存在体系众多、标准不一等问题。为此,《指导意见》明确要求制定自然保护地分类划定标准,对现有的自然保护地等各类自然保护地开展综合评价,按照保护区域的自然属性、生态价值和管理目标进行梳理调整和归类,逐步形成以国家公园为主体、自然保护区为基础、各类自然公园为补充的自然保护地分类系统。显然,统一自然保护地的设立标准是自然保护地立法的重要任务之一。与前条自然保护地分类分级制度相照应,本条设置了有区分性的自然保护地设立标准。

但需要说明的是,自然保护地设立需要综合考虑科学因素和现实条件,并不断更新调整。因此,本条只是概况性地规定了国家公园、自然保护区和自然公园的基本设立标准。在新的《国家公园法》《自然保护区条例》等相关立法中可以相应地规定更为具体的基本设立标准,有关部门则可以进一步制定各类自然保护地的具体设立标准(规范)。例如,2021年10月11日,发布的国家市场监督管理总局、国家标准化管理委员会就发布了《国家公园设立规范》(GB/T 39737—2021)。

| 参考立法例 |

中共中央办公厅、国务院办公厅《关于建立以国家公园为主体的自然保护地体系的指导意见》(2019年)

科学划定自然保护地类型。按照自然生态系统原真性、整体性、系统性及其内在规律,依据管理目标与效能并借鉴国际经验,将自然保护地按生态价值和保护强度高低依次分为3类……

制定自然保护地分类划定标准,对现有的自然保护区、风景名胜区、地质公园、森林公园、海洋公园、湿地公园、冰川公园、草原公园、沙漠公园、草原风景区、水产种质资源保护区、野生植物原生境保护区(点)、自然保护小区、野生动物重要栖息地等各类自然保护地开展综合评价,按照保护区域的自然属性、生态价值和管理目标进行梳理调整和归类,逐步形成以国家公园为主体、自然保护区为基础、各类自然公园为补充的自然保护地分类系统。

《国家公园管理暂行办法》(林保发〔2022〕64号)

第三条　本办法所称国家公园,是指由国家批准设立并主导管理,以保护具有国家代表性的自然生态系统为主要目的,实现自然资源科学保护和合理利用的特定陆域或者海域。

《中华人民共和国自然保护区条例》(2017年)

第十条　凡具有下列条件之一的,应当建立自然保护区:

(一)典型的自然地理区域、有代表性的自然生态系统区域以及已经遭受破坏但经保护能够恢复的同类自然生态系统区域;

(二)珍稀、濒危野生动植物物种的天然集中分布区域;

(三)具有特殊保护价值的海域、海岸、岛屿、湿地、内陆水域、森林、草原和荒漠;

(四)具有重大科学文化价值的地质构造、著名溶洞、化石分布区、冰川、火山、温泉等自然遗迹;

(五)经国务院或者省、自治区、直辖市人民政府批准,需要予以特殊保护的其他自然区域。

《法国环境法典》

第L331－1条　当陆地或海洋空间所包括的动物、植物、土壤、底土、大气、水、景观以及在相应的情况下的文化遗产,表现出特别利益,且应当以防止可能改变其多样性、组成、外观和演化的退化和损害为目的从而对其进行保护时,可在上述陆地或海洋空间内设立国家公园。

第 L332 – 1 条　1. 当保护动物、植物、土壤、水、矿物化石矿层以及总体自然环境特别重要，或者应当避免任何可能损害上述要素的人为干预时，可将市镇的陆地或海洋领土的一部分划分为自然保护区。

第 L333 – 1 条　1. 可在自然和文化遗产以及景观呈现特别利益的领土内设立大区自然公园促进环境保护、领土整治、经济和社会发展以及公众教育和培训政策的实施。为此，大区自然公园可成为服务于农村领土可持续发展的地方创新试点区。建立大区自然公园属于公共共同体所实施的保护景观和自然文化遗产的行动中的优先项目。

《瑞典环境法典》第七章

第二条　中央政府可以经议会同意指定属于国家所有的土地或水域为国家公园，使大型相邻区域的特定景观类型得以保持其自然状态或基本不变。

第四条　为了保存生物多样性，保护和保存珍贵的自然环境，或者为了满足户外游憩用地的需要，郡行政议事会或市政当局可以宣布土地或水域为自然保护区。

为了保护、恢复或建立珍贵的自然环境或珍稀物种的栖息地，任一区域也可以被指定为自然保护区。

第九条　为了保存有价值的文化景观，某块土地或水域可以被指定为文化保护区。

第十条　郡行政议事会或者市政当局可以把需要特别保护和护理的特定自然物体指定为自然遗迹。自然物体周边的土地在必要时也可以划入自然遗迹，以便提供充足的空间对该遗迹进行保护。

本章第五条至第八条关于自然保护区的规定同样适用于自然遗迹的保护。

第十四条　县级以上地方各级人民政府应当按照自然生态系统完整、物种栖息地连通、保护管理统一原则，组织制定本行政区域内的自然保护地整合优化方案，整合各类自然保护地，优化自然保护地的边界范围和功能分区。

经批准设立的国家公园范围内不再保留或新设立其他类型的自然保护地。

| 法条说明 |

本条是关于自然保护地整合优化的规定。

虽然我国自然保护地在保护生物多样性、保存自然遗产、改善生态环境质量和维护国家生态安全方面发挥了重要作用。但是,部分自然保护地的范围划定和功能分区不够科学合理,与其他自然保护地交叉重叠,历史遗留问题较多,管控措施针对性、操作性不强,各种矛盾冲突尖锐,迫切需要对各类自然保护地进行整合,同时对自然保护地的范围及功能分区进行优化。为此,《指导意见》明确提出"整合交叉重叠的自然保护地""归并优化相邻自然保护地"的任务要求。

自然保护地的整合优化是构建以国家公园为主体的自然保护地体系的基础性制度安排。一方面,通过整合优化,科学解决自然保护地交叉重叠、边界不清、多头管理、权责不明、保护与发展等现实矛盾冲突和历史遗留问题。另一方面,对同一自然地理单元内相邻、相连的各类自然保护地,打破因行政区划、资源分类造成的条块割裂局面,按照自然生态系统完整、物种栖息地连通、保护管理统一的原则进行合并重组,合理确定归并后的自然保护地类型和功能定位,优化边界范围和功能分区,为解决保护管理分割、保护地破碎和孤岛化问题,实现对自然生态系统的整体保护奠定空间基础。

在此基础上,为了进一步体现国家公园在自然保护地体系中的"主体"地位,落实《指导意见》中"国家公园建立后,在相同区域一律不再保留或设立其他自然保护地类型"的要求,本条第 2 款确立了国家公园设置与范围划定优先原则,即一旦设定为国家公园,其他保护地类型、管理机构均应退出,法律上只允许存在国家公园并只适用国家公园管理制度体系。

| 参考立法例 |

自然资源部、国家林业和草原局《关于做好自然保护区范围及功能

分区优化调整前期有关工作的函》(自然资函〔2020〕71号)

(二)基本原则

1. 科学评估,合理调整。以生物多样性评估为基础,建立科学评价体系,着眼解决现实矛盾冲突和历史遗留问题,为确定合理的优化调整方案做好准备。

2. 应划尽划,应保尽保。保持自然生态系统完整性和生态廊道连通性,划入与调出相结合,将应该保护的地方都保护起来,谋划新设一批自然保护区等自然保护地。

3. 实事求是,简便易行。不预设自然保护区面积,简化功能分区,采取差别化管控措施,对生态搬迁、永久基本农田、镇村、矿业权等逐步退出设置过渡期,依法加强产权保护,稳妥推进。

4. 统筹协调,做好衔接。结合国土空间规划编制,衔接三条控制线划定,与生态保护红线评估调整同步开展,与永久基本农田核实整改协调推进,合理安排生产、生活、生态空间。

《国家公园管理暂行办法》(林保发〔2022〕64号)

第九条　国家公园范围划定应当坚持实事求是,开展充分调查和科学论证,从源头减少和解决空间矛盾冲突。

经批准设立的国家公园范围内不再保留或新设立其他类型的自然保护地。

国家林业和草原局(国家公园管理局)依据国务院批复的设立方案和国家有关规定,向社会公开国家公园范围边界、面积和管控分区。

《浙江省自然保护地整合优化工作方案》(浙林保〔2020〕30号)

(二)自然保护地整合优化评估。在自然保护地调查摸底的基础上,结合我省生态保护红线、永久基本农田、城镇开发边界三条控制线划定工作,以保持生态系统完整性、物种栖息地连通性、保护管理统一性为原则,开展自然保护地整合优化评估。按照保护面积不减少、保护强度不降低、保护性质不改变、保护能力不减弱的总体要求,整合各类交叉重叠的自然保护地、归并优化相邻的自然保护地,合理确定整合优化后的自然保护地类型和功能定位,优化边界范围和功能分区。

第十五条 国家公园的设立,应当由国务院林业草原主管部门根据全国国家公园发展规划提出申请,报国务院批准。

国家级自然保护区和国家级自然公园的设立,应当由省、自治区、直辖市人民政府提出申请,经国务院林业草原主管部门审查后,报国务院批准。省级自然保护区和省级自然公园的设立,应当由市、县级人民政府提出申请,经省、自治区、直辖市人民政府自然保护地主管部门审查后,报省、自治区、直辖市人民政府批准,并报国务院林业草原主管部门备案。

对于重要的自然生态系统或生态敏感区域,省级以上人民政府可以在征求该区域所在地人民政府意见后,指定设立自然保护区和自然公园。

| 法条说明 |

本条是关于自然保护地设立审批的规定。

1. 国家公园的设立

自然保护地体系在总体上实行分级设立制度,由各级政府依法划定或确认。其间,设立审批是建设自然保护地需要面临的首个关键环节。针对不同类型、不同级别的自然保护地,有必要设置不同的设立审批程序。鉴于国家公园在自然保护地体系中的主体地位及其特有的国家代表性,设立国家公园必须由国务院批准。实践中,我国已正式设立的三江源、大熊猫、东北虎豹、海南热带雨林、武夷山等第一批国家公园,都经过了国务院的正式批复。

2. 自然保护区和自然公园的设立

结合《自然保护区条例》等现有规定,自然保护区和自然公园主要实行"申报批准设立"。根据《指导意见》的要求,国家级自然保护区和国家级自然公园的设立应由国务院批准;省级自然保护区和省级自然公园的设立应当由省级政府批准。同时,考虑到当地的财政预算和设立自然保护地可能产生的土地开发限制,一些地方政府缺乏设立自然保护地的意愿,导致某些重要的区域未被纳入正式自然保护地体系中,出现自然保护地空缺。[1] 本条还在“申报批准设立”的基础上增加了“指定设立”，即省级以上人民政府可以在征求该区域所在地人民政府意见后，直接指定设立各级自然保护区和自然公园，以最大限度地实现“应保尽保”。

| 参考立法例 |

《国家公园管理暂行办法》（林保发〔2022〕64 号）

第八条　国家林业和草原局（国家公园管理局）依据国土空间规划和国家公园设立标准，编制国家公园空间布局方案，按程序报批。

国家林业和草原局（国家公园管理局）根据经批准的国家公园空间布局方案，组织开展国家公园设立前期工作，编制设立方案，按程序报国务院审批。

《中华人民共和国自然保护区条例》（2017 年）

第十二条　国家级自然保护区的建立，由自然保护区所在的省、自治区、直辖市人民政府或者国务院有关自然保护区行政主管部门提出申请，经国家级自然保护区评审委员会评审后，由国务院环境保护行政主管部门进行协调并提出审批建议，报国务院批准。

地方级自然保护区的建立，由自然保护区所在的县、自治县、市、自治州人民政府或者省、自治区、直辖市人民政府有关自然保护区行政主管部门提出申请，经地方级自然保护区评审委员会评审后，由省、自治区、直辖市人民政府环境保护行政主管部门进行协调并提出审批建议，报省、自治区、直辖市人民政府批准，并报国务院环境保护行政主管部门和国务院有关自然保护区行政主管部门备案。

跨两个以上行政区域的自然保护区的建立，由有关行政区域的人民政府协商一致后提出申请，并按照前两款规定的程序审批。

建立海上自然保护区，须经国务院批准。

---

〔1〕 参见高黑等：《自然保护地体系空间重构——政策背景、技术方法和规划实践》，化学工业出版社 2020 年版，第 17 页。

《日本自然公园法》

第五条　国立公园应当由环境大臣在听取相关都道府县和中央环境审议会的意见后指定,并划定区域。

国定公园应当由环境大臣基于相关都道府县的申请,在听取审议会的意见后指定,并划定区域。

环境大臣在指定国立公园或国定公园时,应当在政府公报上公示该事实及其区域。

国立公园或国定公园的指定,自前款公示之日起生效。

第十六条　在自然保护地批准设立前,省级以上人民政府应当公告设立方案,征求有关方面的意见。征求意见的时间一般不少于三十日,征求意见的情况应当及时向社会公布。

｜法条说明｜

本条是关于自然保护地设立过程中与利益相关者进行协商的规定。

总则中确立的"多元共治原则"应当贯穿自然保护地设立、规划、变更等各个环节,尤其是决策阶段。考虑到,自然保护地的设立可能涉及当地政府、社区、企业、居民等多方利益的协调问题,故有必要在作出决策的过程中充分听取有关方面的意见,以更好地平衡各方利益,优化决策方案,确保决策的合法性和可接受性。本条规定中的"有关方面",既应包括自然资源和房屋等财产的所有权人、使用权人,也应包括当地政府、社区、企业及非法人组织,还可基于自然保护地的社会公益性包括一般社会公众。而之所以规定一般不少于30日的公告期,一方面是保障有关方面有效参与的时间和机会,另一方面也兼顾了参与的效率。

｜参考立法例｜

《中华人民共和国立法法》(2015年)

第三十七条　列入常务委员会会议议程的法律案,应当在常务委员会会议后将法律草案及其起草、修改的说明等向社会公布,征求意见,但是经委员长会议决定不公布的除外。向社会公布征求意见的时间一般不少于三十日。征求意见的情况应当向社会通报。

《风景名胜区条例》(2016年)

第十一条　风景名胜区内的土地、森林等自然资源和房屋等财产的所有权人、使用权人的合法权益受法律保护。

申请设立风景名胜区的人民政府应当在报请审批前,与风景名胜区内的土地、森林等自然资源和房屋等财产的所有权人、使用权人充分协商。

因设立风景名胜区对风景名胜区内的土地、森林等自然资源和房屋等财产的所有权人、使用权人造成损失的,应当依法给予补偿。

《法国环境法典》

第L332-2条　……2.保护区设立方案应根据第一卷第二编第三章进行公众调查,通报所有利益相关的地方行政区并征询其意见,并在山区内提交群山委员会发表意见,在海洋区内提交海岸带或海外的海事委员会发表意见。3.分类的方案在经相关所有权人全体同意后,以政令决定保护区范围或预备颁布的规章进行发布。在未能取得相关所有权人全体同意的情况下,由最高行政法院发表资政意见后颁布的政令宣布分类。

《南非保护地法》

第三十一条　根据第34条之规定外,在根据第18(1)、19、23(1)、24(1)、26(1)、28(1)条或第29条发出通知前,部长可遵循适当的协商程序,但必须:

(1)咨询受拟议通知影响的所有国家机关;

(2)根据《宪法》中规定的合作原则,与以下机构磋商:

(i)有关省的行政委员会成员;以及

(ii)有关地区所在的市政府;

(3)按照规定的方式,与受影响区域任何部分的土地有权的合法占用人进行磋商;

(4)遵循第33条规定的公众参与程序。

第三十三条 (1)部长或行政委员会成员必须:

(a)在公报和至少两份在该地区发行全国性报纸公告拟发布的通知;……

第十七条 国家公园的设立,应当由全国人民代表大会常务委员会制定法律作出规定。

| 法条说明 |

本条是关于国家公园设立的法律依据的规定。

虽然《自然保护地法》对涉及自然保护地的各项内容进行一般性规定,但为了保证自然保护地立法体系内部的协调有序并节约立法成本,在具体制度安排上可指向适用各专类保护地立法。国家公园的设立是自然保护地设立制度中的关键性问题,为了使其得到明确的基本法依据,确有必要在本法中明确基本要求。考虑到《国家公园法》已列入第十三届全国人大常委会立法规划,未来我国将形成以《自然保护地法》为基础,《国家公园法》和其他各类自然保护地单行法规、规章为组成部分的自然保护地立法体系。[1] 因此,国家公园的设立制度应主要在《国家公园法》中加以系统性规定。作为自然保护地的基本法,本法对于国家公园的设立制度重点不在于详尽列举有关条件、程序、要求,而应有机连接《国家公园法》并为其预留必要的立法空间。亦即,本法应明确国家公园设立的基本条件——依法律设立,进而指向适用《国家公园法》的相关规定。

| 参考立法例 |

中共中央办公厅、国务院办公厅《关于建立以国家公园为主体的自然保护地体系指导意见》(2019年)

〔1〕 参见吕忠梅:《以国家公园为主体的自然保护地体系立法思考》,载《生物多样性》2019年第2期。

（二十三）完善法律法规体系。加快推进自然保护地相关法律法规和制度建设，加大法律法规立改废释工作力度。修改完善自然保护区条例，突出以国家公园保护为主要内容，推动制定出台自然保护地法，研究提出各类自然公园的相关管理规定。在自然保护地相关法律、行政法规制定或修订前，自然保护地改革措施需要突破现行法律、行政法规规定的，要按程序报批，取得授权后施行。

中共中央办公厅、国务院办公厅《建立国家公园体制总体方案》（2017 年）

（二十一）完善法律法规。在明确国家公园与其他类型自然保护地关系的基础上，研究制定有关国家公园的法律法规，明确国家公园功能定位、保护目标、管理原则，确定国家公园管理主体，合理划定中央与地方职责，研究制定国家公园特许经营等配套法规，做好现行法律法规的衔接修订工作……

《韩国自然公园法》

第八条　自然公园的指定标准应当依据自然生态系统和景观等，由总统令规定。

第十八条　申请设立自然保护区，应当按照有关规定填报设立自然保护区申报书，并附具拟设立自然保护区的综合科学考察报告、相关图件资料、社会影响评价报告，以及就设立自然保护区与有关方面进行协商的内容和结果等。

根据第十四条第四款设立自然保护区时，还应当在前款规定外提供征求区域所在地人民政府意见的材料。

| 法条说明 |

本条是关于自然保护区设立的法律规定。

自然保护区是指保护典型的自然生态系统、珍稀濒危野生动植物种的天然集中分布区、有特殊意义的自然遗迹的区域。具有较大面积，确保主要保护对象安全,维持和恢复珍稀濒危野生动植物种群数量及赖以生存的栖息环境。一方面,科学判断是自然保护区设立的基本要求,如相关区域自然生态系统的典型性、是否属于珍稀濒危物种的天然集中分布区或有特殊意义的自然遗迹的区域。因此,申请设立自然保护区的文件中应包括综合科学考察报告、相关图件资料。另一方面,自然保护地是复合性的生态空间,以提供多元的生态系统服务为主要功能,具有社会意义。[1] 尤其考虑到自然保护区的设立对于当地社区和居民生活和生产就业等产生影响,《生物多样性公约》等国际文件往往要求负责的机构综合评估设立自然保护区的潜在环境影响和社会影响,特别是设立和维护自然保护区对社区生活方式和生活水平可能的(有利和不利)影响。

本法第16条规定申请和指定两种自然保护地的设立方式。其中,申请设立自然保护地前,必须与有关方面协商。故本条第1款规定对于申请设立的自然保护区,还应提交与有关方面进行协商的情况和结果。而指定设立的自然保护地,除与有关方面协商外,还必须征求区域所在地市、县人民政府意见。故本条第2款规定指定设立自然保护区时,在提交与有关方面进行协商的情况和结果的基础上,还应当提供征求区域所在地人民政府意见的材料。

| 参考立法例 |

《中华人民共和国自然保护区条例》(2017年)

第十三条　申请建立自然保护区,应当按照国家有关规定填报建立自然保护区申报书。

国务院《关于印发国家级自然保护区调整管理规定的通知》(国函〔2013〕129号)

第十条　调整国家级自然保护区的申报材料应当包括:申报书、综合科学考察报告、总体规划及附图、调整论证报告、彩色挂图、音像资料、

〔1〕 参见阙占文:《自然保护地分区管控的法律表达》,载《甘肃政法大学学报》2021年第3期。

图片集及有关附件。

调整国家级自然保护区范围和功能区申报材料的相关要求，由国务院环境保护行政主管部门会同国务院有关自然保护区行政主管部门制定。

林业部《关于申报国家级自然保护区有关问题的通知》（林护通字［1996］41号）

各省、自治区、直辖市林业行政主管部门要根据《自然保护区条例》和《森林和野生动物类型自然保护区管理办法》中有关建立国家级自然保护区的条款，按申报国家级自然保护区的规定，填写有关申报评审表格，并准备好有关技术材料（综合科学考察报告、总体规划、动植物名录、照片和录相等），以省、自治区、直辖市人民政府文件或经省人民政府同意由省级林业行政主管部门报送我部，一式五十份。

《柬埔寨保护地法》（2008年）

第八条　任何保护地的建立或调整应基于研究结果、标准、管理目标、资源使用权、土地所有权和其他相关方面等综合考虑。

建立或调整保护地的申请应包括：(1)就生物、地形、地质、历史、文化和保护价值而言，对拟建立或调整的保护地的重要性的描述。(2)拟建立或调整的保护地的法律描述，并附有适当比例的清晰地图，标明其位置、边界和大小。(3)拟建立或调整的保护地的管理目标和当前威胁。(4)拟建区域自然资源和土地利用评估报告。(5)与相关机构、利益相关者和位于拟建区域内或附近的地方当局代表协商的结果。

保护地的建立或修改应由二级法令决定。

第十九条　申请设立自然公园，应当按照有关规定填报设立自然公园申报书，并附具拟设立自然公园的综合科学考察报告、相关图件资料、社会影响评价报告，以及就设立自然公园与有关方面进行协商的内容和结果等。

根据第十四条第四款设立自然公园时，应当在前款规定外提供征求区域所在地人民政府意见的材料。

| 法条说明 |

本条是关于自然公园设立的法律规定。

自然公园是指保护重要的自然生态系统、自然遗迹和自然景观,具有生态、观赏、文化和科学价值,可持续利用的区域。作为自然保护地体系的补充,设立自然公园的目的在于确保森林、海洋、湿地、水域、冰川、草原、生物等珍贵自然资源,以及所承载的景观、地质地貌和文化多样性得到有效保护。虽然设立后的自然公园其管理相较国家公园和自然保护区而言强度更低,但划定后的自然公园区域也需要限制人为活动。因此,对自然公园内和相邻区域社区和居民的生活和生产同样会产生较大重大影响。为此,设立自然公园同自然保护区一样,也应兼顾科学理性和价值理性。一方面,设立自然公园也需提交综合科学考察报告、相关图件资料,以科学确定区域的生态环境和自然资源状况。另一方面,设立自然公园也需要提交与有关方面和协商及征求所在地人民政府意见的有关材料。

| 参考立法例 |

《风景名胜区条例》(2016 年)

第九条 申请设立风景名胜区应当提交包含下列内容的有关材料:

(一)风景名胜资源的基本状况;

(二)拟设立风景名胜区的范围以及核心景区的范围;

(三)拟设立风景名胜区的性质和保护目标;

(四)拟设立风景名胜区的游览条件;

(五)与拟设立风景名胜区内的土地、森林等自然资源和房屋等财产的所有权人、使用权人协商的内容和结果。

《森林公园管理办法》(2016 年)

第七条 建立国家级森林公园,由省级林业主管部门提出书面申请、可行性研究报告和图表、照片等资料,报林业部审批。

国家级森林公园的总体规划设计,由森林公园经营管理机构组织具有规划设计资格的单位负责编制，报省级林业主管部门审批，并报林业部备案。修改总体规划设计必须经原审批单位批准。

《韩国自然公园法》

第四条之四　郡守在指定郡立公园、市立公园或区立公园时，应当以本条第二款规定的调查结果等为基础，编制指定郡立公园所需的文件，并依次经过下列程序。上述情况，同样适用于变更郡立公园的区域等变更总统令规定的重要事项的情形。

（一）听取当地居民的意见；

（二）与有关中央行政机关的长官协商；

（三）经过本法第九条规定的郡立公园委员会的审议。

……

第二十条　批准或确认自然保护地的人民政府负责对所批准或确认的自然保护地命名。

对涉及国际履约的自然保护地，可以在明确其级别和类型的前提下，对外暂时保留履行相关国际公约时的名称。

｜法条说明｜

本条是关于自然保护地命名的规定。

传统自然保护地存在多头管理弊端的一大突出表现就是“多头命名”。因此，实现对国家公园、自然保护区、自然公园的统一监督管理，统一命名是题中应有之义。本条确立的“谁批准（确认）、谁命名”原则，既充分体现了批准设立各级、各类自然保护地的人民政府应有的权力，也有利于因地制宜选择最能体现该自然保护地特色的名称。在此基础上，对于我国批准或加入的国际条约，则需要进一步考虑保护地名称上的延续性。因此，本条第2款规定，保留履行相关国际公约时的名称，同时明确其级别和类型。

| 参考立法例 |

《中华人民共和国自然保护区条例》(2017 年)

第十六条　自然保护区按照下列方法命名:

国家级自然保护区:自然保护区所在地地名加"国家级自然保护区"。

地方级自然保护区:自然保护区所在地地名加"地方级自然保护区"。

有特殊保护对象的自然保护区,可以在自然保护区所在地地名后加特殊保护对象的名称。

《国家沙漠公园管理办法》(2017 年)

第十四条　国家沙漠公园使用统一标识和命名,国家沙漠公园采取下列命名方式:省(自治区、直辖市)—地名—国家沙漠公园。

《国家湿地公园管理办法》(2017 年)

第九条　国家湿地公园采取下列命名方式:

省级名称 + 地市级或县级名称 + 湿地名 + 国家湿地公园。

第二十一条　自然保护地的范围和界线由批准设立自然保护地的人民政府确定,并应当在批准设立自然保护地后三十日内,向社会公开自然保护地的范围边界、面积和管控分区。

| 法条说明 |

本条是关于自然保护地设立公示的规定。

为了保护自然资源和生态系统,自然保护地内需要禁止或限制某些人类活动。因此,明确自然保护地的位置、范围和界线等,有利于相关主体遵守自然保护地的特殊管控措施,也有利于确定相关管理主体的职责边界。同时,自然保护地具有公益性,其设立的有关信息与公众利益密切相关,属于应当主动公开的政府信息。按照政府信息"谁制作,谁公开”的基本原则,自然保护地位置、范围和界线等相关信息应当由批准设立自然保护地的人民政府负责公开。

| 参考立法例 |

《中华人民共和国自然保护区条例》(2017 年)

第十四条第一款　自然保护区的范围和界线由批准建立自然保护区的人民政府确定,并标明区界,予以公告。

《风景名胜区条例》(2016 年)

第二十一条第一款　风景名胜区规划经批准后,应当向社会公布,任何组织和个人有权查阅。

《国家公园管理暂行办法》(林保发〔2022〕64 号)

第九条第三款　国家林业和草原局(国家公园管理局)依据国务院批复的设立方案和国家有关规定,向社会公开国家公园范围边界、面积和管控分区。

第二十二条　自然保护地所在地省、自治区、直辖市人民政府应当按照批准的自然保护地范围和界线,设立明确的界桩、标识牌等标识物。

任何单位和个人不得非法拆除、覆盖、移动、涂改和损坏界桩、标识牌等标识物。

| 法条说明 |

本条是关于自然保护地勘界立标的规定。

自然保护地勘界立标是依法依规开展保护管理的基础性工作,形成相关各方认可、准确清晰的自然保护地边界,有助于推动自然保护地规范化建设和精细化管理,确保自然保护地执法监督有据可依,促使公众遵守保护规则并进行监督。本条包括以下两个方面的内容:一是规范化建设的主体和内容。《自然保护区条例》已经对自然保护区的规范化建设予以相应规定。结合自然保护地体系建设的新形势、新要求,本条在既有规范的基础上明确规范化建设的主体是自然保护地所在地的省级人民政府,规范化建设的内容是根据经过批准的自然保护地范围和界线,设立明确的界桩、标识牌等标识物,并予以公告。二是规范化设施的保护。亦即,本条第2款明确规定禁止任何单位和个人拆除、覆盖、移动、涂改和损坏界桩、标识牌等标识物。

| 参考立法例 |

中共中央办公厅、国务院办公厅《关于建立以国家公园为主体的自然保护地体系的指导意见》(2019年)

合理调整自然保护地范围并勘界立标。制定自然保护地范围和区划调整办法,依规开展调整工作。制定自然保护地边界勘定方案、确认程序和标识系统,开展自然保护地勘界定标并建立矢量数据库,与生态保护红线衔接,在重要地段、重要部位设立界桩和标识牌。确因技术原因引起的数据、图件与现地不符等问题可以按管理程序一次性纠正。

《中华人民共和国自然保护区条例》(2017年)

第十四条　自然保护区的范围和界线由批准建立自然保护区的人民政府确定,并标明区界,予以公告。

确定自然保护区的范围和界线,应当兼顾保护对象的完整性和适度性,以及当地经济建设和居民生产、生活的需要。

第十五条　自然保护区的撤销及其性质、范围、界线的调整或者改变,应当经原批准建立自然保护区的人民政府批准。

任何单位和个人,不得擅自移动自然保护区的界标。

《自然保护区等自然保护地勘界立标工作规范》(2019年)

12. 立标

自然保护地所在地人民政府应当在勘界确认之日起尽快组织完成自然保护地立标工作,予以公告。

12.2　标识设置

标识一经设置后,任何单位和个人不得擅自改变和挪动。

13.2.2 勘界

指勘测并确定具有法律作用的自然保护地边界和功能区划界线的过程,包括外业调查测量和内业整理汇总。

13.2.6 立标

指在确定自然保护地边界或功能区界的明显部位设立醒目标识。可包括界碑、界桩、指示牌和各类浮标标识等。

第二十三条 国务院林业草原主管部门应当组织制定自然保护地评估的有关标准和技术规范。

国务院林业草原主管部门和省、自治区、直辖市人民政府自然保护地主管部门,应当根据各级各类自然保护地的事权划分,每五年组织或委托有相应评估能力的第三方机构评估自然保护地生态资产、生态服务价值以及管理状况。评估结果应当及时向社会公开。

| 法条说明 |

本条是关于自然保护地评估与动态调整的规定。

自然保护地内及其周边地区的自然资源资产、环境要素及其生态服务价值是动态变化的,故管理的边界和具体要求也不能一成不变,需要适时调整以适应实际管理需求。这反映了"适应性治理"的理念,即从治理的监测和评价结果中学习并采取行动的过程。[1] 正如《生物多样性公约》和《IUCN 自然保护地治理指南》强调的那样,定期根据特定技术规范评估自然保护地在权利、责任与义务等方面的表现,然后根据自然保护地的政策定位与目标得出结论,并采取相应的行动。

1. 评估的标准

对于自然保护地的状况进行评估,科学、完备的评估标准和技术规范是前提和基础。2018 年国务院机构改革后,国务院林业草原主管部

---

〔1〕 参见[英]Grazia Borrini - Feyerabend 等:《自然保护地治理——从理解到行动》,朱春全等译,中国林业出版社 2016 年版,第 104 页。

门作为全国自然保护地的统一管理主体,由其组织指定统一的自然保护地评估标准和技术规范,无疑符合其职能定位和职责范围。

2. 定期组织评估

定期组织评估,及时掌握各类自然保护地管理和保护成效情况,是世界范围内自然保护地建设和管理中的普遍做法。例如,澳大利亚在每10年制定国家公园规划的基础上进一步规定:在规划期内每年公布统计量化表,每4年制定展望管理规划,第8年由监督评估机构进行评估,以这种方式保证及时发现问题并及时整改。[1] 又如,我国《湿地保护管理规定》也要求国务院林业草原主管部门定期组织开展全国湿地资源调查、监测和评估。鉴于此,本条第2款规定了省级以上人民政府的自然保护地主管部门,按照事权划分对国家级和省级的自然保护地分别进行评估。具体而言,首先,评估必须按照规定的期限进行,周期为5年。其次,结合实际情况,评估的方式可以是主管部门自行组织,也可以委托有相应评估能力的第三方机构评估。再次,按照《指导意见》的要求,评估的重点是自然保护地的生态资产、生态服务价值以及管理状况。最后,评估结果还应当及时向社会公开,从而保障公众对自然保护地管理事务的知情权、参与权。

| 参考立法例 |

中共中央办公厅、国务院办公厅《关于建立以国家公园为主体的自然保护地体系的指导意见》(2019年)

(十)统一管理自然保护地。理顺现有各类自然保护地管理职能,提出自然保护地设立、晋(降)级、调整和退出规则,制定自然保护地政策、制度和标准规范,实行全过程统一管理。建立统一调查监测体系,建设智慧自然保护地,制定以生态资产和生态服务价值为核心的考核评估指标体系和办法。各地区各部门不得自行设立新的自然保护地类型。

---

[1] 参见孙鸿雁、尹志坚:《澳新国家公园之行的收获与思考》,载《中国林业》2020年第2期。

《国家林业和草原局职能配置、内设机构和人员编制规定》(2018年)

第三条　国家林业和草原局贯彻落实党中央关于林业和草原工作的方针政策和决策部署,在履行职责过程中坚持和加强党对林业和草原工作的集中统一领导。主要职责是:

(六)负责监督管理各类自然保护地。拟订各类自然保护地规划和相关国家标准。负责国家公园设立、规划、建设和特许经营等工作,负责中央政府直接行使所有权的国家公园等自然保护地的自然资源资产管理和国土空间用途管制。提出新建、调整各类国家级自然保护地的审核建议并按程序报批,组织审核世界自然遗产的申报,会同有关部门审核世界自然与文化双重遗产的申报。负责生物多样性保护相关工作。

《湿地保护管理规定》(2017年)

第十条　国家林业局定期组织开展全国湿地资源调查、监测和评估,按照有关规定向社会公布相关情况。

湿地资源调查、监测、评估等技术规程,由国家林业局在征求有关部门和单位意见的基础上制定。

县级以上地方人民政府林业主管部门及有关湿地保护管理机构应当组织开展本行政区域内的湿地资源调查、监测和评估工作,按照有关规定向社会公布相关情况。

《四川省建立以国家公园为主体的自然保护地体系实施方案》(2020年)

(十四)加强评估考核。组织对自然保护地管理进行科学评估,及时掌握各类自然保护地管理和保护成效情况,发布评估结果。适时引入第三方评估制度。对各类自然保护地管理进行评价考核,根据实际情况,适时将评价考核结果纳入生态文明建设目标评价考核体系,作为地方党政领导班子和领导干部综合评价及责任追究、领导干部自然资源资产离任(任中)审计的重要参考。

第二十四条 国务院林业草原主管部门和省、自治区、直辖市人民政府自然保护地主管部门应当根据评估结果,分别提出国家级和地方级自然保护地的晋(降)级、调整或退出建议,由批准设立该自然保护地的人民政府审批。晋(降)级、调整和退出结果应当及时向社会公开。

| 法条说明 |

本条是关于自然保护地晋(降)级、调整或退出的规定。

1. 晋(降)级、调整和退出的方式和依据

作为依法划定或确认的自然地理空间,长期保护是自然保护地管理的必然要求。换言之,自然保护地已经设立,通常情况下应保持长期稳定性。但同时,自然生态系统及其中的要素、组成部分等本身就处于一种动态平衡的状态。因此,自然保护地在设立并实施管理后,其生态资产、生态服务价值等不可避免地会发生变化。如果这种变化偏离了自然保护地设立和管理的初衷,或者既有的管理未达到(或无法)达到规划设定的目标,抑或由于各种主客观因素导致既有管理目标无法实现或被赋予新的管理目标、要求,对自然保护地进行晋(降)级、调整和退出就成为一种必然选择。

当然,基于自然保护地设立的科学性、法定性,这种晋(降)级、调整和退出也不能是任意的,必须由法律明确规定其方式和依据。结合前条和本条第 1 款的规定,开展自然保护地评估就是晋(降)级、调整和退出的一种方式。据此,评估结果成为晋(降)级、调整和退出的重要依据。具体而言,就是由国务院林业草原主管部门和省、自治区、直辖市人民政府自然保护地主管部门根据评估结果,分别提出国家级和地方级自然保护地的晋(降)级、调整和退出的建议,由批准设立该自然保护地的人民政府审批。

2. 晋(降)级、调整或退出的审批

针对"绿盾自然保护地监督检查专项行动"中发现部分地方任意调整保护区功能分区,为自然资源开发利用让道等问题,有必要进一步强化对自然保护地晋(降)级、调整和退出的限制。为此,本条第 2 款规定了自然保护地晋(降)级、调整和退出的基本规则,即"谁审批设立,谁批准晋(降)级、调整和退出"。具体而言,国家公园的晋(降)级、调整和退

出，由国务院批准；自然保护区和自然公园的晋（降）级、调整或撤销，应当经原批准设立自然保护区的人民政府批准。由于批准设立自然保护地的主体为国务院或省级人民政府，故晋（降）级、调整和退出的任意性将明显降低，而权威性则更有保证。此外，同前条的评估结果一样，晋（降）级、调整和退出的结果也应当及时向社会公开，以保障公众对自然保护地管理事务的知情权、参与权。

| 参考立法例 |

中共中央办公厅、国务院办公厅《关于建立以国家公园为主体的自然保护地体系的指导意见》（2019 年）

（十）统一管理自然保护地。理顺现有各类自然保护地管理职能，提出自然保护地设立、晋（降）级、调整和退出规则，制定自然保护地政策、制度和标准规范，实行全过程统一管理。

《中华人民共和国自然保护区条例》（2017 年）

第十五条　自然保护区的撤销及其性质、范围、界线的调整或者改变，应当经原批准建立自然保护区的人民政府批准。

中共浙江省委办公厅、浙江省人民政府办公厅《关于建立自然保护地体系的实施意见》（2020 年）

（六）实行自然保护地统一管理。自然保护地设立、晋（降）级、调整和退出实行统一审批，国家级自然保护地按国家有关规定审批，省级自然保护地由省政府审批，市、县两级政府和省直部门不得审批设立自然保护地。

《南非保护地法》

第十九条　宣布某一地区为特别自然保护区（special nature reserve）或成为现有自然保护区的一部分的决定不得被撤销；而且未经国民会议决议，不得将特殊自然保护区的任何组成部分排除出自然保护区。

《澳大利亚自然保护法》

第三十三条　由于保护地边界的改变导致土地从该保护地移出（但不是为了将被移走的土地作为具有本法规定的相同或更高保护水平的

土地),只有在立法机构通过一项动议,并至少提前28天发出通知,要求总督府作出撤销的情况下,才能制定该条例。

第二十五条 海洋自然保护地的建设应遵循保护优先、区域协调、陆海统筹的原则。国务院林业草原主管部门应会同相关部门制定海洋自然保护地总体规划,加强海洋生态系统和海洋生物多样性保护。

自然保护地内同时存在陆域和海域的,原则上应当由一个管理机构进行统一管理。

| 法条说明 |

本条是关于海洋自然保护地设立的特殊规定。

海洋生态系统具有不同于陆地生态系统的特点,如区域广阔、高环境变异性等,需要对海洋自然保护地的建设予以特殊的制度安排。实践中,各国的立法选择不尽相同,如将海洋自然保护地作为单独章节或者部分整合到自然保护地基本法中,或针对海洋自然保护地制定专门的立法。[1] 我国有很长的海岸线,管辖海域的面积大,情况比较复杂。而且在本法制定前,海洋自然保护地的建设与管理适用《海洋环境保护法》《海洋自然保护区管理办法》等。为了构建统一的自然保护地分级分类管理体制,有必要在《自然保护地法》中明确海洋保护地也应适用自然保护地建设和管理的一般原则。同时,考虑到海洋保护地的特殊性,应基于区域协调和陆海统筹的原则建设。

2018年党和国家机构改革前,海洋保护地的建设主要由国家海洋行政主管部门负责。改革后,虽然由国家林业草原主管部门统一负责监督管理各类自然保护地,海洋自然保护地的建设和管理仍然可能涉及自然资源、生态环境、渔业、国防、外交等多部门、单位。鉴于此,本条规定了国家林业草原主管部门应会同相关部门、机构制定海洋保护地总体规划和管理机构设置的基本原则,为相关立法和制度的设计预留必要的空间。

---

〔1〕 参见[美]芭芭拉·劳瑎:《保护地立法指南》,王曦等译,法律出版社2016年版,第232页。

| 参考立法例 |

《中华人民共和国海洋环境保护法》(2017 年)

第二十二条　凡具有下列条件之一的,应当建立海洋自然保护区:

(一)典型的海洋自然地理区域、有代表性的自然生态区域,以及遭受破坏但经保护能恢复的海洋自然生态区域;

(二)海洋生物物种高度丰富的区域,或者珍稀、濒危海洋生物物种的天然集中分布区域;

(三)具有特殊保护价值的海域、海岸、岛屿、滨海湿地、入海河口和海湾等;

(四)具有重大科学文化价值的海洋自然遗迹所在区域;

(五)其他需要予以特殊保护的区域。

《海洋自然保护区管理办法》(1995 年)

第五条　国家海洋行政主管部门负责研究、制定全国海洋自然保护区规划;审查国家级海洋自然保护区建区方案和报告;审批国家级海洋自然保护区总体建设规划;统一管理全国海洋自然保护区工作。

《南非保护地法》

第十四条

(1)第 1 章、本章和第 48 节适用于海洋保护区。

(2)本法的其他规定不适用于海洋保护区,但是如果海洋保护区已经被包括在一个特殊的自然保护区、国家公园或自然保护区内,此类区域必须作为国家自然保护区、国家公园或自然保护区的一部分进行管理和规范。根据《海洋生物法》(1998 年第 18 号法案)第 43 节之规定设立的,且在《国家环境管理:保护区修正法案资源法》2014 年生效时仍存在的任何海洋保护区,必须被视为第 22A 条项下的海洋保护区。

第三十八条

……

(4)具有共同界限的海洋和陆地自然保护地必须由一个管理机构进行综合管理。

第二十六条 国家鼓励和支持当地社区或公民、法人和其他组织设立社区保护地或公益保护地。

对依法划定的自然保护地以外具有生物多样性、自然资源或自然生态系统等重要意义的区域，当地社区或公民、法人和其他组织可以自愿向负有监督管理权的自然保护地主管部门申请设立社区保护地或公益保护地。设立申请经负有监督管理权的自然保护地主管部门确认后备案，并向社会公开。

设立社区保护地或公益保护地的当地社区或公民、法人和其他组织可以与负有监督管理权的自然保护地主管部门签订协议，明确保护地的界限、保护的目标、各方权利和义务等内容。

| 立法说明 |

本条是关于社区(公益)保护地设立的规定。

IUCN 把社区保护地定义为“自然和/或经改造的，具有显著的生物多样性价值、文化价值与生态服务功能，并被当地社区群众通过传统习俗或其他有效方式自发保护的生态系统”。其具有以下三个特点：(1)一个社区在文化上或由于生存和生计依赖，同一个生态系统或一个物种及其栖息地紧密相连；(2)社区的管理决策和努力使生态系统、栖息地、物种、生态服务和相关的文化价值得到保护；(3)社区成员是保护地的主要决策者和管理的实施者。[1]

由于每个社区都有各自的传统习俗，所以在不同时空条件下，社区保护地的表现形式也会有所不同。国际上社区保护地的发展各有特色。美洲和非洲很多国家承认土著对土地及自然资源的习惯权属和管理制度。在东南亚国家中，柬埔寨率先在 2008 年制定了有关社区保护地的法案，授予社区在保护区的周边地带建立社区保护地的权利。通过立法正式承认社区保护地，将加强社区与保护地的关联，推动社区参与保护地建设和管理。

---

〔1〕 Kothari Ashish, *Indigenous Peoples' and Local Community Conserved Territories and Areas*, 1 Oryx, 13(2015).

此前,我国正式的自然保护地体系中并没有“社区(公益)保护地”这一类别,但实践中各地进行了积极探索并取得了明显的治理成效。故在前章“确认”此类保护地存在的基础上,本条进一步明确了社区(公益)保护地是我国自然保护地体系的重要组成部分,有利于加强自然资源的可持续利用和保护。考虑到社区(公益)保护地是一种自愿保护的治理模式,故其设立并纳入法定的自然保护地体系需要得到主管部门的确认并履行必要的备案、公示程序。在此基础上,主管部门和社区组织之间可以就社区保护地的治理签订协议,明确保护地的法定界限、规定的保护及相关目标、所有各方的权利和义务。

| 参考立法例 |

《澳大利亚自然保护法》

42 AG 此节的目的是为宣布位于斯特兰德布鲁克岛北部的地区指定为土著人联合管理区域。

42 AH 宣布指定保护区为土著联合管理区

(1)本条适用于指定的保护区或指定保护区的某一部分(保护区土地),如果:(a)保护区土地位于北斯特兰德布鲁克岛地区并成为土著土地;和

……

(2)部长对已经开始生效的关于土著土地管理的协议感到满意……

《柬埔寨保护地法》

第二十五条 环境部有权将可持续利用区的一部分或多个部分分配给居住在保护地内或附近的社区,作为社区保护地(community protected area)。相关的社区保护地应与自然保护局签订协议,协议有效期不超过十五年。

第二十七条 自然保护局在与地方当局、当地社区和土著少数民族协商和协调后,有责任对建立社区保护地进行可行性研究,并确定明确的地点和适当的规模。

鼓励国家和国际非政府组织和民间社会为社区保护地的建立和实

施进程提供援助和协调。

第二十八条　社区保护地应在地方当局的认可下拟订自然资源管理计划,报自然保护行政主管机关审核批准。该计划每三年定期审查一次,必要时可提前审查。

该计划及社区保护地发展活动,应纳入社区发展计划。

第三章　监督与管理

第一节　管理体制

第二十七条　中央政府直接行使全民所有自然资源资产所有权的自然保护地,其规划、建设、管理、监督、保护等所需经费列入中央预算。

中央地方共同管理或委托省级人民政府代理行使全民所有自然资源资产所有权的自然保护地,前款规定所需经费由中央和其所在的省、自治区、直辖市人民政府根据职权划分,分别承担相应的支出责任。

| 法条说明 |

本条是关于中央政府自然保护地领域事权和财权的规定。

事权是政府在公共事务和服务中所承担的职权(责),财权是政府占有、支配和使用资财的权力,财力则是指政府用于某一领域的可支配财政资金之和。作为建构管理体制的最基本三大要素,不同的管理体制是由事权、财权、财力组合而成的,也只有达到事权、财权、财力相匹配的状态,央地以及地方各级政府对公共事务的管理和服务才能良性、持续运行。长期以来,我国虽然建立了数量众多的各级、各类自然保护地,但在实际运行过程中普遍存在事权与财权不统一、不匹配的情况。特别是,许多被冠以"国家""国家级"的自然保护地,实际上仍以属地政府投入和管理为主。

按照《指导意见》的要求,未来我国的自然保护地将实现分类管理。

亦即,从央地管理权配置的角度将自然保护地分为中央直接管理、中央地方共同管理和地方管理三类。显然,目前这种央地事权与财权的配置状况不仅将使国家公园等国家级自然保护地"名难副实",而且与地方政府的财力也不相匹配。只有在自然保护地领域健全充分发挥中央和地方两个积极性的体制机制,优化政府间事权和财权划分,建立权责清晰、财力协调、区域均衡的中央和地方财政关系,形成稳定的各级政府事权、支出责任和财力相适应的管理体制,才能促进自然保护地的发展和管理保护,为维护国家生态安全,推进美丽中国建设、实现人与自然和谐共生的现代化提供有力支撑。

以国家公园为主体的自然保护地体系改革不是鼓励的,是生态文明体制改革总体布局中的重要一环,其与相关改革举措高度关联。其中,作为加强生态保护、促进生态文明建设的核心制度之一,自然资源资产产权制度的改革不仅是生态文明体制改革的重要内容,还是未来实现各级政府间在自然资源保护和管理领域权责利相匹配的基础性制度设计。因为只有明确在我国社会主义公有制下自然资源产权"为谁所有、归谁使用"这一基础性问题,才能从根本上解决自然资源资产所有者不到位、权责不明晰、权益不落实、监管保护制度不健全等问题。作为以保护自然资源为基本任务之一的自然生态空间,自然保护地管理体制的立法构建必须充分对接和适应自然资源资产产权制度及其改革的要求。基于此,《总体方案》明确提出:"国家公园内全民所有自然资源资产所有权由中央政府和省级政府分级行使。其中,部分国家公园的全民所有自然资源资产所有权由中央政府直接行使,其他的委托省级政府代理行使。"《指导意见》也明确要求:"结合自然资源资产管理体制改革,构建自然保护地分级管理体制。"这就意味着,自然资源资产所有权的分级行使应当作为央地事权与财权划分的基本准则。其中,完全由中央政府直接行使全民所有自然资源资产所有权的自然保护地,应当依法确认为中央财权事权,由中央承担支出责任;现阶段由中央委托地方代理行使全民所有自然资源资产所有权的自然保护地以及由中央和地方共同管理的自然保护地,则应当按照央地各自的事权范围,明确由中央与地方分别承担相应的支出责任。

| 参考立法例 |

《自然资源领域中央与地方财政事权和支出责任划分改革方案》(国办发〔2020〕19号)

将对维护国家生态安全屏障具有重要的全局性和战略性意义、生态受益范围广泛的生态保护修复,确认为中央财政事权,由中央承担支出责任。

……

根据建立国家公园体制试点进展情况,将国家公园建设与管理的具体事务,分类确定为中央与地方财政事权,中央与地方分别承担相应的支出责任。

中共中央办公厅、国务院办公厅《关于统筹推进自然资源资产产权制度改革的指导意见》(2019年)

推进相关法律修改,明确国务院授权国务院自然资源主管部门具体代表统一行使全民所有自然资源资产所有者职责。研究建立国务院自然资源主管部门行使全民所有自然资源资产所有权的资源清单和管理体制。探索建立委托省级和市(地)级政府代理行使自然资源资产所有权的资源清单和监督管理制度,法律授权省级、市(地)级或县级政府代理行使所有权的特定自然资源除外。

中共中央办公厅、国务院办公厅《关于建立以国家公园为主体的自然保护地体系的指导意见》(2019年)

结合自然资源资产管理体制改革,构建自然保护地分级管理体制。按照生态系统重要程度,将国家公园等自然保护地分为中央直接管理、中央地方共同管理和地方管理3类,实行分级设立、分级管理。

……

实行最严格的生态环境保护制度,强化自然保护地监测、评估、考核、执法、监督等,形成一整套体系完善、监管有力的监督管理制度。

中共中央办公厅、国务院办公厅《建立国家公园体制总体方案》(2017年)

（十）构建协同管理机制。合理划分中央和地方事权，构建主体明确、责任清晰、相互配合的国家公园中央和地方协同管理机制。中央政府直接行使全民所有自然资源资产所有权的，地方政府根据需要配合国家公园管理机构做好生态保护工作。省级政府代理行使全民所有自然资源资产所有权的，中央政府要履行应有事权，加大指导和支持力度。国家公园所在地方政府行使辖区（包括国家公园）经济社会发展综合协调、公共服务、社会管理、市场监管等职责。

第二十八条 省、自治区、直辖市人民政府负责本行政区域内省级自然保护地的组织领导工作，将省级自然保护地规划、建设、管理、监督、保护等工作所需经费列入本级预算，并加大对区域内省级自然保护地的财政转移支付力度。

自然保护地所在的市、县级人民政府负责自然保护地内经济发展、社会管理、公共服务、防灾减灾、市场监管等职责，加大对自然保护地内居民生产生活、公共服务等的财政投入。

自然保护地内的乡（镇）人民政府、街道办事处协助履行自然保护地的保护和管理职责，加强生态管护，组织村（居）民委员会引导村（居）民形成绿色环保的生产生活方式。

| 法条说明 |

本条是关于地方各级人民政府自然保护地领域事权和财权的规定。

从央地事权财权划分的角度出发，省级自然保护地由于其生态受益范围的地域性较强，故应依法确认为地方政府事权财权，由地方政府承担支出责任。但考虑到地方政府体系内部仍然存在不同的级别，其各自的事权应当有所侧重，财权及财力也应相应地加以合理配置。

1. 省级政府的事权财权

《指导意见》结合自然资源资产产权等相关改革举措提出了新的分级管理体制（分为国家级和省级）。在分级管理中，省级又突出强调“省级政府批准设立，管理主体由省级政府确定”。显然，上述关于央地基本权力配置的改革目标定位必须在立法中得以明确和保障,以奠定管理体制的权力基础。也就是说,省级政府在未来分级管理体制中将成为地省级自然保护地的基本管理主体。其不仅应承担本行政区域内的省级自然保护地组织领导工作,还应当承担省级自然保护地的主要支出责任。

2. 自然保护地所在的市、县级人民政府的事权财权

自然保护地虽然是一类自然地理空间,以生态环境和资源保护为主要目的。但任何自然地理空间同时也是所在地经济社会发展的管理空间。自然保护地的发展和建设保护不能脱离这一空间基础,加强对自然保护地的管理并不是也不能与属地管理完全脱钩。正因如此,《指导意见》提出:“当地政府承担自然保护地内经济发展、社会管理、公共服务、防灾减灾、市场监管等职责。”从政府间事权配置的基本架构看,这些具体的事权主要应当由自然保护地所在的市、县级政府承担。相应地,相关市、县政府亦应在自然保护地内居民生产生活、公共服务等方面负有财政支出的责任。

3. 自然保护地内的乡(镇)人民政府的事权

虽然乡、镇级政府也是一级地方政府,但就自然保护地的监管事务而言,其基本上未被依法赋予相应的职权(责),其财力也相较省和市、县级政府更为有限。故该级地方政府的职能主要在于协助上级政府及其相关职能部门进行管理和保护,并加强属地的生态管护。同时,可以充分发挥其直接联系基层群众及其自治组织的天然优势,引导属地村(居)民形成绿色环保的生产生活方式。

| 参考立法例 |

中共中央办公厅、国务院办公厅《关于建立以国家公园为主体的自然保护地体系的指导意见》(2019 年)

地方管理的自然保护地由省级政府批准设立,管理主体由省级政府确定。

……

当地政府承担自然保护地内经济发展、社会管理、公共服务、防灾减灾、市场监管等职责。

……

完善公共服务设施，提升公共服务功能。扶持和规范原住居民从事环境友好型经营活动，践行公民生态环境行为规范，支持和传承传统文化及人地和谐的生态产业模式。

《海南热带雨林国家公园条例（试行）》（2020年）

第六条　省人民政府应当建立海南热带雨林国家公园保护、管理和利用工作协调机制，协调解决海南热带雨林国家公园保护、管理和利用中的重大问题，将海南热带雨林国家公园的保护和管理纳入国民经济和社会发展规划。

海南热带雨林国家公园所在地市、县、自治县人民政府行使海南热带雨林国家公园内经济社会发展综合协调、公共服务、社会管理、市场监督等职责，配合国家公园管理机构做好生态保护和协同管理工作。

省和海南热带雨林国家公园所在地市、县、自治县人民政府发展和改革、财政、林业、自然资源和规划、生态环境、公安、住房和城乡建设、交通运输、市场监督管理、水务、应急管理、农业农村、民族宗教、旅游文化、教育、商务、科技、工信等部门，应当按照各自职责配合国家公园管理机构做好相关工作。

海南热带雨林国家公园所在地乡（镇）人民政府配合国家公园管理机构做好生态保护和协同管理工作。

海南热带雨林国家公园所在地村（居）民委员会应当引导居民养成绿色环保的生产生活方式，协助配合国家公园管理机构做好海南热带雨林国家公园生态保护工作。

第二十九条　国务院林业草原主管部门对全国范围内的各类自然保护地实施统一管理。主要职责是：

（一）编制各类自然保护地规划和相关国家标准；

（二）负责国家公园设立、规划、建设和特许经营等工作；

（三）负责中央政府直接行使全民所有自然资源资产所有权的各类

自然保护地的自然资源资产管理和国土空间用途管制;

(四)提出设立、晋(降)级、调整、撤销各类国家级自然保护地的审核建议并按程序报批;

(五)法律、行政法规规定的其他职责。

省、自治区、直辖市人民政府自然保护地主管部门负责本行政区域内省级自然保护地的管理,并依据职权划分负责本行政区域内中央地方共同管理、委托省级人民政府代理行使全民所有自然资源资产所有权的自然保护地的有关管理工作。

| 法条说明 |

本条是关于自然保护地统一管理部门职责的规定。

我国虽然已经建立了数量众多、类型丰富、功能多样的各级各类自然保护地,但也长期存在"多头管理"的问题。由此导致实践中有关部门都可能依法依规成为各级、各类自然保护地的"主管部门",都可以设置各自的归口管理机构并加以领导。为了加大生态系统保护力度,统筹森林、草原、湿地监督管理,加快建立以国家公园为主体的自然保护地体系,2018年政府机构改革的过程中组建了国家林业和草原局,不再保留国家林业局。具体而言,该局是将原国家林业局的职责,原农业部的草原监督管理职责,以及原国土资源部、住房和城乡建设部、水利部、农业部、国家海洋局等部门的自然保护区、风景名胜区、自然遗产、地质公园等管理职责整合,并加挂国家公园管理局牌子。其主要职责是,监督管理森林、草原、湿地、荒漠和陆生野生动植物资源开发利用和保护,组织生态保护和修复,开展造林绿化工作,管理国家公园等各类自然保护地。应该说,国家林业和草原局的成立,使我国各类自然保护地有了统一的管理机构,解决了长期存在的"多头管理"的问题。[1] 为确保这一重大改革成果法治化、确定化,《自然保护地法》应当明确国务院林业草原主管部门对全国自然保护地的统管地位,并结合该局的"三定方案"等规定其所涉及的主要职责。

---

〔1〕 参见吕忠梅:《关于自然保护地立法的新思考》,载《环境保护》2019年第Z1期。

与此同时，按照新的分级分类管理要求，省级人民政府不仅承担地方级自然保护地的主要管理工作，还可能同时承担央地共同管理以及中央委托地方管理的自然保护地的部分管理工作。据此，本条第 2 款进一步授权并明确省级人民政府自然保护地主管部门的基本职责。这既是落实政府相关职责的必然要求（政府的职责实际上主要是其所属的相关职能部门具体实现），也是立法对省级人民政府在自然保护地管理体制中发挥“承上启下”关键作用的重要制度体现。而之所以表述为省级人民政府的“自然保护地主管部门”而非“林业草原主管部门”，主要是因为考虑现实中各省级人民政府主管部门的设置及其称谓并不相同。例如，陕西省、浙江省等设立的是“林业局”而非“林草局”；又如，山东省是由自然资源厅负责全省各类自然保护的监督管理。

| 参考立法例 |

《国家林业和草原局职能配置、内设机构和人员编制规定》（2018年）

第二条　国家林业和草原局是自然资源部管理的国家局，为副部级，加挂国家公园管理局牌子。

第三条　国家林业和草原局贯彻落实党中央关于林业和草原工作的方针政策和决策部署，在履行职责过程中坚持和加强党对林业和草原工作的集中统一领导。主要职责是：

……

（六）负责监督管理各类自然保护地。拟订各类自然保护地规划和相关国家标准。负责国家公园设立、规划、建设和特许经营等工作，负责中央政府直接行使所有权的国家公园等自然保护地的自然资源资产管理和国土空间用途管制。提出新建、调整各类国家级自然保护地的审核建议并按程序报批，组织审核世界自然遗产的申报，会同有关部门审核世界自然与文化双重遗产的申报。负责生物多样性保护相关工作。

《山东省自然资源厅职能配置、内设机构和人员编制规定》（2019年）

第二条　山东省自然资源厅(以下简称省自然资源厅)是省政府组成部门,为正厅级,加挂山东省林业局(以下简称省林业局)牌子。

第三条　省自然资源厅贯彻党中央关于自然资源、林业工作的方针政策和决策部署,落实省委工作要求,在履行职责过程中坚持和加强党对自然资源、林业工作的集中统一领导。主要职责是:

……

(十三)负责全省各类自然保护地的监督管理。组织拟订各类自然保护地规划,落实国家相关标准,提出新建、调整各类国家级和省级自然保护地的审核建议,并按照程序报批。负责世界自然遗产和世界自然与文化双重遗产申报有关工作。负责全省生物多样性保护相关工作。

第三十条　各级生态环境主管部门应当按照职责分工,负责各级各类自然保护地的生态环境监管工作。主要职责是:

(一)对自然保护地相关规划中生态环境保护内容的实施情况进行监督;

(二)对各级各类自然保护地的设立、晋(降)级、调整和退出实施监督;

(三)组织对自然保护地生态环境和人类活动的监测;

(四)对自然保护地存在突出生态环境问题的,采取函告、通报、约谈等方式督促整改;

(五)依法查处自然保护地内有关破坏生态、污染环境的违法行为;

(六)法律、行政法规规定的其他职责。

各级人民政府发展改革、自然资源、水行政、农业农村、文化和旅游、财政、住房和城乡建设、公安等部门,应当按照各自职责做好自然保护地的相关监督和管理工作。

| 法条说明 |

本条是关于生态环境部门和其他政府职能部门自然保护地监督管理职责的规定。

明确统管部门的职责，并不意味着“统管”就是由一个部门或机构“包办”本级政府全部有关自然保护地领域的监管职责。在实践中，影响自然生态系统及其服务功能的因素有很多，特别是人为因素。因此，自然保护地的管理除要求保护自然生态系统、提高生态系统服务功能外，还必须对大气、水、土壤等各类环境要素进行系统管理、综合管理。显然，其中所涉及的管理权限、事项、内容等已经远远超过统管部门的范畴。特别是自然保护地的管理目标是保护自然生态系统，实现这一目标的过程以及最终实现的程度、结果显然与生态环境主管部门高度相关。结合生态环境主管部门的“三定”方案，该部门应当侧重发挥其对生态环境和人类活动的“监督者”功能。为此，生态环境部专门制定了《自然保护地生态环境监管工作暂行办法》（环生态〔2020〕72 号），目的在于履行该部门“组织制定各类自然保护地生态环境监管制度并监督执法”的职责。鉴于此，确认统管部门及其职责并不意味着排斥或不再需要生态环境部门的监督管理，而是需要同时明确“统管者”与“监督者”的职能分工，形成部门之间的监管合力。

不仅如此，最新一轮的党和政府机构改革是在坚持“一件事情原则上由一个部门负责”的基础上，对既有政府相关职能部门的职责进行了优化、整合。就目前政府相关部门的职责分配情况看，自然保护地领域不仅涉及林草部门的管理职责、生态环境部门的监督职责，还涉及生态环境、发展改革、自然资源、水行政、农业农村、文化和旅游、财政、住房和城乡建设、公安等部门的职责。因此，本条第 2 款在明确统管部门、监督部门及其各自职责的基础上，规定了其他有关部门应当按照新一轮机构改革后各自的职责分工做好自然保护地的相关监督和管理工作。

参考立法例

《自然保护地生态环境监管工作暂行办法》（环生态〔2020〕72 号）

第三条　生态环境部负责指导、组织和协调全国自然保护地生态环境监管工作，并对国家级自然保护地生态环境实施重点监管。

省级生态环境部门负责指导、组织和协调本行政区域各级各类自然保护地生态环境监管工作。

市级及市级以下生态环境部门负责组织和协调开展本行政区域内各级各类自然保护地生态环境日常监管。

对于跨行政区域的自然保护地,相关地方的生态环境部门应当建立协同监管机制。

《神农架国家公园保护条例》(2019 年)

第九条　省人民政府发展改革、财政、自然资源、生态环境、住房和城乡建设、水行政、农业农村、文化和旅游等部门按照各自职责做好相关工作,依法加强对神农架国家公园管理情况的监管。

第三十一条　中央政府直接行使全民所有自然资源资产所有权的自然保护地,应当由国务院林业草原主管部门设立管理机构,实施统一管理。中央地方共同管理、委托省级人民政府代理行使全民所有自然资源资产所有权的自然保护地,应当由其所在的省、自治区、直辖市人民政府设立管理机构,实施统一管理。

省级自然保护地管理机构的设置,由省、自治区、直辖市人民政府根据本地区具体情况确定。

根据自然保护地发展和建设管理的实际需要,经设立自然保护地管理机构的主体批准,可以设立自然保护地二级管理机构,依法负责自然保护地内部分区域的有关具体管理工作。

在海域设立的自然保护地或自然保护地的海域部分,法律、法规对其管理机构或二级管理机构的设置等另有规定的,还应当适用其规定。

| 法条说明 |

本条是关于自然保护地管理机构设置的规定。

针对既有各级各类自然保护地存在严重的区域交叉、空间重叠问题,《指导意见》明确了"整合交叉重叠的自然保护地"的改革任务,并在此过程中明确提出"一个保护地、一套机构、一块牌子"的要求。作为自然保护地立法体系中的“基本法”,《自然保护地法》不仅需要明确规定自然保护地管理机构应当统一设置,还应当规定管理机构设置的基本法律要求,为自然保护地管理机构的统一设置提供必要的基本法依据。

1. 管理机构设置的一般规则

在央地事权财权明确划分的前提下,针对各级各类自然保护地设置相应的管理机构必然需要结合具体的事权财权归属确定各保护地管理机构的设立主体。其中,中央政府直接行使全民所有自然资源资产所有权的自然保护地,应当由国务院林业草原主管部门设立管理机构;中央地方共同管理、委托省级人民政府代理行使全民所有自然资源资产所有权的自然保护地,从便于属地管理的角度出发,宜由其所在的省、自治区、直辖市人民政府设立管理机构(如实践中三江源国家公园管理机构就是由青海省人民政府设立)。至于省级自然保护地管理机构的设置,因其完全属于省级政府事权,是否设立、如何具体设立等可由省级人民政府根据本地区具体情况确定。

2. 自然保护地二级管理机构的设置

从国家公园体制改革和自然保护地体系改革的实践看,对于跨区域、面积广大的自然保护地(特别是国家公园)存在设置二级管理机构的情况。例如,三江源、大熊猫、东北虎豹等国家公园通过设置片区、分局、管理局等二级管理机构的形式,对保护地内的一定(部分)区域实施管理。在某些情况下,这些二级管理机构可能对外相对独立地行使权力并承担责任。因此,必须在立法中对于自然保护地二级管理机构的存在及其设立设定必要的法律规则,特别应明确设置二级管理机构的权力亦应当由设立管理机构的主体行使,使其依法负责自然保护地内的有关具体管理工作。

3. 海域自然保护地管理机构的设置

我国国土空间辽阔、生态系统多样性丰富,自然保护地不仅涉及陆域,还涉及广大海域。考虑到涉海自然保护地(包括在海域设立的自然保护地和自然保护地的海域部分)特殊的空间属性,以及海陆管辖权、外交、军事、国防等相关因素,其管理机构及其二级管理机构的设置存在一定的特殊性。为了厘清特殊性问题与统一管理之间的关系,本条第 4 款专门规定涉海自然保护地管理机构设置的特别规则,并明确其与前述一般性条款“叠加”适用的法律效力。

| 参考立法例 |

中共中央办公厅、国务院办公厅《关于建立以国家公园为主体的自然保护地体系的指导意见》(2019 年)

(八)整合交叉重叠的自然保护地。以保持生态系统完整性为原则,遵从保护面积不减少、保护强度不降低、保护性质不改变的总体要求,整合各类自然保护地,解决自然保护地区域交叉、空间重叠的问题,将符合条件的优先整合设立国家公园,其他各类自然保护地按照同级别保护强度优先、不同级别低级别服从高级别的原则进行整合,做到一个保护地、一套机构、一块牌子。

《中华人民共和国自然保护区条例》(2017 年)

第十二条第四款　建立海上自然保护区,须经国务院批准。

《三江源国家公园条例(试行)》(2017 年)

第十一条　三江源国家公园实行集中统一垂直管理。建立以三江源国家公园管理局为主体、管理委员会为支撑、保护管理站为基点、辐射到村的管理体系。

第十二条　三江源国家公园管理局下设长江源(可可西里)、黄河源、澜沧江源园区国家公园管理委员会,管理委员会下设保护管理站。

中共四川省委办公厅、四川省人民政府办公厅《四川省建立以国家公园为主体的自然保护地体系实施方案》(2020 年)

(六)统筹推进设立和管理。

中央直接管理和中央地方共同管理的自然保护地由国家批准设立,中央地方共同管理的自然保护地根据国家有关规定确定管理主体。地方管理的自然保护地统一由省政府批准设立,原则上由相关市(州)或县(市、区)党委、政府实行属地管理,市(州)或县(市、区)林业和草原行政主管部门负责监督管理。

第三十二条 自然保护地管理机构履行下列职责：

（一）贯彻执行有关法律、法规和政策、规划；

（二）编制该自然保护地的相关规划，建立健全保护管理制度；

（三）会同有关部门承担生态保护、自然资源资产管理、特许经营、社会参与和科研宣教等职责；

（四）按照有关规定设置必要的设施、标志，维护管理秩序；

（五）开展巡查巡护，依法查处破坏自然保护地生态环境、自然资源的行为；

（六）负责协调与当地政府、社会组织及周边社区关系；

（七）规范和管理自然保护地生态教育、自然体验、生态旅游等活动；

（八）法律、法规规定的其他职责。

法条说明

本条是关于自然保护地管理机构职责的规定。

中国特色自然保护地体系包括国家公园、自然保护区、自然小区等三种类型，其中国家公园管理机构的职责势必在《国家公园法》中加以明确规定，《自然保护区条例》中已经规定了自然保护区管理机构的主要职责。而各类自然小区的管理机构未来也可能通过专类立法规定不同的具体职责。此外，未来的改革过程中，自然保护地管理机构的职责还可能进一步优化、创新、整合。综合以上考虑，本法中有关自然保护地管理机构职责的规定，应定位于兼顾当前与长远，在各级各类自然保护地类型中提炼出管理机构职责的“最大公约数”并加以充分列举。这既保证各级各类自然保护地管理机构履行职责有充分的基本法依据，又实现了本法与同位法、下位法之间保持长期、有序的衔接。

参考立法例

《中华人民共和国自然保护区条例》（2017 年）

第二十二条 自然保护区管理机构的主要职责是：

（一）贯彻执行国家有关自然保护的法律、法规和方针、政策；

（二）制定自然保护区的各项管理制度，统一管理自然保护区；

(三)调查自然资源并建立档案,组织环境监测,保护自然保护区内的自然环境和自然资源;

(四)组织或者协助有关部门开展自然保护区的科学研究工作;

(五)进行自然保护的宣传教育;

(六)在不影响保护自然保护区的自然环境和自然资源的前提下,组织开展参观、旅游等活动。

《国家公园管理暂行办法》(林保发〔2022〕64号)

第五条 国家林业和草原局(国家公园管理局)负责全国国家公园的监督管理工作。

各国家公园管理机构负责国家公园自然资源资产管理、生态保护修复、社会参与管理、科普宣教等工作。

第七条 国家公园管理机构依职能负责国家公园建设管理资金预算编制、执行。严格依法依规使用各类资金,加强各类资金统筹使用,落实预算绩效管理,提升资金使用效益。

《森林公园管理办法》(2016年)

第五条 森林公园经营管理机构负责森林公园的规划、建设、经营和管理。

森林公园经营管理机构对依法确定其管理的森林、林木、林地、野生动植物、水域、景点景物、各类设施等,享有经营管理权,其合法权益受法律保护,任何单位和个人不得侵犯。

第三十三条 省级以上人民政府应当统筹配置行政执法职能和执法资源,建立健全自然保护地统一执法机制,在自然保护地内实行生态环境保护综合执法。

根据自然保护地执法工作的实际需要,法律、法规可以授权自然保护地管理机构履行自然保护地内必要的资源环境综合执法职责。

自然保护地所在的市、县人民政府负有资源环境保护监督管理职责的有关部门,可以在自然保护地设置派出机构或者委托自然保护地管理机构进行执法。

| 法条说明 |

本条是关于自然保护地执法机制的规定。

执法有广义和狭义之分,广义的执法是指行政主体一切适用或执行法律的活动;而狭义的执法主要是指有权行政主体对于违法行为依法查处并追究相应法律责任的活动。本条中的执法取狭义,主要是指自然保护地范围内行政处罚权、行政强制权的配置及其运行。设立各级各类自然保护地管理机构并明确其主要职责,解决了统一保护管理的问题。但这既不意味着自然保护地范围内不会再出现违法行为,也不意味着保护地范围内对违法行为的行政处罚权、行政强制权等执法权就当然归属于管理机构。因此,本条进一步建立健全了自然保护地的执法机制。

1. 自然保护地统一执法机制

为保证管理的实际效果,自然保护地管理机构需要同时匹配相应的执法权。继而从权责利相统一的角度讲,基于统一保护管理原则设立的管理机构需要实现自然保护地范围内的统一执法。这是解决保护管理分割、保护地破碎和孤岛化问题,实现对自然生态系统的整体保护的必然要求。考虑到未来自然保护地的管理主要存在中央直管、中央委托地方管理、中央地方共同管理与地方管理四种具体模式,故针对各级各类自然保护地建立健全统一的执法机制,应当由中央或省级人民根据实际的事权分配具体负责。例如,三江源国家公园作为中央委托青海省人民政府实际管理的自然保护地,其统一执法机制的建立目前主要由该省政府负责。实践中,三江源国家管理局内设执法监督处,挂三江源国家公园森林公安局、三江源国家级自然保护区森林公安局、三江源国家公园森林草原防火办公室牌子。该局主要负责三江源国家公园生态保护执法管理、投诉处理、咨询服务、风险分析等工作;组织协调打击生态犯罪活动的统一行动和专项斗争;查处破坏生态的重特大案件和森林草原火灾案件,协调和督促查处一般违法案件;负责 16 个直属森林公安派出所工作和队伍建设,指导园区森林公安工作。同时,对园区四县进行大部制改革,实现园区内全民所有自然资源资产统一管理和国土空间管制统一执法。

2. 资源环境综合执法机制

《深化党和国家机构改革方案》明确要求:"整合组建生态环境保护综合执法队伍。整合环境保护和国土、农业、水利、海洋等部门相关污染防治和生态保护执法职责、队伍,统一实行生态环境保护执法。"为此,中共中央办公厅、国务院办公厅印发的《关于深化生态环境保护综合行政执法改革的指导意见》明确了原环境保护、国土、海洋、农业、水利、林业等6个部门工作职责的具体整合范围,并明确提出除法律、法规另有规定外,相关部门不再行使上述行政处罚权和行政强制权。上述生态环境保护综合执法改革与自然保护地(尤其是国家公园)统一执法机制的建立处于同步推进的过程之中。

无论是生态环境保护综合执法改革,还是自然保护地的统一执法机制,其改革的初衷或者核心目标是一致的,即改变传统分散、多头执法的体制,通过由一个执法主体相对集中地行使执法权,实现执法的统一、高效。但是,目前的生态环境综合执法改革虽然整合了原环境保护、国土、海洋、农业、水利、林业等6个部门的执法权,具体主要内容是"相关污染防治和生态保护执法职责"。而自然保护地范围内的土地、矿藏、森林、草原、湿地、野生生物等既有生态属性、自然属性,也有资源属性、经济属性;既可以理解为生态环境的要素和组成部分,也可以理解为一种自然资源;既可以是生态保护的执法对象,也可以是资源保护和管理的执法对象。这就意味着,两种改革不仅在内容上存在交叉,在管辖对象和范围上还存在重叠。

鉴于自然保护地所涉执法权内容相较生态环境保护综合执法而言更为系统、综合。从"山水林田湖草沙是一个生命共同体"的高度看,在这一范围内不仅应当实现生态环境保护领域的综合执法,还完全可以逐步实现自然资源与生态环境保护领域更大范围的综合行政执法。从实践情况看,已有国家公园所在地方政府对自然资源、生态环境保护、自然或文化遗产相关执法权力、执法机构、人员编制等分阶段进行整合,由国家公园管理机构统一实行自然资源与生态环境保护综合执法。作为自然保护地"基本法",本法不仅应当为建立健全更大范围的资源环境综合执法机制提供基础性法律依据,还应当同时考虑为进一步深化改革、结合实际进行执法权综合配置的制度创新预留必要的立法空间和接口。故本条第2款明确规定，法律、法规可以根据自然保护地执法工作的实际需要授权自然保护地管理机构履行自然保护地内必要的资源环境综合执法职责。

3. 设置派出机构和委托执法

在相关法律、法规未授权自然保护地管理机构行使更大范围的资源环境综合执法权，或者虽有法律、法规的授权但范围仍有限等情况下，相关资源环境监督管理权原则上应由属地政府的相关职能部门依法行使。从统一管理保护的角度出发，此时可以采取多种方式实现自然保护地范围内的统一执法，即可以由自然保护地所在的市、县人民政府负有资源环境保护监督管理职责的有关部门在自然保护地设置派出机构或者委托自然保护地管理机构进行执法。但是，派出机构和委托执法也必须依法进行。故本条第3款在前款授权执法的基础上，进一步为通过上述方式实现自然保护地的统一执法提供了法律依据。

| 参考立法例 |

中共中央办公厅、国务院办公厅《关于建立以国家公园为主体的自然保护地体系的指导意见》（2019年）

制定自然保护地生态环境监督办法，建立包括相关部门在内的统一执法机制，在自然保护地范围内实行生态环境保护综合执法，制定自然保护地生态环境保护综合执法指导意见。

《建立国家公园体制总体方案》（2017年）

可根据实际需要，授权国家公园管理机构履行国家公园范围内必要的资源环境综合执法职责。

中共中央办公厅、国务院办公厅《关于深化生态环境保护综合行政执法改革的指导意见》（2018年）

已经实行更大范围跨领域跨部门综合行政执法的，可以继续探索。具备条件的地区可结合实际进行更大范围的综合行政执法。

《国家公园管理暂行办法》(林保发〔2022〕64 号)

第三十七条　国家公园管理机构可以按照所在地省级人民政府授权履行自然资源、林业草原等领域相关执法职责。

支持公安机关、海警机构、生态环境综合执法机构等单位在国家公园设置派出机构,依法查处违法行为。

第三十四条　省级以上人民政府应当建立健全自然保护地管理工作协调机制,统筹协调自然保护地规划、国土空间用途管制、自然资源资产管理、调整归并、生态保护补偿等重大事项,研究解决保护、建设和管理中的重大问题。

有关省、自治区、直辖市人民政府可以协商建立跨行政区域自然保护地的生态保护协作机制,加强规划和标准制定、生态环境监测、执法、信息共享等方面的协作。

自然保护地管理机构应当与自然保护地所在的市、县级人民政府及其有关部门、乡(镇)人民政府、街道办事处等建立健全协作机制,共同制定并实施有关保护管理制度,研究解决自然保护地的保护、建设和管理中的有关问题。

| 法条说明 |

本条是关于自然保护地协调协作管理机制的规定。

自然保护地所涉管理事项复杂,并非单纯的生态环境与自然资源的保护,即便是以保护为主要管理目标,其实际涉及的管理内容也是综合性的。例如,对生态环境的保护往往离不开国土空间的用途管制、生态保护补偿机制的建立等。不仅如此,作为一个自然地理空间,自然保护地的范围往往超越单一行政区划,而一般意义上的行政管理权又主要是基于行政区划而配置的。上述因素共同决定了自然保护地的管理需要建立跨地区、跨部门、多层次的协调协作机制,从而形成管理的合力。

1. 重大事项的综合协调机制

所谓重大事项,主要是指自然保护地规划、国土空间用途管制、自然资源资产管理、调整归并、生态保护补偿等关键性、全局性管理事项。此类事项往往涉及面广、需要协调的地区和部门较多,这就需要站在国家或省的层面加以总体协调、统筹解决。

2. 跨行政区域的自然保护地协作管理机制

基于生态系统原真性、完整性保护的需要,相当数量的自然保护地其空间范围超出了单一省级行政区域(如东北虎豹国家公园)。对于此类自然保护地实际管理工作中所涉及的规划和标准制定、生态环境监测、执法、信息共享等具体事项,虽然并不需要通过重大事项综合协调机制加以研究、解决,但因其跨越单一区域,仍需要在有关省级政府之间建立健全跨行政区域的生态保护协作机制。

3. 具体自然保护地区域内外的协作管理机制

对于某一自然保护地而言,其划定的区域或边界范围并不能阻隔"区内"与"区外"之间的天然关联。特别是某自然保护地的划定既依托一定的行政区域,同时又不与行政区域完全重合。这就意味着,虽然该自然保护地区域内由管理机构进行统一管理,但其与区域外属地政府的管理并非完全隔离、毫无干系。甚至在相当多的情况下,区域内良好的管理效果有赖于区域外属地管理的支持和配合。这就需要在自然保护地的管理机构与属地政府之间建立具体管理工作方面的协作机制,以实现"区内"与"区外"管理的协作。

| 参考立法例 |

《建立国家公园体制总体方案》(2017 年)

国家公园设立后整合组建统一的管理机构,履行国家公园范围内的生态保护、自然资源资产管理、特许经营管理、社会参与管理、宣传推介等职责,负责协调与当地政府及周边社区关系。

《国家公园管理暂行办法》(林保发〔2022〕64 号)

第六条　国家林业和草原局(国家公园管理局)会同国家公园所在地省级人民政府建立局省联席会议机制,统筹协调国家公园保护管理工作。

省级林业和草原主管部门和国家公园管理机构可以商国家公园所在地市、县级人民政府,建立国家公园日常工作协作机制。

国家林业和草原局(国家公园管理局)和各国家公园管理机构可以建立咨询机制,广泛听取专家学者、企事业单位、社会组织、社会公众等的意见。

中共广东省委办公厅、广东省人民政府办公厅《关于建立以国家公园为主体的自然保护地体系的实施意见》(2021 年)

建立自然资源刑事司法和行政执法高效联动的综合执法合作机制,加强区域生态环境保护和地区间生态环境联防联控联治、联合执法和警务合作。

第三十五条 国务院林业草原主管部门负责组织成立国家自然保护地专家委员会。国家自然保护地专家委员会由自然生态保护相关领域的专家组成,为全国自然保护地发展和建设管理提供咨询、论证和评审服务,具体办法由国务院林业草原主管部门制定。

省、自治区、直辖市人民政府应当建立健全省级自然保护地的决策咨询机制,可以结合实际情况和需要组织成立本行政区域的自然保护地专家委员会。

| 法条说明 |

本条是关于自然保护地管理决策咨询机制的规定。

自然保护地的管理工作具有很强的专业技术性,不仅需要政府及其相关职能部门、管理机构等忠实履行监管职责,具有相关专业知识和技能的专家还会较多地出现在相关管理活动中。而且,这种情况(专家的参与)不仅体现在生态保护与修复、生物多样性保护等具体管理工作中,更突出地体现在管理的决策中,如自然保护地的规划、咨询、论证和评审等。鉴于此,各国在自然保护地相关立法中对于专家参与决策的机制有明确规定。例如,《韩国自然公园法》第 4 条就规定,为了确保自然公园调查的科学和专业性,公园管理厅可以委托有关专门机构进行调查。[1]在我国自然保护地体系改革的实践中,无论是中央统管部门还是有关省级人民政府,也通过出台规范性文件、指导意见等方式着手建立健全专家参与决策咨询的机制,并对专家参与决策的方式、范围、效力等作出规定。作为自然保护地的"基本法",本法应当肯定专家参与决策咨询这种机制对于自然保护地管理的重要性和必要性,在为该机制的建立健全提供法律依据的同时,为下位法、同位法预留必要的立法空间。

| 参考立法例 |

国家林业和草原局办公室《关于成立国家林业和草原局国家自然保护地专家委员会、国家级自然公园评审委员会的通知》(办保字〔2019〕98号)

为提高自然保护地管理决策科学水平,经研究,我局决定组建成立"国家林业和草原局国家自然保护地专家委员会"和"国家林业和草原局国家级自然公园评审委员会",并制定了相应工作规则。

"国家林业和草原局国家自然保护地专家委员会"由自然保护地领域权威专家组成,我局分管副局长任主任委员。主要职责是,承担自然保护地保护、建设和发展的技术支持和专家咨询服务,主要对自然保护地发展战略、总体发展规划方案、重大专题、重大项目等有关政策与重大问题提供专家咨询和建议。承担自然保护地相关重大课题科学研究、重大成果论证及我局部署的其他重大问题的专家咨询。参与国家公园、国家级自然保护区、国家级自然公园(包括但不限于风景名胜区、地质公园、矿山公园、海洋特别保护区、森林公园、湿地公园)等国家自然保护地设立、晋升、范围调整、撤销等评审工作。

"国家林业和草原局国家级自然公园评审委员会"由自然公园领域经验丰富的专家和我局业务主管司局代表组成,分管副局长任评审委员会主任。主要职责是,承担国家级自然公园类保护地(包括但不限于国

---

〔1〕 参见刘佳奇:《国家公园建设中的核心法律问题研究》,辽宁大学出版社2020年版,第171页。

家级风景名胜区、国家地质公园、国家矿山公园、国家湿地公园、国家森林公园、国家海洋特别保护区等)的新建、范围调整及撤销的评审工作,提出评审意见。

中共湖北省委办公厅、湖北省人民政府办公厅《湖北省建立以国家公园为主体的自然保护地体系实施方案》(2021 年)

建立全省自然保护地专家委员会和评审委员会,加强对全省自然保护地的技术指导、规划评审和决策咨询。

第三十六条 自然保护地内的村(居)民委员会可以通过联户参与、签订管护协议等形式,协助有关政府或负有自然保护地监督管理职责的部门、机构等开展自然保护地的巡查、管护等工作。

鼓励自然保护地内及其周边区域的居民通过依法制定并实施村规民约、社区公约等方式,参与自然保护地的生态保护、建设与发展。

| 法条说明 |

本条是关于自然保护地社区治理模式的规定。

理论上,社区治理是指政府、社区组织、居民等多元主体基于公共利益和社区认同,通过相互间协调合作和自身的有效参与,对社区范围内公共事务所进行的治理。对于自然保护地内的社区及其成员而言,保护地是其生产生活的基本空间和物质载体。换言之,自然保护地内的社区及其成员必然需要利用这一空间及空间内的自然资源从事一定的经济社会活动。从政府管理和加强保护的角度出发,社区及其成员自然是被监管者、行政相对人。但如果从为包括当地社区及其成员在内的全体国民提供良好生态产品和服务的角度出发,政府同社区及其成员之间明显具有共同的目标追求,这就使社区及其成员参与自然保护地管理进而实现多元共治具有了利益基础。特别是,当社区及其成员认同政府的管理目标并使其活动充分融入自然保护地的发展和管理保护后,其与政府间的关系也随之从对立走向合作,从而显著提升自然保护地的治理水平、能力和效果。

不仅如此，社区参与治理还可以打破自然保护地“区内”与“区外”的空间管控界限，从而在更大范围内参与自然保护地的生态保护、建设与发展。从世界范围看，原著居民及其社区的参与治理也是自然保护地治理体系建立过程中行之有效的、不可或缺的组成部分。从实践情况看，社区治理的主要方式包括但不限于联户参与、签订（巡查）管护协议以及制定并实施村规民约、社区公约等。

| 参考立法例 |

《生物多样性公约》缔约方大会Ⅸ/18号决议

19. 鼓励各缔约方确保关于保护区的保护和发展活动有助于消除贫穷、可持续发展，并根据国家立法和实际情况确保公平和公正地分享因建立和管理保护区而产生的惠益，同时并确保土著和地方社区的全面有效地参与，并考虑到土著和地方社区自行的管理系统和习惯使用。

中共中央办公厅、国务院办公厅《关于建立以国家公园为主体的自然保护地体系的指导意见》（2019年）

推行参与式社区管理，按照生态保护需求设立生态管护岗位并优先安排原住居民。

《国家湿地公园管理办法》（林湿发〔2017〕150号）

第十六条　国家湿地公园管理机构应当建立和谐的社区共管机制，优先吸收当地居民从事湿地资源管护和服务等活动。

《国家公园管理暂行办法》（林保发〔2022〕64号）

第二十三条　国家公园管理机构应当建立巡护巡查制度，组织专业巡护队伍，开展日常巡查工作，及时掌握人类活动和资源动态变化情况。

第三十七条　自然保护地周边区域的乡（镇）人民政府、街道办事处、村（居）民委员会可以通过相互或与自然保护地管理机构签订合作保护协议等方式,共同保护自然保护地及其周边的自然资源。

各类各级自然保护地管理机构之间可以通过联合巡护、互通信息、执法协作等方式开展合作,共同促进自然生态系统的完整保护。

| 法条说明 |

本条是关于自然保护地合作治理模式的规定。

传统意义上对自然保护地"中央区+外围区"的划分,主要是一种空间上的"分区",区内、区外由所谓的"管理边界"严格加以区分。一条边界可以明确界定自然保护地的行政管理权属,但不能隔断保护地内外的各种自然、经济、社会和文化联系。[1] 一方面,这种人为划定的边界式未必充分考虑到时空双重因素对保护的要求(如动物迁徙等);另一方面,在土地权属复杂的区域,这也可能难以将完整的生态系统全部划入自然保护地,很难确保生态系统保护的完整性。

为了克服人为划定空间可能带来的上述问题,美国国家公园实施了所谓的"界外管理",就是国家公园管理机构通过各种方法对国家公园边界外的土地利用、设施建设、人类活动等进行管理和协调,目的在于避免和解决潜在的冲突、保护公园资源和价值、提供游客游憩机会以及社区共赢。[2] 又如,法国在国家公园的建设过程中则采取了"核心区+加盟区"模式。亦即,在保障核心区得到充分保护的前提下,充分尊重民众意愿、充分吸纳社区加盟,尽可能地以合约协商方式(国家公园管委会与各个加盟市镇签署实施协议)扩大同一生态系统下国家公园的空间范围,以达成完整性、原真性保护目标。目前,我国的自然保护地及其周边区域有大量原住居民和社区的存在,土地等自然资源的权属状况也较为复杂。故借鉴国外有益经验,自然保护地及其周边区域的相关管理主体在自然资源、生态系统保护等方面建立合作治理机制是十分必要的。

---

〔1〕 参见杨锐等:《国家公园与自然保护地研究》,中国建筑工业出版社2015年版,第113页。

〔2〕 参见杨锐等:《国家公园与自然保护地研究》,中国建筑工业出版社2015年版,第36~38页。

| 参考立法例 |

中共中央办公厅、国务院办公厅《建立国家公园体制总体方案》(2017 年)

周边社区建设要与国家公园整体保护目标相协调，鼓励通过签订合作保护协议等方式，共同保护国家公园周边自然资源。

《法国环境法典》

第 L331－1 条　国家公园包含一个或多个核心区和一个扩展区。核心区被定义为，被保护的陆地和海洋空间；扩展区被定义为，特别因其地理连续性或与核心区生态互助性而可以构成国家公园一部分，并决定加入国家公园宪章并自愿促进保护的市镇领土的全部或部分。

《日本自然公园法》

第五十条　公园管理团体应当执行下列业务……

第五十一条　公园管理团体应当在与环境大臣和地方公共团体密切合作的情况下，执行前条第一款规定的业务。

第三十八条　公民、法人和其他组织可以通过社区共建、协议保护、授权管理和领办生态保护项目等方式，参与自然保护地的生态保护、建设与发展。

除设立并治理社区保护地、公益保护地外，公民、法人和其他组织还可以根据相关法律、法规、规划等，对于自然保护地以外的陆域或海域开展其他公益性生态保护活动。

| 法条说明 |

本条是关于自然保护地公益治理模式的规定。

按照世界自然保护联盟的划分方式，自然保护地的治理类型分为政府治理、共同治理、公益治理和社区治理四种。其中，“公益治理”可以在两种语境中适用：其一，公益治理是指私人土地所有者或控制者为保护自然、认可一定的自然保护地管理目标、自愿将其土地设置为自然保护地的治理机制;其二,公益治理强调私人、非政府组织或者企业控制和(或)拥有的自然保护地。[1] 在我国社会主义公有制的制度体系下,公益治理主要是指在政府主导的基础上,由民间主体(公民、法人和其他组织)具体负责全部或部分自然保护地事务的模式,如前述的"社区(公益)保护地"就是此种模式最典型的实践表现之一。一方面,公益治理模式可以在政府的监督之下帮助实现对各类各级自然保护地无法覆盖的陆域和海域进行保护,并在面对环境变化、威胁或机遇的情况下,更快地调整管理方式,是对既有自然保护地体系的有益补充。另一方面,相比单纯依靠政府的财政投入和监督管理,公益治理模式可以在政府的监督之下通过公益信托等多元化资金投入机制满足自然保护地长期运营的资金需求,并可以通过发展可持续的生态农业、推动社区定制农产品的发展、设立教育基金等方式有效协调自然保护地内及其周边区域保护与发展的关系。[2]

作为全民共享的公益性事业,我国自然保护地的发展与建设管理需要也应当充分调动全社会的积极性,在全社会范围内广泛形成治理合力。2017 年年底,20 多家公益组织共同发起成立了"社会公益自然保护地联盟";2019 年,该联盟对公益保护地进行了年度统计和评估,共确认 39 块公益保护地,面积为 7630 平方公里,占国土面积 0.079%。[3] 基于公益治理模式的上述优势及有益探索,在科学构建自然保护地基本管理体制的基础上,本条确认了此种有益的自然保护地治理模式及其主要实现方式。结合我国相关实践和域外经验,公益治理模式的实现方式除设立并治理社区(公益)保护地外,还包括社区共建、协议保护、授权管理和领办生态保护项目等。

---

〔1〕 参见刘超:《自然保护地公益治理机制研析》,载《中国人口 · 资源与环境》2021 年第 1 期。

〔2〕 参见杨月、黄凯、黄宝荣:《国家公园建设背景下的公益型保护地研究进展》,载《中国环境管理》2019 年第 3 期。

〔3〕 参见大自然保护协会(TNC):《2019 公益保护地观察报告——社会公益保护地联盟》,载百度网 2019 年 11 月 25 日,https://baijiahao.baidu.com/s?id=1651151919414335020&wfr=spider&for=pc。

| 参考立法例 |

国务院办公厅《关于鼓励和支持社会资本参与生态保护修复的意见》(国办发〔2021〕40 号)

鼓励公益组织、个人等与政府及其部门合作,参与生态保护修复,共同建设生态文明。

中共中央办公厅、国务院办公厅《关于建立以国家公园为主体的自然保护地体系的指导意见》(2019 年)

探索公益治理、社区治理、共同治理等保护方式。

第二节 规划和标准

第三十九条 依法制定并实施的有关自然保护地发展和建设管理的规划、标准,是自然保护地监督管理的基本依据。

有关自然保护地发展和建设管理的规划,应当符合国土空间开发保护要求,遵循下级规划服从上级规划、专项规划服从总体规划的原则。

依法制定并实施的国土空间规划,应当将生态功能重要、生态环境敏感脆弱以及其他有必要严格保护的各类自然保护地纳入生态保护红线管控范围。

| 法条说明 |

本条是关于自然保护地规划的一般性规定。

从环境管理学的角度讲,规划是管理的空头,是连接宏观的政策、法律与微观的项目、活动之间的桥梁。从世界范围看,依规划行政是政府实施公共事务管理过程中的一种普遍性、共识性做法。具体到自然保护地领域,上至中央政府及其有关职能部门、机构,下至属地政府及其有关职能部门、机构等制定了大量的规划,并且在自然保护地的实际管理过程中得到广泛使用。基于此,本法应当建立健全有关自然保护地规划的法律制度体系,使其在法治化的轨道上发挥其应有的作用。

1. 自然保护地规划的效力

规划是人类活动具有计划性的显著表现,也是一种"未雨绸缪"的工作。而其重要表现就是最终形成的规划文本,如《中国自然保护区发展规划纲要(1996—2010年)》。然而,规划文本的形成只是实现了规划"从无到有",其未必在实际管理过程中就当然会得到有效的实施,"墙上挂挂、纸上画画"就曾是规划实际实施过程中的真实写照。为了确保制定后的各级各类自然保护地规划能够得以有效实施,本条第1款首先就明确了其作为基本管理依据的效力。

2. 自然保护地规划间的基本关系

前文已述,在按照规划管理自然保护地的过程中,政府及其有关部门、机构等制定了大量的规划,从而形成了自然保护地的规划体系。但是,这些规划的制定主体不一、内容不同、范围各异,如果不能有效理顺规划之间的相互关系,则难以保障自然保护地规划体系的统一性、协调性、有效性。因此,本条第2款明确了处理自然保护地相关规划间关系的基本原则:(1)下级规划服从上级规划。相较而言,上级规划是在更高起点、更大范围筹划自然保护地管理事务。故下级规划需要按照上级规划的要求,使其目标、原则、任务、措施等通过下级规划的落实和分解得到贯彻。(2)专项规划服从总体规划。总体规划强调对自然保护地规划的系统性、整体性、综合性,而专项规划侧重规划领域和内容的专业性、专向性。从山水林田湖草沙系统治理的角度讲,专项规划的制定和实施必须以服从系统性、整体性管理为基本原则,即必须服从并满足总体规划的相关要求。

3. 将自然保护地纳入国土空间规划

当前,我国正在深入开展国土空间规划体系的改革及其实践。国土空间规划是国家空间发展的指南、可持续发展的空间蓝图,是各类开发保护建设活动的基本依据。建立国土空间规划体系并监督实施,将主体功能区规划、土地利用规划、城乡规划等空间规划融合为统一的国土空间规划,实现"多规合一",强化国土空间规划对各专项规划的指导约束作用,是党中央、国务院作出的重大部署。以国土空间规划为依据,未来将优化城镇化格局、农业生产格局、生态保护格局,对所有国土空间分区分类实施用途管制。按照国土空间规划体系改革的要求，未来国土空间将主要划分为“三区三线”，即根据城镇空间、农业空间、自然生态空间三种类型的空间，分别对应划定的城镇开发边界、永久基本农田保护红线、生态保护红线三条控制线。作为生态建设的核心载体，自然保护地重要的建设目标就是提升自然生态空间承载力，这一自然地理空间应当作为优化国土空间生态保护格局的重点规划和管控区域。故本条第3款规定，对于那些生态功能重要、生态环境敏感脆弱以及其他有必要严格保护的各类自然保护地，应当依法纳入自然生态空间并划入生态保护红线管控范围之内。

| 参考立法例 |

中共中央、国务院《关于建立国土空间规划体系并监督实施的若干意见》(2019年)

(十三)健全用途管制制度。以国土空间规划为依据，对所有国土空间分区分类实施用途管制。……对以国家公园为主体的自然保护地、重要海域和海岛、重要水源地、文物等实行特殊保护制度。

中共中央办公厅、国务院办公厅《关于建立以国家公园为主体的自然保护地体系的指导意见》(2019年)

要将生态功能重要、生态环境敏感脆弱以及其他有必要严格保护的各类自然保护地纳入生态保护红线管控范围。

《神农架国家公园保护条例》(2019年)

第十五条　编制神农架国家公园规划应当符合全国生态功能区划、国家和省主体功能区规划，与土地利用规划和城乡规划等空间规划相衔接，严守资源环境生态红线。

第四十条　国务院林业草原主管部门应当会同国务院发展改革、自然资源、生态环境、水行政等有关部门，根据全国国土空间规划编制全国自然保护地体系发展规划，征求国务院其他有关部门和各省、自治区、直辖市人民政府的意见后,报国务院批准并公布实施。

全国自然保护地体系发展规划的内容应当包括自然保护地发展目标、规模和划定区域等,将生态功能重要、生态系统脆弱、自然生态保护空缺的区域纳入自然保护地体系。

| 法条说明 |

本条是关于全国自然保护地体系发展规划的一般性规定。

在自然保护地规划体系中,全国自然保护地体系发展规划应定位于国家层级的总体规划,是对全国范围内自然保护地体系高质量建设所做出的顶层设计。

1. 全国自然保护地体系发展规划的制定程序

如果从规划制定全过程的角度出发,其在理论上主要包括编制、审批(批准)两个基本程序。

(1)编制程序。编制是规划整个生命周期的起点,即以深入、细致、全面了解资源环境、经济发展水平、自然保护地发展现状为基础,通过运用现代科学技术手段与方法,对现状与未来发展趋势进行分析与评价。在此基础上,初步提出规划的目标、方案、措施,最终形成规划的草案。就全国自然保护地体系发展规划而言,考虑到其兼具行业管理与综合管理的属性,应当由自然保护地中央统管部门牵头、相关部门共同参与编制。同时,考虑到前述自然保护地主要应纳入国土空间规划体系中的自然生态空间,故其编制过程中应当以全国国土空间规划为依据,亦即,在国土空间规划和管制的意义上落实"专项规划服从总体规划"这一原则。

(2)审批(批准)程序。该程序的作用是使最终确定之规划内容合理妥善,便于具体实施规划内容时顺利进行,而达预定之目标。如在德国行政法理论中,审批(批准)程序被称为"确定程序",即确定规划的法律效力并形成权力(利)义务关系。首先,为使这一全国范围内具有法律效力的自然保护地基本管理依据能集思广益且考虑更为周详,本条规定其审批(批准)之前应当广泛征求国务院其他有关部门和各省、自治区、直辖市人民政府的意见。其次,为防止职能上的混合可能使规划成为编制主体的“偏私”，本条规定参考了国家生态环境保护规划等采用“编审主体分离”的程序性要求。亦即，其审批（批准）主体应明确为国务院而非编制规划的国务院有关部门。最后，全国自然保护地体系发展规划的对象和目标都具有显著的全民共享性，故最终确定的规划文本应当由审批（批准）主体向全社会公开。这既是保障公民知情权的程序性要求，也是体现规划作为基本管理依据的必然要求。

2. 全国自然保护地体系发展规划的基本内容

法律对于规划的规制，除可体现在程序规制外，还可以体现在对于规划内容的规制上。按照《指导意见》的有关改革部署和要求，本条第2款对于全国自然保护地体系发展规划内容的法律规制主要从以下两方面具体实现：其一，依法明确该规划所应包含的基本内容构成，具体包括自然保护地体系发展的目标、规模和划定区域。其二，对于该规划中的重要内容提出明确的法律要求。考虑到国家级的规划应当突出总体性、全局性安排，故其重要内容在于应当将生态功能重要、生态系统脆弱、自然生态保护空缺的区域纳入自然保护地体系。

| 参考立法例 |

《中华人民共和国环境保护法》（2014年）

第十三条　县级以上人民政府应当将环境保护工作纳入国民经济和社会发展规划。

国务院环境保护主管部门会同有关部门，根据国民经济和社会发展规划编制国家环境保护规划，报国务院批准并公布实施。

县级以上地方人民政府环境保护主管部门会同有关部门，根据国家环境保护规划的要求，编制本行政区域的环境保护规划，报同级人民政府批准并公布实施。

环境保护规划的内容应当包括生态保护和污染防治的目标、任务、保障措施等，并与主体功能区规划、土地利用总体规划和城乡规划等相衔接。

中共中央办公厅、国务院办公厅《关于建立以国家公园为主体的自

然保护地体系的指导意见》(2019 年)

落实国家发展规划提出的国土空间开发保护要求,依据国土空间规划,编制自然保护地规划,明确自然保护地发展目标、规模和划定区域,将生态功能重要、生态系统脆弱、自然生态保护空缺的区域规划为重要的自然生态空间,纳入自然保护地体系。

《浙江省自然保护地体系发展"十四五"规划》(浙发改规划〔2021〕163 号)

为全面贯彻习近平生态文明思想,高质量建设自然保护地体系,做好顶层设计、夯实发展基础、优化发展框架,特编制《浙江省自然保护地体系发展"十四五"规划》。本规划依据《浙江省国民经济和社会发展第十四个五年规划和二〇三五年远景目标纲要》和自然保护地工作相关政策要求制定,规划期限为 2021—2025 年,展望至 2035 年。

第四十一条 国务院林业草原主管部门应当根据全国国土空间规划和全国自然保护地发展规划,分别编制全国国家公园、自然保护区、自然公园发展规划,征求国务院有关部门和各省、自治区、直辖市人民政府的意见后,报国务院批准并公布实施。

省、自治区、直辖市人民政府应当按照中央与地方有关自然保护地的事权划分,根据全国和本级国土空间规划以及全国国家公园、自然保护区、自然公园总体规划,结合本地实际组织有关部门制定省级自然保护地发展规划。

对于在本行政区域内设立中央地方共同管理或委托省级人民政府代理行使全民所有自然资源资产所有权的自然保护地的,有关省、自治区、直辖市人民政府应当根据前款规定,组织有关部门制定本行政区域各该类自然保护地的发展规划,并报国务院林业草原主管部门备案。

| 法条说明 |

本条是关于各类各级自然保护地发展规划的规定。

考虑到国家公园、自然保护区、自然公园这三类自然保护地的生态价值、管理要求、管理层级等存在差别,故在全国自然保护地体系发展规划的基础上,还应据此对各级各类自然保护地的发展进行相应的顶层设计。《指导意见》中也确定了到2020年“提出国家公园及各类自然保护地总体布局和发展规划”这一改革任务和目标。基于规划顶层设计的属性以及此轮改革对于自然保护地管理的事权配置情况,制定各类各级自然保护地发展规划的权力应当由中央和省级具体行使。

具体而言:首先,自然保护地的中央统管部门应当基于其法定职责,分别编制国家公园、自然保护区、自然公园三类保护地各自的国家级发展规划,参照全国自然保护地体系发展规划的制定程序进行必要的意见征求后报国务院批准并公布实施。其次,无论是对本行政区域内的省级自然保护地,还是对本行政区域内中央委托和央地共管的国家级自然保护地,省级人民政府都负有重要的管理职责。故省级人民政府应当在其事权范围内,根据国土空间规划及相关国家级自然保护地发展规划,结合本地实际组织有关部门制定本省的自然保护地发展规划。最后,在本行政区域内设有中央地方共同管理或委托省级人民政府代理行使全民所有自然资源资产所有权的自然保护地的情况下,该省级人民政府还应当进一步组织制定本行政区域内各类自然保护地的发展规划。为确保省级规划能够有效落实国家级规划的目标和相关要求,本条第3款还专门规定了省级各类自然保护地发展规划应当向中央统管部门备案。

| 参考立法例 |

《中华人民共和国自然保护区条例》(2017年)

第十七条第一款　国务院环境保护行政主管部门应当会同国务院有关自然保护区行政主管部门,在对全国自然环境和自然资源状况进行调查和评价的基础上,拟订国家自然保护区发展规划,经国务院计划部门综合平衡后,报国务院批准实施。

《国家公园管理暂行办法》(林保发〔2022〕64号)

第八条　国家林业和草原局(国家公园管理局)依据国土空间规划

和国家公园设立标准,编制国家公园空间布局方案,按程序报批。

国家林业和草原局(国家公园管理局)根据经批准的国家公园空间布局方案,组织开展国家公园设立前期工作,编制设立方案,按程序报国务院审批。

第四十二条 中央政府直接行使全民所有自然资源资产所有权的国家公园,应当由国务院林业草原主管部门组织其所在的省、自治区、直辖市人民政府,根据全国国土空间规划和全国国家公园总体规划编制该国家公园的总体规划,在征求国务院有关部门的意见后,报国务院批准并公布实施。

中央委托省级人民政府代理行使全民所有自然资源资产所有权的国家公园,应当由其所在的省、自治区、直辖市人民政府组织有关部门根据全国国土空间规划和全国国家公园总体规划编制该国家公园的总体规划,经国务院林业草原主管部门审查并征求国务院有关部门的意见后,报国务院批准并公布实施。

法律、法规、规章对于国家公园总体规划的制定另有规定的,还应当适用其规定。

| 法条说明 |

本条是关于各国家公园总体规划的规定。

国家公园是我国自然保护地最重要类型之一,是我国自然生态系统中最重要、自然景观最独特、自然遗产最精华、生物多样性最富集的部分。这就意味着,任何一个依法设立的国家公园都承载着全球价值、国家象征的重大功能。正因如此,《总体方案》要求立足我国生态保护现实需求和发展阶段,科学确定国家公园空间布局,成熟一个设立一个,有步骤、分阶段推进国家公园建设。为了对每个依法设立国家公园真正实行整体保护、系统修复、综合治理,必须按照自然生态系统整体性、系统性及其内在规律对各国家公园进行总体规划。实践中,各国家公园(包括此前的国家公园体制试点区)在批准设立之初就制定了各自的总体规划,如《三江源国家公园总体规划》《武夷山国家公园总体规划》等。

结合国家公园体制改革的实践及《“十四五”林业草原保护发展规划纲要》的有关要求,未来国家公园将存在中央直管(如东北虎豹国家公园)和中央委托省级政府管理(如三江源国家公园)两种基本管理模式。据此,该两模式国家公园的总体规划虽然都应包括编审及公布实施等基本程序,但基于央地事权配置的模式差别,实际的编审主体和程序也相应地存在一定差别。首先,中央政府直接行使全民所有自然资源资产所有权的国家公园,应直接由自然保护地的中央统管部门组织其所在的省、自治区、直辖市人民政府,根据全国国土空间规划和全国国家公园总体规划组织编制该国家公园的总体规划,在征求国务院有关部门的意见后,报国务院批准并公布实施。其次,对于中央委托省级人民政府代理行使全民所有自然资源资产所有权的国家公园而言,因其实际管理事权配置给了其所在的省、自治区、直辖市人民政府,故应由属地省级人民政府组织有关部门依据全国国土空间规划和全国国家公园总体规划编制该国家公园的总体规划。但考虑到国家公园具有国家代表性,故此类国家公园的总体规划经属地省级人民政府完成编制后应先交由中央统管部门审查,再征求国务院有关部门的意见,最终报国务院批准并公布实施。

此外,考虑到《国家公园法》已经列入全国人大常委会的立法规划,其中对于有关国家公园的规划体系可能存在更明确、更具体的规定,而各地区在国土空间规划和国家公园体制改革过程中也可能通过出台地方立法继续进行规划制度的探索和创新。故本条第2款通过明确与同位法、下位法之间关系(“另有规定的,依照其规定”),既确保了自然保护地立法体系内部的统一性、协调性,也兼顾了未来规划制度持续改革创新的实际需要,更体现了本法之于自然保护地立法体系的“基本法”地位。

| 参考立法例 |

中共中央办公厅、国务院办公厅《建立国家公园体制总体方案》(2017年)

编制国家公园总体规划及专项规划,合理确定国家公园空间布局,明确发展目标和任务,做好与相关规划的衔接。

《云南省国家公园管理条例》(2015年)

第十二条　国家公园规划包括云南省国家公园发展规划以及单个国家公园的总体规划、详细规划。国家公园规划应当与其他法定规划相衔接,并按照下列规定编制和批准:

……

(二)国家公园的总体规划由所在地的州(市)人民政府组织编制,经省人民政府林业行政部门审核后,报省人民政府批准;……

第四十三条　国家级自然保护区和国家级自然公园,应当按照中央与地方有关的事权划分,由其所在的省、自治区、直辖市人民政府自然保护地主管部门或其管理机构编制各该自然保护区或自然公园的总体规划,经其所在的省、自治区、直辖市人民政府审查后,报国务院林业草原主管部门批准并公布实施。

省级自然保护区和省级自然公园,应当由其所在的省、自治区、直辖市人民政府自然保护地主管部门编制该自然保护区或自然公园的总体规划,报其所在的省、自治区、直辖市人民政府批准并公布实施。

法律、法规、规章对于自然保护区、自然公园总体规划的制定另有规定的,还应当适用其规定。

| 法条说明 |

本条是关于各自然保护区、自然公园总体规划的规定。

实践中,各级各类自然保护区、自然公园的数量众多、管理主体各异。故单个自然保护区或自然公园的总体规划需要结合其实际管理情况,明确相应的规划制定程序及有关要求。首先,对于国家级自然保护区、国家级自然公园而言,如果实行中央直管的,其总体规划应有中央设立的该自然保护地管理机构负责编制;如果实行央地共管或委托地方管理的,则应按照具体央地事权划分情况由属地省级人民政府自然保护地主管部门或自然保护地管理机构编制。之后,均应经其所在的省级人民政府审查后,报自然保护地中央统管部门批准并公布实施。其次,对于省级自然保护区、省级自然公园而言,规划权完全属于地方事权,故其总体规划由该省级人民政府自然保护地主管部门编制,报其所在的省、自治区、直辖市人民政府批准并公布实施即可。在此基础上,考虑到自然保护区、自然公园已经且未来还将进一步加强相关立法工作(如对《自然保护区条例》的修改),故本条第3款与前条同样规定了处理同位法、下位法等相关立法规定间关系的基本准则。

| 参考立法例 |

《中华人民共和国自然保护区条例》(2017年)

第十七条第二款　自然保护区管理机构或者该自然保护区行政主管部门应当组织编制自然保护区的建设规划,按照规定的程序纳入国家的、地方的或者部门的投资计划,并组织实施。

《风景名胜区条例》(2016年)

第十六条　国家级风景名胜区规划由省、自治区人民政府建设主管部门或者直辖市人民政府风景名胜区主管部门组织编制。

省级风景名胜区规划由县级人民政府组织编制。

第十九条第一款　国家级风景名胜区的总体规划,由省、自治区、直辖市人民政府审查后,报国务院审批。

第二十条第一款　省级风景名胜区的总体规划,由省、自治区、直辖市人民政府审批,报国务院建设主管部门备案。

《湖南省森林公园条例》(2018年)

第十三条　省级森林公园总体规划,报省人民政府林业主管部门审批;县级森林公园总体规划,报县级人民政府林业主管部门审批,并报上一级林业主管部门备案。

森林公园总体规划编制完成后,应当自批准之日起十五日内向社会公开。

在森林公园总体规划批准前,不得在森林公园建设永久性设施。

第四十四条 国家公园管理机构可以根据该国家公园的总体规划,结合实际需要编制该国家公园有关生态保护修复、生态旅游、自然教育等专项规划或实施方案,按照中央与地方有关的事权划分报国务院林业草原主管部门或其所在的省、自治区、直辖市人民政府批准并公布实施。

国家级自然保护区、国家级自然公园的管理机构可以根据该自然保护区或自然公园的总体规划,结合实际需要编制该自然保护区或自然公园的有关专项规划,按照中央与地方有关的事权划分报国务院林业草原主管部门或其所在的省、自治区、直辖市人民政府批准并公布实施。

省级自然保护区、省级自然公园的管理机构可以根据该自然保护区或自然公园的总体规划,结合实际需要编制该自然保护区或自然公园的有关专项规划,报其所在的省、自治区、直辖市人民政府自然保护地主管部门批准并公布实施。

法律、法规、规章对于各级各类自然保护地专项规划的制定另有规定的,还应当适用其规定。

| 法条说明 |

本条是关于各自然保护区、自然公园专项规划的规定。

专项规划是根据各自然保护区或自然公园的总体规划,针对保护地发展和建设管理的某一领域、某一事项等专门进行的规划。考虑到,各级各类自然保护区或自然公园在管理过程中对于专项规划制定的具体需要及事项存在较大差别,故本条并未一概要求各级各类自然保护区和自然公园都必须制定专项规划,而是规定了“可以结合实际需要”编制。但对于各自然保护区、自然公园而言,上述规定并不意味着制定专项规划就是“可有可无”或者可以完全自由裁量的。如果相关法律、法规等对于自然保护区或自然公园制定专项规划有明确的要求,则按本条第 4 款的规定应从其特别规定。此外,鉴于专项规划事项更具体、内容更专业,宜由自然保护地的中央统管部门、其所在的省级人民政府、其所在的省级人民政府自然保护地主管部门依法分别行使相应的审批权并公布实施。

| 参考立法例 |

《风景名胜区条例》(2016年)

第十五条　风景名胜区详细规划应当根据核心景区和其他景区的不同要求编制,确定基础设施、旅游设施、文化设施等建设项目的选址、布局与规模,并明确建设用地范围和规划设计条件。

风景名胜区详细规划,应当符合风景名胜区总体规划。

第十九条第二款　国家级风景名胜区的详细规划,由省、自治区人民政府建设主管部门或者直辖市人民政府风景名胜区主管部门报国务院建设主管部门审批。

第二十条第二款　省级风景名胜区的详细规划,由省、自治区人民政府建设主管部门或者直辖市人民政府风景名胜区主管部门审批。

《国家公园管理暂行办法》(林保发〔2022〕64号)

第十一条　国家公园总体规划应当自批准设立之日起一年内编制完成。

国家公园管理机构可以根据国家公园总体规划,编制生态保护修复、生态旅游、自然教育等专项规划或实施方案,并按程序报批后组织实施。

国家林业和草原局(国家公园管理局)定期组织对国家公园总体规划和专项规划的实施情况开展评估。确需调整总体规划和专项规划的,应当报原审批机关批准。

第四十五条　各类各级自然保护地的管理机构可以根据总体规划以及其他正在执行期的专项规划或实施方案,结合实际需要制定该自然保护地的管理计划。

法律、法规对于各类各级自然保护地制定和实施管理计划另有规定的,还应当适用其规定。

| 法条说明 |

本条是关于各自然保护地管理计划的规定。

前述各级各类规划的周期(规划期)往往相对较长,如《海南热带雨林国家公园总体规划》的基准年为2018年,规划期限为2019~2025年。在相对较长的规划期内,需要分步骤、分阶段推进规划所设定的相关目标、任务、措施等,而制定管理计划是实践中一种行之有效的手段,是开展保护管理、科研监测、宣传教育、社区管理等日常工作的详细方案。例如,美国国家公园的战略规划中就需考虑年度目标与长期目标的联系,同时还制定年度工作计划及报告以保证与国家公园管理局的预算发展具有一致性。[1] 考虑到管理计划对于各级各类自然保护地而言未必在所有的时空条件下均需适用,故本条授权自然保护地管理机构可以结合实际需要加以制定。同时,如果某类(如国家公园)或某些自然保护地(如某省)对管理计划有具体规定或另有规定的(如必须制定管理计划),则从其规定。

| 参考立法例 |

《自然保护区管理计划编制指南》(LY/T 2937—2018)

1 范围

……本标准适用于自然保护区的管理计划编制工作,国家公园、森林公园、湿地公园、沙漠公园等的管理计划编制可参照执行。

……

3.2　自然保护区管理计划

自然保护区开展保护管理、科研监测、宣传教育、社区管理等日常工作的详细方案。

……

5.1　衔接性

自然保护区管理计划应与总体规划以及其他正在执行期的专项规

---

〔1〕 参见杨彦锋等:《国家公园:他山之石与中国实践》,中国旅游出版社2018年版,第119页。

划衔接。

5.2 实施期

自然保护区管理计划实施周期为3～5年,可根据自然保护区的发展情况进行修编。项目、子项目、任务的实施期可以年、季度或季节为单位。

第四十六条 本节规定的各类各级自然保护地总体规划,应当在规划编制过程中组织进行环境影响评价,编写该规划有关环境影响的篇章或说明。规划中有关生态环境影响的篇章或者说明,应当对规划实施后可能造成的生态环境影响作出分析、预测和评估,提出预防或者减轻不良生态环境影响的对策和措施,作为规划草案的组成部分一并报送规划审批机关。未编写有关生态环境影响的篇章或者说明的规划草案,审批机关不予审批。

本节规定的各类各级自然保护地专项规划,应当在该专项规划草案上报审批前,组织进行环境影响评价,并向审批该专项规划的机关提出环境影响报告书。未编写、提交环境影响报告书的规划草案,审批机关不予审批。

| 法条说明 |

本条是关于各级各类自然保护地规划环境影响评价的规定。

随着我国经济活动范围和规模的不断扩大,区域开发、产业发展和自然资源开发利用所造成的环境影响越来越突出,特别是因有关开发利用规划所造成的各种生态环境问题已经成为影响我国可持续发展的重大问题。近几十年我国经济社会发展的历史表明,政府及其有关部门制定的某些开发利用规划相对于具体的建设项目来说,实施后对生态环境的负面影响更深、更持久,影响范围也更广泛。如果政府及其有关部门在制定有关开发利用规划的过程中能够慎重考虑相关规划对生态环境可能产生的影响,并采取相应的措施,不仅可以预防其可能带来的负面影响,还可大大减少事后治理所带来的经济损失和社会矛盾。为此,2003年颁布实施的《环境影响评价法》将我国环境影响评价制度的适用对象,由单纯地评价建设项目,扩大到评价对环境有影响的一些开发利用规划(以下简称规划环评)。[1]

从理论上讲,虽然各级各类自然保护地的规划主要功能和目标在于生态系统和自然资源的保护,但同时并不能忽视其具有的多元价值和功能。例如,宣教游憩、设施建设、民生改善等在相关规划中是重要的内容或规划的主要对象,甚至生态保护与修复过程本身也需要考虑对资源环境原生状态的影响。也就是说,制定并实施各级各类自然保护地规划,同样可能对生态环境产生影响,故有必要将其纳入规划环境影响评价制度的适用范围。实践中,《神农架国家公园保护条例》已明确规定了此项制度,《三江源国家公园总体规划》中也专设"环境影响评价和效益评估"作为一章。

根据《环境影响评价法》的有关规定,将纳入规划环评的有关开发利用规划具体分为综合性规划("一地三域")和专项规划,进而分别对其提出相应的具体环评要求。考虑到,各级各类自然保护地的总体规划是对这一自然地理空间进行的全面、系统规划,其在性质上与"一地三域"的综合性规划高度契合,可比照此类规划设定相应的环评要求;而各级各类自然保护地的专项规划则是对某一领域、某一问题进行的专门、具体的规划,可比照专项规划环评制度设定其具体的环评要求。

| 参考立法例 |

《中华人民共和国环境影响评价法》(2018 年)

第七条第一、二款　国务院有关部门、设区的市级以上地方人民政府及其有关部门,对其组织编制的土地利用的有关规划,区域、流域、海域的建设、开发利用规划,应当在规划编制过程中组织进行环境影响评价,编写该规划有关环境影响的篇章或者说明。

规划有关环境影响的篇章或者说明,应当对规划实施后可能造成的环境影响作出分析、预测和评估,提出预防或者减轻不良环境影响的对

[1] 参见吕忠梅主编:《中华人民共和国环境保护法释义》,中国计划出版社 2014 年版,第 77 页。

策和措施,作为规划草案的组成部分一并报送规划审批机关。

第八条　国务院有关部门、设区的市级以上地方人民政府及其有关部门,对其组织编制的工业、农业、畜牧业、林业、能源、水利、交通、城市建设、旅游、自然资源开发的有关专项规划(以下简称专项规划),应当在该专项规划草案上报审批前,组织进行环境影响评价,并向审批该专项规划的机关提出环境影响报告书。

前款所列专项规划中的指导性规划,按照本法第七条的规定进行环境影响评价。

《神农架国家公园保护条例》(2019 年)

第十六条第一款　编制神农架国家公园规划应当依法进行环境影响评价,并履行风险评估、专家论证、公开征求意见等程序,必要时进行听证。

第四十七条　规划一经批准,必须严格执行,不得随意修改。

经批准的规划确需修改的,必须按照规划编制程序经原审批机关审批,且规划的修改必须有利于自然保护地及其周边生态环境功能的改善和环境质量的提升,不得减损自然保护地及其周边的现有生态环境功能和现状环境质量。

经批准的规划在实施过程中,规划的审批主体应当定期组织或者委托具备相应资质的第三方机构对该规划的跟踪评估,强化对规划实施情况的了解和督促检查。评估结果应当作为调整规划内容和考核评价的重要依据。

| 法条说明 |

本条是关于各级各类自然保护地规划的效力及其修改程序的规定。

1. 自然保护地规划的修改

最终文本的确定以及相关信息的公布,意味着审批过程结束,结果意义上的自然保护地规划就此形成。理想的状态是,该规划在生命周期内(规划期内)被正常的实施直至规划期满,新的规划制定过程、新的规划适时周期随时开始。此时,可以实现“编制程序—审批程序—新的编制程序—新的审批程序”的循环和发展。然而,如果从动态、全面考察规划过程的角度看,审批程序的终结未必是规划制定的必然终点。各级各类自然保护地规划从拟定到实施的过程常常是经年累月,其间不可避免地会因为政治、经济形势等发生变化,而使当初的规划不得不变更或中止,可以说修改是规划的“生理现象”。[1] 如果经过必要的反馈,发现规划的实施结果与目标设定之间存在差距,或规划的科学性、客观性在实践中没有很好的反馈,或情势变更导致规划必须做出调整或废止等情况的出现,则规划在审批并公布实施后还可能存在修改程序。

2. 规划修改的程序性要求和基本原则

理论上,由于各级各类自然保护地规划自身具备的公共面向及其适用于多元主体,对于根据规划所设定的目标、措施开展行动的相关主体来说,有时会由于修改造成其已有的投资、行动等成为徒劳,导致对相关主体不利的状况出现。因此,这便产生了若承认规划的修改程序本身,就不能对因此给私人带来的危险置之不理的问题。[2] 不仅如此,经历编制、审批程序的自然保护地规划,本身具备了科学与价值的双重理性。随意对其进行修改,既造成行政资源的浪费,也是对其科学和价值理性的不尊重,同时亦有可能因为任意修改带来新的、更大的风险。出于对规划制定过程科学性、民主性的尊重,以及避免造成不必要的行政支出和对相关主体信赖利益的侵害,对规划修改程序的启动应采取较为谨慎的态度。例如,《城乡规划法》就对启动规划修改的条件作出明确的限定,且修改的规划仍然应报原审批机关审批。参考相关立法的规定,本条也建立了各级各类自然保护地规划修改的“原审报批”制度。亦即,

---

〔1〕 参见[日]盐野宏:《行政法总论》(第4版),杨建顺译,北京大学出版社2008年版,第146页。

〔2〕 参见[日]盐野宏:《行政法总论》(第4版),杨建顺译,北京大学出版社2008年版,第146页。

在启动规划的修改程序的条件下，需要比照原规划的制定过程使修改的规划内容重新经历编制、制定程序才可最终确定。不仅如此，为了防止任意决策修改规划导致自然保护地生态环境功能和价值的减损，本条第2款专门明确了规划修改的原则——"不降低现有功能和现状环境质量"。亦即，规划的修改必须有利于自然保护地生态环境功能的改善和环境质量的提升，不得降低自然保护地的现有生态环境功能和现状环境质量。[1]

3. 对规划实施过程的跟踪评估

规划毕竟属于一种"未雨绸缪"的人类活动，事前预定的目标、任务、措施等有可能在实施过程中顺利实现，也可能在实施过程中出现偏差、失当甚至是背离规划的原则、目标。为及时、准确把握规划的实施情况并适时对规划进行调整，世界各国普遍建立了规划的跟踪评估制度。例如，《韩国自然公园法》规定，公园管理厅应当每10年听取当地居民、专家及其他利益相关者的意见，审查公园计划的可行性（包括公园区域的可行性），并将结果反映在公园计划的变更中。[2] 不仅如此，开展跟踪评估也是评价自然保护地绩效管理和考核评价的重要方式。按照《国家公园考核评价规范》（GB/T 39739—2020）的要求，考核评价分为年度考核和阶段评价，年度考核周期为1年，阶段评价周期原则上为5年。其中，年度考核侧重于建设保护与日常管理；而年度考核成果是阶段评价的基础和参考，阶段评价是国家公园规划建设管理目标的全面评价总结。由此可见，对规划实施情况的评估结果完全可以纳入对自然保护地的考核评价之中。综合上述国际经验和我国改革实践，本条第3款专门规定了各级各类自然保护地规划的跟踪评估制度，并明确评价结果的法律效力——作为规划调整和考核问责的重要依据。

| 参考立法例 |

《中华人民共和国城乡规划法》（2019年）

---

〔1〕 参见吕忠梅等：《长江流域立法研究》，法律出版社2021年版，第301～302页。

〔2〕 参见刘佳奇：《国家公园建设中的核心法律问题研究》，辽宁大学出版社2020年版，第84～85页。

第六条　经依法批准的城乡规划,是城乡建设和规划管理的依据,未经法定程序不得修改。

第四十七条第二款　修改省域城镇体系规划、城市总体规划、镇总体规划前,组织编制机关应当对原规划的实施情况进行总结,并向原审批机关报告;修改涉及城市总体规划、镇总体规划强制性内容的,应当先向原审批机关提出专题报告,经同意后,方可编制修改方案。

《云南省国家公园管理条例》(2015 年)

第十二条第二款　国家公园规划不得擅自变更,确需变更的,应当按照原编制和批准程序办理。

《韩国自然公园法》

第十五条　公园计划的变更,应当遵守本法第十二条至第十四条的规定。但是,如果变更总统令规定的轻微事项,则可以省略第十二条第二款、第十三条第二款或第十四条第二款规定的程序。

公园管理厅应当每十年听取当地居民、专家及其他利益相关者的意见,审查公园计划的可行性(包括公园区域的可行性),并将结果反映在公园计划的变更中。对于道立、郡立公园,市、道知事或郡守人为必要的,可以每五年审查公园计划的可行性。

公园计划可行性的审查标准应当考虑公园资源、管理条件、环境影响等,由总统令规定。

公园管理厅拟变更公园计划的,可以在各公园的保全和管理计划中反映必要的事项。

第四十八条　国家建立健全自然保护地标准体系。

国务院林业草原、标准化、质量监督等有关部门应当按照各自的权限和职能分工,制定、发布全国自然保护地相关标准和技术规范。省、自治区、直辖市人民政府应当按照央地职权划分及国家标准和技术规范,结合本地区自然保护地发展和建设管理的实际,组织制定本行政区域内自然保护地相关标准和技术规范。

| 法条说明 |

本条是关于自然保护地标准体系的规定。

制定相关标准是实现自然保护地管理标准化、规范化的必然要求。与改革前分散设立并管理各级各类自然保护地不同,以国家公园为主体的自然保护地体系改革重要的目标就是整合交叉重叠的自然保护地,进而统一管理自然保护地。为此,必须按照新形势、新要求,在全国范围内积极推进建立以国家公园为主体的自然保护地体系标准化工作。考虑到我国自然保护地的发展和保护管理涉及范围广泛、内容综合,故需要建立一整套完备的自然保护地标准体系。

1. 自然保护地的国家级标准

所谓国家级标准,就是在全国范围内普遍适用的自然保护地标准。仅 2020 年 8 月以来,国家林业和草原局就发布了《国家公园设立规范》《国家公园总体规划技术规范》《国家公园监测规范》《国家公园考核评价规范》《自然保护地勘界立标规范》5 项国家标准。这不仅为自然保护地国家级标准体系的建立打下了良好的基础,还为国家级标准制度的实际运行积累了实践经验。但需说明的是,并非在自然保护地范围内适用的所有标准和技术规范都是由国务院林业草原主管部门制定的。例如,前述的《国家公园设立规范》(GB/T 39737—2021),就是由国家市场监督管理总局、国家标准化管理委员会发布。又如,在自然保护区内建设一定的基础设施,则该活动既可能涉及有关自然保护地标准,同时也可能涉及住建或相关行业制定的其他相关标准(如工程质量等)。也就是说,其他行业、领域或由其他主体制定的标准也可能在自然保护地内适用。

2. 自然保护地的地方级标准

所谓地方级标准,就是在某一省级行政区域内制定并实施的自然保护地标准。之所以授权省级人民政府制定地方级自然保护地相关标准和技术规范,主要是基于三方面考虑:其一,我国幅员辽阔,经济发展水平、产业结构和布局、文化、资源禀赋和生态环境状况等存在区域间的较大差异,区域间有关自然保护地的发展和建设管理的具体要求未必完全相同。为此,各区域有必要结合管理实际,在国家标准的基础上制定本行政区域内的自然保护地相关标准和技术规范。其二,作为央地共管、中央委托地方管理以及地方(省)级自然保护地的基本事权主体,省级政府按照央地事权划分组织制定有关地方标准属于其事权范围。但同时,如果辖区内存在中央直管或在央地职权划分后主要由中央政府负责管理的自然保护地,省级人民政府既无权为其制定标准,已制定的相关地方标准对其也不适用。其三,省级人民政府制定地方自然保护地相关标准已有实践。例如,海南、贵州等省就曾依据相关法律法规和国家标准,制定并发布了《海南省省级自然保护区评审标准》《贵州省级自然保护区建设规范》(DB52/T 1253—2017)等地方自然保护地标准;又如,云南省进行国家公园试点的过程中,先后出台了一系列有关国家公园试点工作的地方标准。这些标准的制定和实施,不仅丰富了我国自然保护地的标准体系,还为相关国家标准的制定和完善积累了经验、提供了参考。

| 参考立法例 |

中共中央办公厅、国务院办公厅《关于建立以国家公园为主体的自然保护地体系的指导意见》(2019 年)

理顺现有各类自然保护地管理职能,提出自然保护地设立、晋(降)级、调整和退出规则,制定自然保护地政策、制度和标准规范,实行全过程统一管理。

《云南省国家公园管理条例》(2015 年)

第七条　省人民政府林业行政部门应当会同省标准化主管部门制定和完善云南省国家公园地方标准。

《海南省省级自然保护区申报评审标准》(琼府〔2008〕29 号)

为保证新建、扩建和晋升省级自然保护区评审工作的顺利进行,确保新建、扩建和晋升省级自然保护区的质量,根据《中华人民共和国自然保护区条例》、《海南省自然保护区管理条例》和《自然保护区类型与级别划分原则》(GB/T 14529—93),特制定本标准。

第四十九条 国务院林业草原、标准化、质量监督等有关部门和省、自治区、直辖市人民政府应当结合有关标准和技术规范的实施情况以及自然保护地发展和建设管理的实际需要定期对其组织制定的标准和技术规范进行评估，并根据评估结果适时、适度对标准和技术规范进行修订。

| 法条说明 |

本条是关于自然保护地标准修订的规定。

《指导意见》明确提出："到 2025 年，健全国家公园体制，完成自然保护地整合归并优化……初步建成以国家公园为主体的自然保护地体系；到 2035 年，显著提高自然保护地管理效能和生态产品供给能力，自然保护地规模和管理达到世界先进水平，全面建成中国特色自然保护地体系。"这就意味着，未来一个时期我国自然保护地的管理水平将可以预见地不断提升。之相适应，自然保护地的有关标准和技术规范作为管理的技术依据也必然需要通过及时修订加以完善。参考《土壤污染防治法》的有关规定，自然保护地的有关标准和技术规范的制定者还应同时负有定期对其进行评估的职责，并且应当将评估结果作为标准修订的重要依据和参考。在此基础上，标准的修订应以"适时"和"适度"为基本原则。所谓"适时"就是要适合时宜，避免因标准严重滞后或变化过快、过大而影响自然保护地的发展和建设管理；所谓"适度"，就是修订并不意味着自然保护地范围一律扩大、管理要求一律加严，而要结合标准及其实际情况进行科学地调整。

| 参考立法例 |

《中华人民共和国土壤污染防治法》(2018 年)

第十三条第二款 土壤污染风险管控标准的执行情况应当定期评估，并根据评估结果对标准适时修订。

中共中央办公厅、国务院办公厅《建立国家公园体制总体方案》(2017 年)

加强对国家公园生态系统状况、环境质量变化、生态文明制度执行情况等方面的评价,建立第三方评估制度,对国家公园建设和管理进行科学评估。

第三节 分区管控

第五十条 申请设立自然保护地,应当编制自然保护地功能分区方案。

依法编制的各自然保护地总体规划,应当包括该自然保护地的功能分区方案。

法条说明

本条是关于自然保护地功能分区方案的规定。

1. 分区管控的意义

分区是实现规划管理目标的基本工具和手段,包括将某一区域细分为多个空间单元、定义活动类别并明确每个空间单元内允许的、限制的或者禁止的活动。[1] 分区有助于对自然保护地内的不同区域实行差异化管控,衡平自然资源利用和保护。因此,也就成为自然保护地治理的关键性工具,被广泛应用于陆地和海洋保护地。[2] 鉴于此,《指导意见》明确提出"实施自然保护地统一设置,分级管理、分区管控,实现依法有效保护",其中"分区管控"既是基本管理要求之一,也是实现统一设置、分级管理和依法有效保护的重要管理手段。

2. 自然保护地的功能分区类型

自然保护地功能分区在不同历史阶段有不同类型。例如,20 世纪 70 年代联合国教科文组织曾提出的三分区模式,即"核心区、缓冲区和过渡区"模式。此前,我国自然保护地分区管控的规范散见于政策、行政法规、地方性法规、部门规章和技术标准之中,分区模式存在显著差异。

---

〔1〕 See Roman, S. J., Dearden, P., & Rollins, R., *Application of zoning and "Limits of Acceptable Change" to Manage Snorkelling Tourism*, 39 Environmental Management 819(2007).

〔2〕 参见阙占文:《自然保护地分区管控的法律表达》,载《甘肃政法大学学报》2021 年第 3 期。

其中,《自然保护区条例》借鉴了三分区模式,明确规定自然保护区分为核心区、缓冲区和实验区。而湿地公园、风景名胜区和森林公园等的分区模式也有自己的规范或技术标准。例如,《国家湿地公园管理办法》规定,国家湿地公园可以划分为保育区、恢复重建区和合理利用区;《风景名胜区总体规划标准》(GB/T 50298—2018)将风景名胜区的功能分区确立为特别保存区、风景游览区、风景恢复区、发展控制区、旅游服务区等。总体而言,自然保护地体系改革前我国没有普遍适用于所有类型自然公园的分区模式。[1] 而《指导意见》明确提出将自然保护地分为"核心保护区+一般控制区",这就为未来我国自然保护地统一功能分区的类型和标准提供了基本遵循。

3. 功能分区方案的编制

编制分区方案是对自然保护地实行分区管控和进行差别化管理的必要前提。虽然《自然保护区条例》《海南热带雨林国家公园条例(试行)》等法规明确自然保护区和国家公园的分区,但是现行法律法规大多没有将功能分区方案作为申请设立自然保护地的材料,亦没有将功能分区方案作为自然保护地总体规划中的法定内容。因此,本条第1款明确了申请设立自然保护地"应编制自然保护地分区方案"的要求。此外,本条还明确了编制分区方案的时间点为"申请自然保护地"时,且还应在该自然保护地的总体规划中得以体现,确保了自然保护地在筹建之初就践行分区管控原则。

| 参考立法例 |

中共中央办公厅、国务院办公厅《关于建立以国家公园为主体的自然保护地体系的指导意见》(2019年)

坚持依法确权,分级管理。按照山水林田湖草是一个生命共同体的理念,改革以部门设置、以资源分类、以行政区划分设的旧体制,整合优化现有各类自然保护地,构建新型分类体系,实施自然保护地统一设置,

---

[1] 参见马冰然、曾维华、解钰茜:《自然公园功能分区方法研究——以黄山风景名胜区为例》,载《生态学报》2019年第22期。

分级管理、分区管控,实现依法有效保护。

《风景名胜区条例》(2016年)

第九条　申请设立风景名胜区应当提交包含下列内容的有关材料:

(一)风景名胜资源的基本状况;

(二)拟设立风景名胜区的范围以及核心景区的范围;

(三)拟设立风景名胜区的性质和保护目标;

(四)拟设立风景名胜区的游览条件;

(五)与拟设立风景名胜区内的土地、森林等自然资源和房屋等财产的所有权人、使用权人协商的内容和结果。

《南非保护地法》

第三十九条　(1)部长或MEC可以根据第38条第1款的规定进行分配。

(2)根据第38(1)或(2)条指定的管理机构必须在(2)条规定的未来管理机构的同意下,在指定的12个月内向部长或MEC提交一份保护区的管理计划供批准。

第四十一条　(1)管理计划的目的是确保以符合本法目标的方式保护、保存和管理有关的保护区,并达到宣布的目的。

(2)管理计划必须至少包括:

(a)任何适用的生物多样性管理计划的条款和条件。

(b)一个协调的政策框架。

(c)可能的规划措施、控制和绩效标准。

(d)实施计划的方案及其成本计算。

(e)公众参与的程序,包括业主(如适用)、任何当地社区或其他有关方面的参与。

(f)适当时,实施基于社区的自然资源管理;以及

(g)对该地区进行分区,说明在该地区的不同部分可以进行哪些活动,以及这些部分的保护目标。

第五十一条 自然保护地范围内应当根据功能定位进行合理分区，实行分区管控。

国家公园、自然保护区应当分为核心保护区和一般控制区，自然公园原则上全部划定为一般控制区。

自然生态过程、保护对象生息繁衍具有明显季节性变化规律的国家公园和自然保护区，还可以实行季节性分区管控。季节性分区管控方案应在各自然保护地的总体规划中予以明确。

| 法条说明 |

本条是关于自然保护地分区管控基本模式的规定。

为了实现自然保护地的分区管控目标，需要明确自然保护地的基本功能分区和适应性调整方案。一方面，《指导意见》明确提出了“核心保护区 + 一般控制区”的两分模式。相比于此前自然保护区的“三分区”模式，“核心保护区和一般控制区”的两分区模式控制了决策成本，提高了决策效率，同时更好地与国土空间规划衔接，实现“多规合一”和“一张蓝图”。[1] 另一方面，生态系统演替反映了不同时期的生态系统特点，野生动物在不同季节的栖息地也发生变化。因此，空间的动态性与固化的自然保护地功能分区可能不完全协调。因此，本条第 3 款增加规定了季节性分区管控模式，以保持分区管控措施的科学性、合理性。

| 参考立法例 |

中共中央办公厅、国务院办公厅《关于建立以国家公园为主体的自然保护地体系的指导意见》(2019 年)

(十四)实行自然保护地差别化管控。根据各类自然保护地功能定位，既严格保护又便于基层操作，合理分区，实行差别化管控。国家公园和自然保护区实行分区管控，原则上核心保护区内禁止人为活动，一般

[1] 参见赵智聪、郭琳:《国家公园分区规划演变及其发展趋势》，载《风景园林》2020 年第 6 期。

控制区内限制人为活动。自然公园原则上按一般控制区管理,限制人为活动。结合历史遗留问题处理,分类分区制定管理规范。

《海南热带雨林国家公园条例(试行)》(2019年)

第十四条　海南热带雨林国家公园按照生态系统功能、保护目标和利用价值划分为核心保护区和一般控制区,实行差别化管理。核心保护区内采取封禁和自然恢复等方式实行最严格的科学保护。

《柬埔寨保护地法》

第十一条　每个保护地应划分为四个管理分区系统,具体如下。

1. 核心区:具有高保护价值的管理区,包括受威胁和极度濒危的物种,以及脆弱的生态系统。

除了自然保护部门的官员和研究人员外,禁止进入该区域。研究人员在事先得到环境部的许可后,为保存和保护生物资源和自然环境的目的进行自然和科学研究,但不包括国家安全和国防部门。

2. 保育区:具有高保护价值的管理区,包括自然资源、生态系统、流域地区和自然景观,与核心区相邻。

除国家安全和国防部门外,只有在事先征得自然保护部门同意的情况下才允许进入该区域。在严格控制的情况下,可以允许小规模的社区使用非木材森林产品来支持当地少数民族的生计,条件是这些产品不会对区内的生物多样性造成严重的不利影响。

3. 可持续利用区:具有高经济价值的管理区,用于国民经济发展和管理,以及保护地本身的保护,从而为当地社区和原住少数民族的生活改善作出贡献。

在与相关部委和机构、地方当局以及当地社区协商后,柬埔寨王国政府可以根据环境部的要求允许在该地区进行开发和投资活动。

4. 传统利用区:为当地社区和土著少数民族的社会经济发展而设立的管理区,可能包括现有的住宅用地、水田、植物园或桑园。

第五十二条 根据发展目标、保护价值和利用强度，可以将国家公园和自然保护区的核心保护区和一般控制区具体划分为若干不同的功能区。

法条说明

本条是关于自然保护地二级功能区的规定。

在核心保护区和一般控制区的基础上，由于各国家公园、自然保护区的生态价值、管理目标等存在具体层面的差异性。因此，“核心保护区和一般控制区”的二分区模式过于简洁，仍需进一步适应不同类型自然保护地的具体功能需求。为了对国家公园、自然保护区实施更加精细化管理，本条借鉴国外及三江源国家公园等的经验，规定了可以在基本功能分区的基础上进一步实施“管控—功能”二级分区模式。亦即，首先通过“核心保护区和一般控制区”的基本功能分区，明确自然保护地内核心资源的位置、范围、保护强度及管控方式，确保自然保护地的系统性保护有效落实。其次，在基本分区内再具体划分科研、教育、游憩、社区发展等区域，明确各功能分区的定位、发展目标及方向，为后续专项规划和管理计划的制定奠定基础。[1]

参考立法例

《三江源国家公园总体规划》(发改社会〔2018〕64 号)

遵循生态系统整体保护、系统修复理念，以一级功能分区明确空间管控目标，以二级功能分区落实管控措施。

……

在符合土地利用总体规划的前提下，在专项规划中开展二级功能分区，制定更有针对性的管控措施。一是坚持一级和二级功能分区管控对象、管控目标、管控措施相统一；二是以自然资源本底评估为基础，充分

〔1〕 参见孙鸿雁等：《论国家公园的“管控—功能”二级分区》，载《林业建设》2019 年第 3 期；马冰然、曾维华、解钰茜：《自然公园功能分区方法研究——以黄山风景名胜区为例》，载《生态学报》2019 年第 22 期。

掌握自然资源的分布、数量、等级和状况；三是依据国家关于划定并严守生态保护红线的要求，落实生态保护红线；四是按照土地利用总体规划，对城乡建设用地进行严格管控；五是针对重要自然资源管理目标制定经营管理方案，实现自然资源保护和利用的有效管控；六是在一级功能分区基础上细化到重要自然资源，提出保育措施，明确作业要求。

《日本自然公园法》

第二十条 为了维护公园的景观，环境大臣对于国立公园、都道府县知事对于国定公园，可以依据公园计划在该公园区域（海域除外）内指定特别地域。

第二十一条 当有维护公园景观的特别需要时，环境大臣对于国立公园、都道府县知事对于国定公园，可以依据公园计划在特别地域内指定特别保护地区。

第五十三条 批准设立自然保护地的机构认为必要时，可以在自然保护地的外围划定一定面积管护区。

外围管护区不得新建污染环境、破坏生态的生产设施和其他项目。经批准的建设项目应当与自然保护地的有关规划相协调；建设项目的选址、布局和建筑物的造型、风格、色调、高度、体量等应当与周围景观和生态环境相协调。

| 法条说明 |

本条是关于自然保护地外围管护区划定的规定。

自然保护地虽然有明确的空间边界，但在地理位置上与其接壤或相邻的周边区域，可能受到自然资源管控措施的影响。许多研究证实自然保护地存在空间邻近效应，如自然保护区邻近区域的森林退化率低于较远的未保护区域，有明显的溢出（正）效应。与之相反，泄漏效应会引起外围非保护区域受人类活动影响威胁增加，增加自然保护地被孤立的可能性，不利于区域生物多样性的保护。空间邻近效应的存在，一方面，可能会使过分夸大或缩小保护区内外的差异，导致保护成效不准确。另一方面，划定的保护区边界并不能阻断或隔离生物与环境的相互作用，故仍然需要对保护区外的自然资源利用进行政策管控。例如，若尔盖保护区由于保护区的建立导致周边的非保护区区域受人类活动影响威胁增加，景观破碎化程度更严重，表现出受到比保护区更强烈的干扰。[1]

鉴于此，作为保护地管理原则，连通性保育于20世纪80年代开始出现在法律和政策中。[2] 我国的相关立法中亦提出了外围管护地带概念。例如，《自然保护区条例》第18条第5款规定："原批准建立自然保护区的人民政府认为必要时，可以在自然保护区的外围划定一定面积的外围保护地带。"因此，在自然保护地的外围划定一定面积的外围管护区，既有具有充分的理论支持，又有现实的必要性与可行性。

| 参考立法例 |

《中华人民共和国水污染防治法》(2017年)

第六十三条第一款　国家建立饮用水水源保护区制度。饮用水水源保护区分为一级保护区和二级保护区；必要时，可以在饮用水水源保护区外围划定一定的区域作为准保护区。

《中华人民共和国自然保护区条例》(2017年)

第十八条　自然保护区可以分为核心区、缓冲区和实验区。

……

原批准建立自然保护区的人民政府认为必要时，可以在自然保护区的外围划定一定面积的外围保护地带。

《福建武夷山国家级自然保护区管理办法》(2017年)

第十四条　保护区外围保护地带不得建设污染环境、破坏生态环境资源的生产设施和其他项目。

经批准的建设项目应当与保护区规划相协调；建设项目的选址、布

---

〔1〕参见左丹丹等：《保护地空间邻近效应和保护成效评估——以若尔盖湿地国家级自然保护区为例》，载《应用与环境生物学报》2019年第4期。

〔2〕[美]巴巴拉·劳瑎：《保护地立法指南》，王曦等译，法律出版社2016年版，第27页。

局和建筑物的造型、风格、色调、高度、体量等应当与周围景观和生态环境相协调。

《湖南省韶山风景名胜区条例》(2020 年)

第八条 韶山风景名胜区实行分级保护,按照韶山风景名胜区总体规划,分为一级保护区、二级保护区、三级保护区。为了保护风景名胜资源,协调自然景观和人文景观,按照规划要求在风景名胜区外围划定外围保护区。具体划分及范围按照韶山风景名胜区总体规划确定。

第五十四条 自然保护地的功能区划确需调整的,应当报经原批准设立该自然保护地的人民政府批准。

自然保护地功能区划的调整应当确保主要保护对象得到有效保护,不得破坏生态系统,不得降低生物多样性保护及其组成部分的可持续利用。

| 法条说明 |

本条是关于自然保护地功能分区动态调整的规定。

自然保护地是具有社会意义的自然生态空间,其建立和管理受自然环境条件、社会经济发展状况等多种因素影响,如气候变化导致珍稀或濒危物种空间分布发生改变,上游修建水利工程导致保护地内河流、湖泊的形态发生变化等。因此,自然保护地功能分区需要在确定性的基础上保持一定的灵活性,以充分适应生态系统和社会系统的变化。例如,《柬埔寨保护地法》就规定了功能分区的动态调整制度。该法第 13 条规定,可以根据关于生态系统的明确科学信息和王国政府的政策调整功能分区。

鉴于功能分区和相关自然资源管控措施的重要性,功能分区调整必须坚持审慎的原则。一方面,功能分区调整必须遵循功能分区方案的制定程序。例如,《自然保护区条例》第 15 条规定:"自然保护区的撤销及其性质、范围、界线的调整或者改变,应当经原批准建立自然保护区的人民政府批准。”参考此规定，本条第 1 款也要求调整功能分区应报经原批准设立该自然保护地的人民政府批准。另一方面，鉴于实践中部分地方政府片面追求经济发展，任意调整保护地功能分区兴建各类工程项目，从而减少或降低自然保护强度。本条第 2 款专门规定了确需调整功能区划时所应坚持的基本原则，即应当确保主要保护对象得到有效保护，不得破坏生态系统，不得降低生物多样性保护及其组成部分的可持续利用。

| 参考立法例 |

《海南省自然保护区条例》(2022 年)

第二十二条　任何部门和单位不得擅自改变自然保护区的性质、范围和功能区或者更改名称。

国家级自然保护区的调整，依照国家有关规定办理。

确因保护管理需要或者国家和省重大基础设施工程建设需要，必须对省级和市县级自然保护区的性质、范围和功能区进行调整或者更改名称的，应当按照本条例规定的批准设立程序进行调整。

调整自然保护区，应当确保主要保护对象得到有效保护，不得破坏生态系统，不得损害生物多样性。

《云南省自然保护区管理条例》(2021 年)

第十三条第三款　省级、州、市级和县(市)级自然保护区的撤销及其性质、范围、界线、功能区的调整或者改变，由省人民政府批准。

《柬埔寨保护地法》

第十三条　本法第十一条规定的每个管理分区的边界可以根据以下情况进行调整：

——关于生态系统的明确科学信息，包括正在发生变化和受到威胁的动物物种、植物物种、遗传、生物多样性资源、社会经济和文化方面。

——遵守柬埔寨王国政府的政策和战略。

第五十五条 自然保护地管理机构应当按照经批准的自然保护地功能分区方案,在核心保护区和一般控制区的边界设置明显的标志、标牌等。自然保护地的核心保护区边界还应设置必要的隔离防护、安全监控等保护设施。

任何单位和个人不得非法拆除、覆盖、移动、涂改和损坏按照前款规定设置的标志、标牌及隔离防护、安全监控等保护设施。

| 法条说明 |

本条是关于在自然保护地的功能分区设置标识和保护设施的规定。

设立明确的标志、标牌及隔离防护、安全监控等保护设施等,属于自然保护地规范化建设和管理的重要内容,也有利于准确实施相应的分区管控措施。为此,国内外相关立法对于自然保护地范围内设立标志、标识普遍作出明确规定。例如,我国《风景名胜区条例》第 33 条第 2 款规定,风景名胜区管理机构应当在风景名胜区内设置风景名胜区标志和路标、安全警示等标牌。又如,《加拿大荒野法》规定,部长可以在荒野地区放置通知、牌匾、标记、标志或其他装置,表明该土地是荒野地区,或表明根据本法、条例或任何适用的管理计划允许、限制或禁止的活动。同时,该法还进一步规定,任何人都不得污损或清除根据本法、条例或任何适用的管理计划在荒野地区张贴的通知、牌匾、标记、标志或其他装置。

参考国内外相关立法经验,本条第 1 款规定了由自然保护地管理机构按照经批准的功能分区方案具体负责设置标志、标牌等标识及在核心保护区设置隔离防护、安全监控等保护设施。并且,在本条第 2 款中进一步规定了任何单位和个人不得拆除、覆盖、移动、涂改和损坏依法设置的标识和保护设施。

| 参考立法例 |

中共中央办公厅、国务院办公厅《关于建立以国家公园为主体的自然保护地体系的指导意见》(2019 年)

要合理调整自然保护地范围并勘界立标。制定自然保护地范围和区划调整办法,依规开展调整工作。制定自然保护地边界勘定方案、确认程序和标识系统，开展自然保护地勘界定标并建立矢量数据库，与生态保护红线衔接，在重要地段、重要部位设立界桩和标识牌。确因技术原因引起的数据、图件与现地不符等问题可以按管理程序一次性纠正。

《吉林长白山国家级自然保护区条例》(2019 年)

第十五条　保护区划分为核心区、缓冲区和实验区。

保护区管理机构应当按照国务院批准确定的保护区范围和界线，标明区界，设置明显标志和必要的保护设施。

任何单位和个人不得擅自移动、毁损、破坏区界标志和保护设施。

第五十六条　自然保护地的核心保护区原则上禁止人为活动，但下列活动除外：

(一)管护巡护、保护执法、调查监测、防灾减灾等活动及其相关的必要设施建设；

(二)因重大动植物疫情、外来物种入侵、自然灾害和救助、维持主要保护对象生存环境等特殊情况，采取必要的生态修复工程、增殖放流、病害动植物清理等人工干预措施；

(三)科学研究、科普宣传活动及其相关的必要设施建设；

(四)原住居民在不扩大现有建设用地、耕地规模和海域使用的前提下，修缮生产生活设施或开展种植、放牧、捕捞、养殖等活动；

(五)自然保护地设立前已有的供水、能源、交通运输等公共基础设施和其他已有基础设施的改造、运行和维护；

(六)国(边)界通视道的清理、确实难以避让的军事设施建设项目，以及重大军事演习和训练活动；

(七)法律、法规、规章规定的其他可以从事的活动。

| 法条说明 |

本条是关于自然保护地核心保护区禁限制度的规定。

《指导意见》明确要求，核心保护区在原则上禁止人为活动。这体现了对核心保护区最高程度的保护和重视。然而,核心保护区并不等同于“无人区”“封闭区”,不可能也不必要完全禁止一切人类活动。其一,由于自然资源对人类而言兼具不可分割的生态、经济等多重价值,自然保护地分区管控制度的实施必须要兼顾自然资源保护与管理中的多重价值。自然保护地立法不应单纯强调保护,而忽视相关主体在自然资源资源利用中实现的权益。其二,保护生态环境本身离不开人类的参与。特别是在发生重大动植物疫情、外来物种入侵、自然灾害和救助、维持主要保护对象生存环境等特殊情况时,需要及时开展必要的生态修复工程、增殖放流、病害动植物清理等人工干预措施。其三,我国人口众多,许多自然保护地范围内存在大量原住居民,甚至设有建制村(镇)和林场等。对于既有的历史遗留问题,需要基于现实条件分类有序清理。而且,在长期的生产生活中,原住居民和社区与当地的自然生态系统已经形成了密切的、良好的人地关系及独特的自然人文景观。基于以上考虑,本条在明确核心保护区“原则上禁止人为活动”的前提下,以列举的方式规定了允许人类活动的 7 种例外情形,从而科学、合理地管控核心保护区人类活动的形式与内容。

| 参考立法例 |

中共中央办公厅、国务院办公厅《关于建立以国家公园为主体的自然保护地体系的指导意见》(2019 年)

国家公园和自然保护区实行分区管控,原则上核心保护区内禁止人为活动……结合历史遗留问题处理,分类分区制定管理规范。

……

(十六)分类有序解决历史遗留问题。对自然保护地进行科学评估,将保护价值低的建制城镇、村屯或人口密集区域、社区民生设施等调整出自然保护地范围。结合精准扶贫、生态扶贫,核心保护区内原住居民应实施有序搬迁,对暂时不能搬迁的,可以设立过渡期,允许开展必要的、基本的生产活动,但不能再扩大发展。依法清理整治探矿采矿、水电开发、工业建设等项目,通过分类处置方式有序退出;根据历史沿革与保护需要,依法依规对自然保护地内的耕地实施退田还林还草还湖还湿。

《中华人民共和国自然保护区条例》(2017 年)

第二十七条　禁止任何人进入自然保护区的核心区。因科学研究的需要,必须进入核心区从事科学研究观测、调查活动的,应当事先向自然保护区管理机构提交申请和活动计划,并经自然保护区管理机构批准;其中,进入国家级自然保护区核心区的,应当经省、自治区、直辖市人民政府有关自然保护区行政主管部门批准。

自然保护区核心区内原有居民确有必要迁出的,由自然保护区所在地的地方人民政府予以妥善安置。

《国家公园管理暂行办法》(林保发〔2022〕64 号)

第十七条　国家公园核心保护区原则上禁止人为活动。国家公园管理机构在确保主要保护对象和生态环境不受损害的情况下,可以按照有关法律法规政策,开展或者允许开展下列活动:

(一)管护巡护、调查监测、防灾减灾、应急救援等活动及必要的设施修筑,以及因有害生物防治、外来物种入侵等开展的生态修复、病虫害动植物清理等活动;

(二)暂时不能搬迁的原住居民,可以在不扩大现有规模的前提下,开展生活必要的种植、放牧、采集、捕捞、养殖等生产活动,修缮生产生活设施;

(三)国家特殊战略、国防和军队建设、军事行动等需要修筑设施、开展调查和勘查等相关活动;

(四)国务院批准的其他活动。

第五十七条　自然保护地的一般控制区内允许开展下列活动:

(一)核心保护区内允许开展的活动;

(二)经依法批准的标本采集、考古调查发掘和文物保护活动;

(三)生态旅游及其必要的配套设施建设;

(四)属于本法第七十二条规定的建设项目清单的建设项目;

(五)战略性矿产资源基础地质调查、矿产远景调查等活动;

(六)法律、法规、规章规定的其他可以从事的活动。

| 法条说明 |

本条是关于自然保护地一般控制区禁限制度的规定。

《指导意见》在提出“实行自然保护地差别化管控”的基础上,进一步明确了一般控制区的具体管控要求是“限制人为活动”。所谓限制人为活动,从文义上可理解为,允许进行受到一定控制的人为活动,且活动所受限制应小于核心保护区。基于上述考虑,本条参考了国内相关立法,以“列举 + 兜底”的立法方式规定了自然保护地一般控制区所允许开展的人为活动,以体现对该区域内保护与开发利用的充分协调。

| 参考立法例 |

《中华人民共和国自然保护区条例》(2017 年)

第二十八条 禁止在自然保护区的缓冲区开展旅游和生产经营活动。因教学科研的目的,需要进入自然保护区的缓冲区从事非破坏性的科学研究、教学实习和标本采集活动的,应当事先向自然保护区管理机构提交申请和活动计划,经自然保护区管理机构批准。

从事前款活动的单位和个人,应当将其活动成果的副本提交自然保护区管理机构。

《国家公园管理暂行办法》(林保发〔2022〕64 号)

第十八条 国家公园一般控制区禁止开发性、生产性建设活动,国家公园管理机构在确保生态功能不造成破坏的情况下,可以按照有关法律法规政策,开展或者允许开展下列有限人为活动:

(一)核心保护区允许开展的活动;

(二)因国家重大能源资源安全需要开展的战略性能源资源勘查,公益性自然资源调查和地质勘查;

(三)自然资源、生态环境监测和执法,包括水文水资源监测及涉水违法事件的查处等,灾害防治和应急抢险活动;

(四)经依法批准进行的非破坏性科学研究观测、标本采集;

（五）经依法批准的考古调查发掘和文物保护活动；

（六）不破坏生态功能的生态旅游和相关的必要公共设施建设；

（七）必须且无法避让、符合县级以上国土空间规划的线性基础设施建设、防洪和供水设施建设与运行维护；

（八）重要生态修复工程，在严格落实草畜平衡制度要求的前提下开展适度放牧，以及在集体和个人所有的人工商品林内开展必要的经营；

（九）法律、行政法规规定的其他活动。

第五十八条 法律、法规、规章对海洋自然保护地分区管控另有规定的，从其规定。

| 法条说明 |

本条是关于海洋自然保护地分区管控特殊要求的规定。

海洋自然保护地是我国自然保护地体系的组成部分，原则上适用本法中有关功能分区的一般性规定。但考虑到，海洋生态系统及其管控措施等有别于陆地，故本条专门规定法律、法规、规章对海洋自然保护地的分区管控（包括但不限于功能区划的基本类型、调整方式、具体管控措施等）另有规定的，应适用特别规定。

| 参考立法例 |

《海洋自然保护区管理办法》（1995 年）

第二条 海洋自然保护区是指以海洋自然环境和资源保护为目的，依法把包括保护对象在内的一定面积的海岸、河口、岛屿、湿地或海域划分出来，进行特殊保护和管理的区域。

第四条 海洋自然保护区的选划、建设和管理，实行统一规划、分工负责、分级管理的原则。

《国家级海洋保护区规范化建设与管理指南》（2014 年）

……海上界址浮标的设置应充分考虑海洋水动力条件、底质状况及周边的开发活动状况等,海上界址浮标应具有安全和稳定、不污染海水、不易损毁、不妨碍海上航行、颜色醒目、易于维护等特点,材质一般为玻璃钢或无毒PE等材质。

……严格限制在海洋特别保护区内实施采石、挖砂、围垦滩涂、围海、填海等影响海洋生态的利用活动。确需实施上述活动的,应当进行科学论证,并按照有关法律法规的规定报批。

……涉及滨海湿地、红树林、珊瑚礁和重要海洋生物等类型的国家级海洋保护区可以根据生态恢复的需要,适当开展滨海湿地水源保护、湿地生态恢复、红树林、珊瑚礁、重要海洋生物物种人工恢复和外来入侵生物治理等工程。

《天津市海洋环境保护条例》(2020年)

第二十条　市和滨海新区人民政府可以依法建立海洋特殊地理条件保护区、海洋生态保护区、海洋公园、海洋资源保护区等海洋特别保护区,采取有效的保护措施和科学的开发方式进行特殊管理。

禁止在海洋特别保护区内从事造成或者可能造成海洋生态系统、海洋水产资源或者海洋保护区破坏的活动,禁止在海洋特别保护区内擅自从事开挖、采集贝类等影响野生鸟类栖息的活动。

第四章　保护与可持续利用

第一节　保　　护

第五十九条　国务院应当组织自然资源、生态环境、水行政、林业草原等有关部门,对全国生态环境和自然资源状况进行调查和评价,作为制定和调整全国自然保护地发展规划和各类自然保护地总体规划的依据。

国务院林业草原主管部门应当会同国务院自然资源、生态环境、水行政等有关部门，建立自然保护地调查、监测制度，对全国自然保护地的自然环境和自然资源保护状况及其变化情况进行调查、监测和评价，并定期公布有关结果。

自然保护地管理机构应当组织开展对该自然保护地内相关规划的实施和自然环境、自然资源状况的动态监测，并定期向批准设立该自然保护地的人民政府自然保护地主管部门报送相关规划的实施和自然环境、自然资源保护的情况。

| 法条说明 |

本条是关于自然保护地调查、监测、评价的规定。

对生态环境和自然资源状况进行调查、监测，有利于准确掌握自然资源空间分布、数量和变化情况，了解生态环境现状、变化和面临的主要威胁。这既是编制各种总体规划和专项规划的基础，也是对相关规划的制定和实施、保护地绩效管理等进行评价的重要依据。为此，本条依次规定了以下三方面的内容：

第一，全国生态环境和自然资源状况的本底调查和评价。此项基础性、综合性工作，应由国务院组织自然资源、生态环境、水行政、林业草原等有关部门具体实施。在此基础上，本条第 1 款进一步明确了本底调查评价在自然保护地管理中的法律效力，即作为制定和调整全国自然保护地发展规划和各类自然保护地总体规划的依据。

第二，建立全国自然保护地的调查和监测制度。鉴于自然保护地的自然生态系统及其自然资源受到自然和人为因素影响，处于动态变化状态，有必要对其保护现状和变化进行调查、监测和评价。结合相关“三定方案”，此项工作应由国务院林业草原主管部门会同国务院自然资源、生态环境、水行政等有关部门具体实施，并定期公布有关结果。

第三，进一步建立各自然保护地的动态监测制度。自然保护地建立后，其自然环境和自然资源保护仍旧面临人为和自然因素的威胁，如地质灾害、火灾、外来物种入侵或者自然资源开采等。同时，依法制定的有关规划，也需要动态观察其实施效果。因此，在各自然保护地内开展动态期监测，有利于及早发现自然资源和生态环境面临的威胁，及时调整自然保护地的规划和相关管理措施。结合自然保护地管理机构的基本职责,由其组织开展此项工作最为合适。进而,本条第3款还进一步要求自然保护地管理机构定期报送相关规划的实施和自然环境、自然资源保护的情况,为决策和管理提供必要的信息支持。具体而言,报送的对象是批准该自然保护地设立的人民政府所属之自然保护地主管部门。例如,国家公园由国务院批准设立,故应向国务院林业草原主管部门报送;又如,省级自然公园由省级人民政府批准设立,则应向该省级人民政府自然保护地主管部门报送。

| 参考立法例 |

《中华人民共和国草原法》(2021年)

第二十四条　国家建立草原统计制度。

县级以上人民政府草原行政主管部门和同级统计部门共同制定草原统计调查办法,依法对草原的面积、等级、产草量、载畜量等进行统计,定期发布草原统计资料。

草原统计资料是各级人民政府编制草原保护、建设、利用规划的依据。

《中华人民共和国森林法》(2019年)

第二十七条　国家建立森林资源调查监测制度,对全国森林资源现状及变化情况进行调查、监测和评价,并定期公布。

《中华人民共和国野生动物保护法》(2018年)

第十一条　县级以上人民政府野生动物保护主管部门,应当定期组织或者委托有关科学研究机构对野生动物及其栖息地状况进行调查、监测和评估,建立健全野生动物及其栖息地档案。

《中华人民共和国自然保护区条例》(2017年)

第十七条　国务院环境保护行政主管部门应当会同国务院有关自然保护区行政主管部门,在对全国自然环境和自然资源状况进行调查和评价的基础上,拟订国家自然保护区发展规划,经国务院计划部门综合平衡后,报国务院批准实施。

自然保护区管理机构或者该自然保护区行政主管部门应当组织编制自然保护区的建设规划，按照规定的程序纳入国家的、地方的或者部门的投资计划，并组织实施。

《国家公园管理暂行办法》(林保发〔2022〕64号)

第二十条 国家公园管理机构应当组织对国家公园内自然资源、人文资源和经济社会状况等开展调查监测和统计分析，形成本底资源数据库。

第二十一条 国家林业和草原局(国家公园管理局)会同国务院有关部门建立自然资源统一调查监测评价体系，掌握国家公园内自然资源、生态状况、人类活动等现状及动态变化情况，定期将变化点位推送国家公园管理机构进行核实。

第六十条 自然保护地管理机构应当对自然保护地内生物多样性及其组成部分、特点、濒危状况及威胁因素等进行调查与评估，确定重点保护对象和范围，采取必要措施保护自然保护地的生物多样性和生态系统服务功能。

| 法条说明 |

本条是关于自然保护地生物多样性保护的规定。

“生物多样性”包括物种内部、物种之间和生态系统的多样性。众所周知，生物多样性及其组成部分具有生态、遗传、社会、经济、科学、教育、文化、娱乐和美学等多种价值。然而，生物多样性正在严重减少或丧失，保护生物多样性已是刻不容缓。而建立自然保护地，是保护生物多样性的重要策略。正因如此，《生物多样性公约》就明确将保护生态环境和生物的自然生境作为生物多样性保护的基本要求。

为此，本条明确了自然保护地管理机构有关生物多样性保护的职责。自然保护地往往基于前条规定的本底调查和总体规划建立。但是，本底调查往往基于现有科学技术和调查统计理论。随着科学技术发展和调查统计方法的变化,需要应用新的调查手段和方法丰富资源本底数据。另外,自然保护地内及其周边的自然资源和自然环境处于动态变化之中,物种及其栖息地面临的威胁随时空变化。故自然保护地建立后,管理机构应当调查和评估自然保护地内生物多样性及其组成部分、特点、濒危状况及威胁因素,进而有针对性地采取必要的保护措施。

| 参考立法例 |

《生物多样性公约》(1992 年)

第七条　查明与监测

每一缔约国应尽可能并酌情,特别是为了第八条至第十条的目的:

(a)查明对保护和持久使用生物多样性至关重要的生物多样性组成部分,要顾及附件一所载指示性种类清单;

(b)通过抽样调查和其他技术,监测依照以上(a)项查明的生物多样性组成部分,要特别注意那些需要采取紧急保护措施以及那些具有最大持久使用潜力的组成部分;

(c)查明对保护和持久使用生物多样性产生或可能产生重大不利影响的过程和活动种类,并通过抽样调查和其他技术,监测其影响;

(d)以各种方式维持并整理依照以上(a)、(b)和(c)项从事查明和监测活动所获得的数据。

中共中央办公厅、国务院办公厅《关于进一步加强生物多样性保护的意见》(2021 年)

充分依托现有各级各类监测站点和监测样地(线),构建生态定位站点等监测网络。建立反映生态环境质量的指示物种清单,开展长期监测,鼓励具备条件的地区开展周期性调查。

……

(十二)完善生物多样性评估体系。建立健全生物多样性保护恢复成效、生态系统服务功能、物种资源经济价值等评估标准体系。结合全国生态状况调查评估,每 5 年发布一次生物多样性综合评估报告。开展大型工程建设、资源开发利用、外来物种入侵、生物技术应用、气候变化、环境污染、自然灾害等对生物多样性的影响评价，明确评价方式、内容、程序，提出应对策略。

《中华人民共和国生物安全法》（2020 年）

第十五条　国家建立生物安全风险调查评估制度。国家生物安全工作协调机制应当根据风险监测的数据、资料等信息，定期组织开展生物安全风险调查评估。

有下列情形之一的，有关部门应当及时开展生物安全风险调查评估，依法采取必要的风险防控措施：

（一）通过风险监测或者接到举报发现可能存在生物安全风险；

（二）为确定监督管理的重点领域、重点项目，制定、调整生物安全相关名录或者清单；

（三）发生重大新发突发传染病、动植物疫情等危害生物安全的事件；

（四）需要调查评估的其他情形。

《中华人民共和国环境保护法》（2014 年）

第三十条　开发利用自然资源，应当合理开发，保护生物多样性，保障生态安全，依法制定有关生态保护和恢复治理方案并予以实施。

引进外来物种以及研究、开发和利用生物技术，应当采取措施，防止对生物多样性的破坏。

第六十一条　自然保护地内的自然和文化遗产原则上应当实行原址原貌保护、保存，防止人为活动造成保护对象移动、损坏或灭失。

因科学研究、自然因素等确需移动或改变自然或文化遗产的，应当事先提交论证报告和保护措施方案，经自然保护地管理机构同意，报相应的主管部门批准。

法条说明

本条是关于自然保护地内的自然与和文化遗产保护的规定。

我国自然保护地分布着大量的自然和文化遗产,持续、妥善保护这些遗产是建立和管理自然保护地的重要目标之一。

为此,本条主要从以下两方面对此加以规定:一方面,自然和文化遗产是人类社会长期生产生活中逐步形成,与特定的空间和物质具有密切的、不可分割的联系。我国是统一的多民族国家,各民族、各地区在特定的时空条件下创造了多姿多彩、厚重悠远的独特文化。因此,必须强调对我国自然保护地内的自然和文化遗产实行原址原貌保护、保存。另一方面,原址原貌保护、保存虽然是自然和文化遗产是基本原则,但在特殊情况下也可能需要移动或者改变自然保护地内的自然和文化遗迹。为此,本条第 2 款专门规定了较一般区域更为严格的审批制度。首先,应当事先提交移动或改变自然或文化遗产的论证报告和保护措施方案。其次,必须先经过自然保护地管理机构同意后,报相应的主管部门批准。

参考立法例

《保护世界文化和自然遗产公约》(1972 年)

第五条　采取为确定、保护、保存、展出和恢复这类遗产所需的适当的法律、科学、技术、行政和财政措施;促进建立或发展有关保护、保存和展出文化和自然遗产的国家或地区培训中心,并鼓励这方面的科学研究。

《中华人民共和国非物质文化遗产法》(2011 年)

第六条　县级以上人民政府应当将非物质文化遗产保护、保存工作纳入本级国民经济和社会发展规划,并将保护、保存经费列入本级财政预算。

国家扶持民族地区、边远地区、贫困地区的非物质文化遗产保护、保存工作。

《中华人民共和国文物保护法》(2017年)

第二十条 建设工程选址,应当尽可能避开不可移动文物;因特殊情况不能避开的,对文物保护单位应当尽可能实施原址保护。

实施原址保护的,建设单位应当事先确定保护措施,根据文物保护单位的级别报相应的文物行政部门批准;未经批准的,不得开工建设。

无法实施原址保护,必须迁移异地保护或者拆除的,应当报省、自治区、直辖市人民政府批准;迁移或者拆除省级文物保护单位的,批准前须征得国务院文物行政部门同意。全国重点文物保护单位不得拆除;需要迁移的,须由省、自治区、直辖市人民政府报国务院批准。

依照前款规定拆除的国有不可移动文物中具有收藏价值的壁画、雕塑、建筑构件等,由文物行政部门指定的文物收藏单位收藏。

本条规定的原址保护、迁移、拆除所需费用,由建设单位列入建设工程预算。

第六十二条 自然保护地管理机构应当结合自然保护地内野生动植物的类型、分布、种群数量及结构、生活或生长习性等方面的特点和规律,采取相应的季节性保护措施。

| 法条说明 |

本条是关于自然保护地野生动植物季节性保护的规定。

自然保护地内存在大量的野生动植物资源。其中,部分野生动植物在不同季节呈现不同的状态,如牧草在春天生长,野生动物在不同时段的迁徙、洄游等。因此,有必要针对某些野生动植物资源制定相应的季节性保护措施,增强保护措施的有效性。也就是贯彻所谓的"季节性保护"理念。[1] 例如,对于鸟类迁徙时停留的自然保护地、或繁殖时的自

〔1〕 参见孙鸿雁等:《上海崇明东滩鸟类国家级自然保护区总体规划的启示》,载《林业建设》2013年第1期。

然保护地,在鸟类迁徙或者繁殖时采取更为严格的保护措施,其他时段则采取常态化的一般保护措施。季节性保护与本法规定的季节性分区管控既密切联系,又各有侧重,但都充分尊重自然和生态规律,共同形成对自然环境和自然资源的管理和保护合力。

| 参考立法例 |

《中华人民共和国渔业法》(2013 年)

第二十五条　从事捕捞作业的单位和个人,必须按照捕捞许可证关于作业类型、场所、时限、渔具数量和捕捞限额的规定进行作业,并遵守国家有关保护渔业资源的规定,大中型渔船应当填写渔捞日志。

《中华人民共和国野生动物保护法》(2018 年)

第二十条　在相关自然保护区域和禁猎(渔)区、禁猎(渔)期内,禁止猎捕以及其他妨碍野生动物生息繁衍的活动,但法律法规另有规定的除外。

野生动物迁徙洄游期间,在前款规定区域外的迁徙洄游通道内,禁止猎捕并严格限制其他妨碍野生动物生息繁衍的活动。迁徙洄游通道的范围以及妨碍野生动物生息繁衍活动的内容,由县级以上人民政府或者其野生动物保护主管部门规定并公布。

国务院《关于加强草原保护与建设的若干意见》(国发〔2002〕19 号)

二、建立和完善草原保护制度

……

(三)推行划区轮牧、休牧和禁牧制度。为合理有效利用草原,在牧区推行草原划区轮牧;为保护牧草正常生长和繁殖,在春季牧草返青期和秋季牧草结实期实行季节性休牧;为恢复草原植被,在生态脆弱区和草原退化严重的地区实行围封禁牧。各地要积极引导,有计划、分步骤地组织实施划区轮牧、休牧和禁牧工作。地方各级畜牧业行政主管部门要从实际出发,因地制宜,制定切实可行的划区轮牧、休牧和禁牧方案。

第六十三条　自然保护地管理机构应当采取综合防治措施，对自然保护地内的病虫害进行科学除治。发生严重病虫害时，自然保护地管理机构应当及时通报有关部门和当地人民政府，采取相应的紧急除治措施。

| 法条说明 |

本条是关于自然保护地病虫害防治的规定。

我国是各类病虫害发生较为严重的国家之一。近年来，随着全球气候变化、国际交通的日益发达和跨国物流业的蓬勃发展，外来入侵物种传入的风险加大，如松材线虫、美国白蛾等危险性外来入侵物种已对我国森林、草原和湿地生态系统的生物安全构成严重威胁。[1] 因此，有效开展对自然保护地内各类病虫害的防治工作，是保护自然生态系统的原真性、完整性，保障国家生物安全和生态安全的必要措施之一。

通常情况下，我国各类病虫害防治工作主要实行的是属地管理。但在自然保护地这一特殊的、相对独立的自然地理空间内，此项工作宜由自然保护地管理机构主要负责、具体实施，作为其对各自然保护地实施统一管理的重要组成部分。但考虑到可能存在发生严重病虫害的情况，仅依靠自然保护地管理机构自身的力量难以充分应对。因此，本条专门规定了发生严重病虫害时的信息通报及采取紧急除治措施的制度，以充分调动属地有关部门和人民政府的力量防止蔓延、消除隐患。

| 参考立法例 |

《中华人民共和国森林法实施条例》（2016 年）

第十九条　县级以上人民政府林业主管部门应当根据森林病虫害测报中心和测报点对测报对象的调查和监测情况，定期发布长期、中期、短期森林病虫害预报，并及时提出防治方案。

---

〔1〕 参见林若竹：《全国森林草原湿地生态系统外来入侵物种普查工作会议在京召开》，载国家林业和草原局政府网，http://www.forestry.gov.cn/main/586/20211028/144053069889478.html。

森林经营者应当选用良种,营造混交林,实行科学育林,提高防御森林病虫害的能力。

发生森林病虫害时,有关部门、森林经营者应当采取综合防治措施,及时进行除治。

发生严重森林病虫害时,当地人民政府应当采取紧急除治措施,防止蔓延,消除隐患。

《中华人民共和国森林病虫害防治条例》(1989 年)

第三条　森林病虫害防治实行“预防为主,综合治理”的方针。

《中华人民共和国农作物病虫害防治条例》(2020 年)

第九条　国家鼓励和支持开展农作物病虫害防治科技创新、成果转化和依法推广应用,普及应用信息技术、生物技术,推进农作物病虫害防治的智能化、专业化、绿色化。

国家鼓励和支持农作物病虫害防治国际合作与交流。

第十条　国家鼓励和支持使用生态治理、健康栽培、生物防治、物理防治等绿色防控技术和先进施药机械以及安全、高效、经济的农药。

《柬埔寨保护法》

第四十一条　保护

每个保护地都应防止因非法占地、在采含有宝贵生物资源的地区的商业化和污染、森林火灾、禁猎农业、包括入侵植物和动物等病害虫传播造成的破坏性实践或损害。

……

第六十四条　任何单位和个人未经批准,不得在自然保护地内引进、释放、丢弃外来物种。为保护生态环境和自然资源确需引进、释放外来物种的,应当经过检验检疫和风险评估,并按国家有关规定报批。自然保护地管理机构应加强对引进、释放外来物种的监测和评估。

利用自然保护地内生物资源开展国际科学研究合作,应当依法取得批准,并应当合理分享相关权益。

引进和释放农业转基因生物或基因编辑生物，还应当遵守关于农业转基因生物安全的法律法规的规定。

| 法条说明 |

本条是关于自然保护地内维护生物安全的规定。

生物安全问题已经成为全人类面临的重大生存和发展威胁之一。习近平总书记指出，要从保护人民健康、保障国家安全、维护国家长治久安的高度，把生物安全纳入国家安全体系，系统规划国家生物安全风险防控和治理体系建设，全面提高国家生物安全治理能力，加快构建国家生物安全法律法规体系、制度保障体系。我国已于2020年制定了《生物安全法》，重点防控重大新发突发传染病、动植物疫情、生物技术研究、开发与应用安全、病原微生物实验室生物安全、人类遗传资源与生物资源安全、防范生物恐怖与生物武器威胁等。

自然保护地是生物多样性高度富集的空间，尤其需要注重生物安全维护。为此，本条专门规定了四个方面的内容。一是防治外来物种入侵。外来物种入侵减损生物多样性，治理成本高，应坚持预防为主。因此，未经批准不得在自然保护地引进、释放、丢弃外来物种。二是针对生态环境和自然资源保护的需要而引入外来物种的，必须坚持风险预防原则，不能将缺乏充分的科学确定性作为推迟采取防止环境退化的费用低廉的措施的理由。三是自然保护地内中外生物多样性方面科研合作中的惠益分享规则。利用自然保护地生物资源开展国际科学研究，促进生物资源的可持续利用。但是，为了提高我国生物资源研究水平，应保障中方单位及其研究人员实质性参与研究，合理分享相关权益。四是对于农业转基因生物与基因编辑生物，《农业转基因生物安全管理条例》《农业转基因生物安全评价管理办法》《农业转基因生物进口安全管理办法》等已经作出了系统、详细的规定。故本条第3款在前两款规定的基础上，进一步确认了相关既有规则的法律效力。亦即，既有规则与本法相关规则应当“叠加适用”，而非在自然保护地内“排除适用”。

参考立法例

《生物多样性公约》(1992 年)

第八条　每一缔约国应尽可能并酌情:

(a)建立保护区系统或需要采取特殊措施以保护生物多样性的地区;

……

(h)防止引进、控制或消除那些威胁到生态系统、生境或物种的外来物种;

……

《中华人民共和国生物安全法》(2020 年)

第六十条　国家加强对外来物种入侵的防范和应对,保护生物多样性。国务院农业农村主管部门会同国务院其他有关部门制定外来入侵物种名录和管理办法。

国务院有关部门根据职责分工,加强对外来入侵物种的调查、监测、预警、控制、评估、清除以及生态修复等工作。

任何单位和个人未经批准,不得擅自引进、释放或者丢弃外来物种。

《中华人民共和国野生动物保护法》(2018 年)

第十二条　国务院野生动物保护主管部门应当会同国务院有关部门,根据野生动物及其栖息地状况的调查、监测和评估结果,确定并发布野生动物重要栖息地名录。

省级以上人民政府依法划定相关自然保护区域,保护野生动物及其重要栖息地,保护、恢复和改善野生动物生存环境。对不具备划定相关自然保护区域条件的,县级以上人民政府可以采取划定禁猎(渔)区、规定禁猎(渔)期等其他形式予以保护。

禁止或者限制在相关自然保护区域内引入外来物种、营造单一纯林、过量施洒农药等人为干扰、威胁野生动物生息繁衍的行为。

相关自然保护区域,依照有关法律法规的规定划定和管理。

《中华人民共和国海洋环境保护法》(2017 年)

第二十五条　引进海洋动植物物种,应当进行科学论证,避免对海洋生态系统造成危害。

《中华人民共和国农业转基因生物安全管理条例》(2017 年)

第一条　为了加强农业转基因生物安全管理,保障人体健康和动植物、微生物安全,保护生态环境,促进农业转基因生物技术研究,制定本条例。

第二条　在中华人民共和国境内从事农业转基因生物的研究、试验、生产、加工、经营和进口、出口活动,必须遵守本条例。

第六十五条　自然保护地内退化自然生态系统修复、生态廊道连通、野生动植物重要栖息地恢复等生态修复活动应当坚持自然恢复为主、自然恢复与人工修复相结合的原则;确有必要开展人工修复活动的,应当经过科学论证。

| 法条说明 |

本条是关于自然保护地生态环境修复的规定。

生态环境修复指通过一定的人为干预,结合自然恢复过程,将受到损害的生态环境恢复至未受损害前状态的活动。随着生态环境恶化的加剧,各国生态环境保护的着力点也在发生转变,从过去的以污染防治为主,转向污染防治与生态环境修复并重,甚至部分地区以生态环境修复为主的状态。[1] 就自然保护地而言,生态环境修复是守住自然生态安全边界、促进自然生态系统质量整体改善的重要保障。

为此,本条明确规定了自然保护地的生态环境修复应当坚持“自然恢复为主,自然恢复与人工修复相结合”的基本原则。坚持以自然恢复为主,不是放弃人工修复,更不是不管不顾地“无为而治”,不能将自然

---

〔1〕 参见李挚萍:《行政命令型生态环境修复机制研究》,载《法学评论》2020 年第 3 期。

恢复与人工修复对立起来。生态修复的目的在于通过协助已退化、损害或破坏的自然生态系统获得改善、恢复或重建,进而增强其自我调节、自我修复功能,维护生态平衡。对于已经受损或破坏的生态系统,由于其原有的生态平衡已被打破,单独依靠自然恢复很可能无法逆转已受损的生态系统,或逆转周期长,必须在科学论证的基础上结合适度的人工修复措施,为自然恢复创造条件和环境,加速修复进程、提升修复效能。[1] 在此基础上,还进一步明确了具体生态环境修复任务,主要包括退化自然生态系统修复、生态廊道连通、重要栖息地恢复等,这些区域的保护修复对于维护自然保护地内的总体生态安全格局至关重要。其中,"生态廊道"是指供野生动物使用的狭带状植被,通常能促进两地间生物因素的运动。建设生态廊道,有利于保障生物生存栖息地、提高生物迁徙效率、增加基因交流,进而增加生物多样性、保障自然保护地区域内的生态安全。[2]

参考立法例

《中华人民共和国长江保护法》(2021 年)

第五十二条　国家对长江流域生态系统实行自然恢复为主、自然恢复与人工修复相结合的系统治理。国务院自然资源主管部门会同国务院有关部门编制长江流域生态环境修复规划,组织实施重大生态环境修复工程,统筹推进长江流域各项生态环境修复工作。

《中华人民共和国森林法》(2019 年)

第三十条　国家支持重点林区的转型发展和森林资源保护修复,改善生产生活条件,促进所在地区经济社会发展。重点林区按照规定享受国家重点生态功能区转移支付等政策。

第三十一条　国家在不同自然地带的典型森林生态地区、珍贵动物和植物生长繁殖的林区、天然热带雨林区和具有特殊保护价值的其他天

---

〔1〕 参见侯军亮:《如何理解"自然恢复为主"的生态修复方针》,载中华人民共和国自然资源部政府网,http://www.mnr.gov.cn/dt/pl/202101/t20210104_2596964.html。

〔2〕 参见郑好等:《生态廊道》,载《生态与农村环境学报》2019 年第 2 期。

然林区，建立以国家公园为主体的自然保护地体系，加强保护管理。

国家支持生态脆弱地区森林资源的保护修复。

县级以上人民政府应当采取措施对具有特殊价值的野生植物资源予以保护。

《国家公园管理暂行办法》（林保发〔2022〕64号）

第二十二条　国家公园内退化自然生态系统修复、生态廊道连通、重要栖息地恢复等生态修复活动应当坚持自然恢复为主，确有必要开展人工修复活动的，应当经科学论证。

第六十六条　自然保护地管理机构应当建立防灾减灾和应急保障机制，做好火灾、自然灾害、疫源疫病、有害生物等突发事件的风险评估、应急准备、应急处置和事后恢复等工作。

自然保护地所在的县级以上人民政府组织应急管理、林业草原、生态环境、自然资源、水行政等部门，做好自然保护地及其周边突发事件的预防和应对工作。

| 法条说明 |

本条是关于自然保护地应急管理机制的规定。

突发事件是突然发生且可能造成社会危害的事件。突发事件给公众生命健康、财产和生态环境带来难以估量的损失。为此，《突发事件应对法》明确突发事件应对工作实行预防为主、预防与应急相结合的原则，并建立应急准备、应急处置和事后恢复等制度。自然保护地管理机构应按照《突发事件应对法》的规定做好风险评估、应急准备、应急处置和事后恢复的有关工作。同时，自然保护地的设立主体虽然是国家或省级人民政府，但实际出现突发事件后还是应当依法按照属地管理为主的原则和体制开展应急管理工作。换言之，自然保护地所在的县级以上人民政府应当承担自然保护地及其周边突发事件预防和应对的职责。

| 参考立法例 |

《中华人民共和国突发事件应对法》(2007 年)

第四条　国家建立统一领导、综合协调、分类管理、分级负责、属地管理为主的应急管理体制。

第五条　突发事件应对工作实行预防为主、预防与应急相结合的原则。国家建立重大突发事件风险评估体系,对可能发生的突发事件进行综合性评估,减少重大突发事件的发生,最大限度地减轻重大突发事件的影响。

《中华人民共和国生物安全法》(2021 年)

第六十六条　国家制定生物安全事业发展规划,加强生物安全能力建设,提高应对生物安全事件的能力和水平。

县级以上人民政府应当支持生物安全事业发展,按照事权划分,将支持下列生物安全事业发展的相关支出列入政府预算:

(一)监测网络的构建和运行;

(二)应急处置和防控物资的储备;

(三)关键基础设施的建设和运行;

(四)关键技术和产品的研究、开发;

(五)人类遗传资源和生物资源的调查、保藏;

(六)法律法规规定的其他重要生物安全事业。

《中华人民共和国野生动物保护法》(2018 年)

第十五条　国家或者地方重点保护野生动物受到自然灾害、重大环境污染事故等突发事件威胁时,当地人民政府应当及时采取应急救助措施。

县级以上人民政府野生动物保护主管部门应当按照国家有关规定组织开展野生动物收容救护工作。

禁止以野生动物收容救护为名买卖野生动物及其制品。

第十六条　县级以上人民政府野生动物保护主管部门、兽医主管部门,应当按照职责分工对野生动物疫源疫病进行监测,组织开展预测、预报等工作，并按照规定制定野生动物疫情应急预案，报同级人民政府批准或者备案。

《中华人民共和国森林法》（2019年）

第三十四条　地方各级人民政府负责本行政区域的森林防火工作，发挥群防作用；县级以上人民政府组织领导应急管理、林业、公安等部门按照职责分工密切配合做好森林火灾的科学预防、扑救和处置工作：

（一）组织开展森林防火宣传活动，普及森林防火知识；

（二）划定森林防火区，规定森林防火期；

（三）设置防火设施，配备防灭火装备和物资；

（四）建立森林火灾监测预警体系，及时消除隐患；

（五）制定森林火灾应急预案，发生森林火灾，立即组织扑救；

（六）保障预防和扑救森林火灾所需费用。

国家综合性消防救援队伍承担国家规定的森林火灾扑救任务和预防相关工作。

《国家公园管理暂行办法》（林保发〔2022〕64号）

第二十六条　国家公园管理机构应当依法履行森林草原防火、防灾减灾、安全生产责任，建立防灾减灾和应急保障机制，组建专业队伍，制定突发事件应急预案，预防和应对各类自然灾害。

第六十七条　因设立或调整自然保护地，对自然保护地内的自然人、法人和非法人组织的合法权益造成损害的，应当给予公平、合理的补偿。

| 法条说明 |

本条是关于自然保护地内相关主体合法权益造成损害时补偿的规定。

我国《宪法》明确规定，公民的合法的私有财产不受侵犯，国家依法保护公民的私有财产权。同时，国家出于公共利益的需要，可以依法征收或征用私有财产并给与补偿。在此基础上，《民法典》《土地管理法》《森林法》等进一步规定对相关主体合法财产实施征收、征用及其补偿的相关依据。设立或调整自然保护地,可能使被纳入自然保护地范围的自然资源利用活动受到限制,进而造成自然人、法人和非法人组织既有合法权益的损失。对此,本条依据《宪法》《民法典》等法律,明确规定应给予公平、合理的补偿。

| 参考立法例 |

《中华人民共和国森林法》(2019年)

第二十一条　为了生态保护、基础设施建设等公共利益的需要,确需征收、征用林地、林木的,应当依照《中华人民共和国土地管理法》等法律、行政法规的规定办理审批手续,并给予公平、合理的补偿。

《风景名胜区条例》(2016年)

第十一条　风景名胜区内的土地、森林等自然资源和房屋等财产的所有权人、使用权人的合法权益受法律保护。

申请设立风景名胜区的人民政府应当在报请审批前,与风景名胜区内的土地、森林等自然资源和房屋等财产的所有权人、使用权人充分协商。

因设立风景名胜区对风景名胜区内的土地、森林等自然资源和房屋等财产的所有权人、使用权人造成损失的,应当依法给予补偿。

《武夷山国家公园条例(试行)》(2017年)

第三十五条　武夷山国家公园应当适度、逐步提高国有自然资源的比例。国家公园内属于集体所有的土地以及地上各类自然资源,确因保护需要的可以依法征收或者通过租赁、置换等方式进行用途管制。

因征收或者用途管制造成权利人损失的,应当依法、及时给予补偿。

第二节　可持续利用

第六十八条　自然保护地应当作为独立的登记单元进行自然资源资产确权登记。在各级各类自然保护地内的水流、森林、山岭、草原、荒地、滩涂、海域、无居民海岛以及探明储量的矿产资源等，不再单独划定登记单元。

自然保护地的自然资源资产确权登记应当清晰界定自然保护地内各类自然资源资产的产权主体，划清各类自然资源资产所有权、使用权的边界，明确各类自然资源资产的种类、范围、面积和权属性质。

| 法条说明 |

本条是关于自然保护地内各类自然资源资产确权登记的规定。

《国民经济和社会发展第十三个五年规划纲要》要求全面落实不动产统一登记制度，加快构建自然资源资产产权制度。《总体方案》和《指导意见》进一步要求包括国家公园在内的各类自然保护地推进自然资源资产确权登记。自然资源资产确权登记的目的在于，清晰界定区域内各类自然资源资产的产权主体，划清各类自然资源资产所有权、使用权的边界，明确各类自然资源资产的种类、面积和权属性质。

1. 自然资源资产登记单元

自然资源的登记单元与不动产登记单元相似却又不同，相似在于自然资源登记单元也是登记的基本单位，是一个权属界限封闭的自然生态空间概念；但自然资源更加灵活，具有动态特征，导致其登记单元的不规则性和易变性，实践中难以把某一特定自然资源进行准确的界定与登记。另外，自然生态空间具有复合性的特点。不同种类的资源类型之间的界限不规则，构成复合型的区域。因此，按照《指导意见》的要求，每个自然保护地作为独立的登记单元进行自然资源资产确权登记，既可以有效避免在登记过程中界定各种自然资源模糊不清、动态变化的边界，又尊重了自然保护地这一特殊自然生态空间的系统性、整体性。

2. 登记确权的主要内容

按照《关于统筹推进自然资源资产产权制度改革的指导意见》的有关要求，国家公园等各类自然保护地的确权登记工作，应将全民所有自然资源资产所有权代表行使主体登记为国务院自然资源主管部门，逐步实现自然资源确权登记全覆盖，清晰界定全部国土空间各类自然资源资产的产权主体，划清各类自然资源资产所有权、使用权的边界。结合相关改革方案的要求,本条第 2 款明确了自然保护地内进行自然资源统一确权登记的主要内容,即界定自然保护地内各类自然资源资产的产权主体,划清各类自然资源资产所有权、使用权的边界,明确各类自然资源资产的种类、范围、面积和权属性质。

| 参考立法例 |

中共中央办公厅、国务院办公厅《关于建立以国家公园为主体的自然保护地体系的指导意见》(2019 年)

(十三)推进自然资源资产确权登记。进一步完善自然资源统一确权登记办法,每个自然保护地作为独立的登记单元,清晰界定区域内各类自然资源资产的产权主体,划清各类自然资源资产所有权、使用权的边界,明确各类自然资源资产的种类、面积和权属性质,逐步落实自然保护地内全民所有自然资源资产代行主体与权利内容,非全民所有自然资源资产实行协议管理。

《自然资源统一确权登记暂行办法》(2019 年)

第十四条第一款　国家批准的国家公园、自然保护区、自然公园等各类自然保护地应当优先作为独立登记单元划定。

第十六条第二款　在国家公园、自然保护区、自然公园等各类自然保护地登记单元内的森林、草原、荒地、水流、湿地等不再单独划定登记单元。

《自然资源统一确权登记工作方案》(2019 年)

清晰界定各类自然资源资产的产权主体,逐步划清全民所有和集体所有之间的边界,划清全民所有、不同层级政府行使所有权的边界,划清不同集体所有者的边界,划清不同类型自然资源的边界,推进确权登记法治化,为建立国土空间规划体系并监督实施,统一行使全民所有自然资源资产所有者职责,统一行使所有国土空间用途管制和生态保护修复职责,提供基础支撑和产权保障。

第六十九条 国家应当明确自然保护地内各类自然资源资产的收益分配规则和支出结构，保障自然资源权利人依法公平获得自然资源资产收益。

对自然保护地内的自然资源资产进行置换、租赁、赎买的，应当订立书面合同，并明确自然资源资产的权利归属及收益的分配方式。

| 法条说明 |

本条是关于自然保护地内各类自然资源资产收益分配的规定。

根据《宪法》的有关规定，我国对自然资源资产采取国家所有和集体所有的“二元所有”体制。此外，部分自然资源（如林木）还存在个人所有权、使用权等。因此，为提升自然资源的合理利用水平，实现自然资源资产的经济价值，我国采取“权能分离”的制度模式，允许并支持自然资源资产有偿使用制度。

1. 自然保护地内各类自然资源资产收益的基本分配规则

现阶段，我国自然资源的收益分配机制尚不健全，需要健全充分发挥中央和地方两个积极性的体制机制，优化政府间事权和财权划分，建立权责清晰、财力协调、区域均衡的中央和地方财政关系，形成稳定的各级政府事权、支出责任和财力相适应的制度，促进自然资源的保护和合理利用。鉴于此，本条第 1 款专门规定国家应当明确自然保护地内各类自然资源资产的收益分配规则和支出结构。

2. 收益分配的具体要求

收益分配的具体要求：首先，基于“权能分离”的制度模式，我国自然资源的实际权利人数量较大、分布广泛、类型多样。为此，本条第 1 款明确规定保障自然保护地内各类自然资源的权利人依法公平获得自然资源资产收益。在进一步确认相关主体合法权益的同时，也为其可能的维权提供基本依据。其次，为了实现自然保护地内自然资源的统一管理，特别是核心保护区的自然资源，实践中需要通过置换或购买等方式变动所有权，或者通过租赁等方式使用自然资源。鉴于上述情况，为进一步保障相关主体特别是权利人的合法权益，本条第 2 款规定置换、租赁、赎买等应当签订合同并明确当事人的权利义务，特别是权利归属和收益分配。

| 参考立法例 |

中共中央办公厅、国务院办公厅《关于建立以国家公园为主体的自然保护地体系的指导意见》(2019年)

(十七)创新自然资源使用制度。按照标准科学评估自然资源资产价值和资源利用的生态风险,明确自然保护地内自然资源利用方式,规范利用行为,全面实行自然资源有偿使用制度。依法界定各类自然资源资产产权主体的权利和义务,保护原住居民权益,实现各产权主体共建保护地、共享资源收益。制定自然保护地控制区经营性项目特许经营管理办法,建立健全特许经营制度,鼓励原住居民参与特许经营活动,探索自然资源所有者参与特许经营收益分配机制。对划入各类自然保护地内的集体所有土地及其附属资源,按照依法、自愿、有偿的原则,探索通过租赁、置换、赎买、合作等方式维护产权人权益,实现多元化保护。

中共中央办公厅、国务院办公厅《关于统筹推进自然资源资产产权制度改革的指导意见》(2019年)

坚持市场配置、政府监管。以扩权赋能、激发活力为重心,健全自然资源资产产权制度,探索自然资源资产所有者权益的多种有效实现形式,发挥市场配置资源的决定性作用,努力提升自然资源要素市场化配置水平;加强政府监督管理,促进自然资源权利人合理利用资源。

《国家公园管理暂行办法》(林保发〔2022〕64号)

第十九条　国家公园管理机构应当按照依法、自愿、有偿的原则,探索通过租赁、合作、设立保护地役权等方式对国家公园内集体所有土地及其附属资源实施管理,在确保维护产权人权益前提下,探索通过赎买、置换等方式将集体所有商品林或其他集体资产转为全民所有自然资源资产,实现统一保护。

第七十条 自然保护地设立之前已有的供(排)水、能源、防洪、交通、通信等公共基础设施,应当采取必要的改造和防护措施,与周边自然景观和文化特色相协调。

自然保护地设立前的其他既有设施,符合自然保护地相关规划、计划和管理要求的,自然保护地管理机构应当与设施的所有权人或使用权人就设施的使用、维护和改造等签订协议;与自然保护地相关规划、计划和管理要求不符的,自然保护地管理机构依法进行改造、拆除或关闭,并给予合理补偿。

| 法条说明 |

本条是关于自然保护地内既有设施管理的规定。

以国家公园为主体的自然保护地体系建设是一个长期性、系统性工程,故实践中必然存在大量的自然保护地设立前既有设施的管理问题。为此,本条遵循"生态优先"基本原则,对自然保护地内的既有设施设计了不同的管理要求:首先,既有的供(排)水、能源、防洪、交通运输、通信等公共基础设施。因其持续存在事关基本民生,故在自然保护地设立后应继续保留,但应进行适当的改造或升级,使之与自然保护地的生态环境相一致。其次,对于既有的其他设施,则应以其是否符合该自然保护地的具体管理和保护目标为标准,进行差异化处理。其中,对与自然保护地相关规划、计划和管理要求不符的设施,进行改造或拆除,并给予合理补偿;对与自然保护地相关规划、计划和管理要求相符的设施,如核心区原住居民的生活设施,可以保留,但应当签订协议,约定设施的使用、维护和改造等内容。

| 参考立法例 |

《国家公园管理暂行办法》(林保发〔2022〕64 号)

第十二条 国家公园管理机构应按照国家公园总体规划组织实施相关建设活动,摸清保护、宣教及民生基础设施等本底情况,充分利用原有设施,建设和完善必要的保护、管理、服务和应急等设施。

第十三条 国家公园范围内的保护、宣教及民生基础设施等建设项目应当遵循绿色营建理念,与自然景观和文化特色相协调,其选址、规模、风格、施工等应当符合国家公园总体规划和管控要求,采取必要措施消减对自然、人文资源和生态系统的不利影响,并依法依规办理相关手续。

《三江源国家公园条例(试行)》(2017年)

第二十八条　三江源国家公园实行严格保护,除生态保护修复工程和不损害生态系统的居民生活生产设施改造,以及自然观光、科研教育、生态体验外,禁止其他开发建设,保护自然生态和自然文化遗产的原真性、完整性。

建设项目不符合三江源国家公园规划要求的,应当逐步进行改造、拆除或者迁出。

三江源国家公园内不得新设矿产资源类开发项目,现有依法建设的矿产资源类开发项目应当逐步有序退出。

《澳大利亚自然保护法》(1992年)

第六十七条　宣布自然庇护所时的补偿(compensation)

(1)本节适用于根据第49节宣布某一区域为自然庇护所的情况。

(2)如果宣布某一区域为自然庇护所后采取的限制或禁止措施对土地所有人的土地权益产生损害性影响,土地所有人有权请求各州根据双方达成的协议支付合理的补偿。如果双方无法就补偿达成一致,由土地法院裁判。

第七十一条　自然保护地内的建设项目实行清单管理。除列入清单的建设项目外,禁止在自然保护地内新建、改建、扩建其他项目。

国家公园、国家级自然保护区和国家级自然公园内的建设项目清单,由国务院林业草原主管部门发布和及时更新。

省级自然保护区和省级自然公园内的建设项目清单,由省、自治区、直辖市人民政府自然保护地主管部门发布和及时更新。

| 法条说明 |

本条是关于自然保护地内建设项目负面清单的规定。

为适应政府职能转变和经济体制改革的要求，在投融资等领域实施负面清单管理已成趋势，并成为推进国家治理体系和治理能力现代化的重要手段。当前，我国在生态环境领域积极推动"三线一单"生态环境分区管控（生态保护红线、环境质量底线、资源利用上限和生态环境准入清单）。其中，生态环境准入清单就是根据空间规划、产业布局指引和有关法律、法规、规章、政策、功能区划等明确的生态环境保护要求，确定各管控单元生态环境准入清单。无独有偶，国家公园、自然保护区、自然公园等不同类型自然保护地的生态功能属性、环境敏感程度不同，自然保护地的核心保护区和一般控制区的管控目标也不相同，而建设项目作为可能影响自然保护地资源环境的最主要人类活动之一，也有必要实行差异化的准入管理。进而，本条第 2 款、第 3 款根据分级分类管理的基本原则，明确了各级各类自然保护地建设项目清单的制定和更新主体。亦即，国家公园、国家级自然保护区和国家级自然公园内的建设项目清单，由国务院林业草原主管部门发布和及时更新；省级自然保护区和省级自然公园内的建设项目清单，由省、自治区、直辖市人民政府自然保护地主管部门发布和及时更新。

| 参考立法例 |

中共中央办公厅、国务院办公厅《关于建立以国家公园为主体的自然保护地体系的指导意见》（2019 年）

到 2020 年，提出国家公园及各类自然保护地总体布局和发展规划，完成国家公园体制试点，设立一批国家公园，完成自然保护地勘界立标并与生态保护红线衔接，制定自然保护地内建设项目负面清单，构建统一的自然保护地分类分级管理体制。到 2025 年，健全国家公园体制，完成自然保护地整合归并优化，完善自然保护地体系的法律法规、管理和监督制度，提升自然生态空间承载力，初步建成以国家公园为主体的自然保护地体系。到 2035 年，显著提高自然保护地管理效能和生态产品供给能力,自然保护地规模和管理达到世界先进水平,全面建成中国特色自然保护地体系。自然保护地占陆域国土面积18%以上。

《在国家级自然保护区修筑设施审批管理暂行办法》(2018年,部分失效)

第四条　严格限制在国家级自然保护区修筑设施。必须修筑设施的,应当严格控制建设区域、面积和方式,并采取有效措施保护生态环境,确保不对主要保护对象产生重大影响,确保不改变自然生态系统基本特征和结构完整性,最大限度减少对国家级自然保护区的不利影响。

禁止在国家级自然保护区修筑以下设施:

(一)光伏发电、风力发电、火力发电等项目的设施。

(二)高尔夫球场开发、房地产开发、会所建设等项目的设施。

(三)社会资金进行商业性探矿勘查,以及不属于国家紧缺矿种资源的基础地质调查和矿产公益性远景调查的设施。

(四)污染环境、破坏自然资源或者自然景观的设施。

(五)国家禁止修筑的其他设施。

《神农架国家公园保护条例》(2019年)

第十九条　神农架国家公园实行严格规划建设管控,除不损害生态系统的生产生活设施改造和自然观光、科研、教育、旅游外,禁止其他开发建设活动。

神农架国家公园内各类建设项目应当依法取得许可,有关机关许可前应当征求国家公园管理机构意见。

经批准的重大基础设施建设项目不得穿越严格保护区和生态保育区;通讯、电网等建设项目确需穿越生态保育区的,应当经充分论证并科学设计、合理施工,避免对生态环境的影响。

现有建设项目不符合神农架国家公园规划的,应当按照规划要求限期改造或者拆除。

经批准的建设项目,建设单位、施工单位应当制定污染防治和水土保持方案,并采取有效措施,维护植被、水体、野生动植物资源和地形地貌;因施工造成环境破坏的,应当同步进行生态修复。

第七十二条 禁止占用自然保护地核心保护区的土地，严格控制占用自然保护地一般控制区的土地。

因供(排)水、能源、防洪、交通、通信等公共基础设施建设，确需占用自然保护地一般控制区内土地的，经省级以上人民政府自然保护地主管部门审核同意后，依照有关土地管理的法律、行政法规办理审批手续。

因依法占用自然保护地内的土地或者利用、保护土地上的其他自然资源而受到损失的，应当对有关权利人给予合理的补偿。

| 法条说明 |

本条是关于自然保护地内的土地资源利用管理的规定。

本条主要目的是坚持“保护为主，合理利用”的原则，通过规范占用自然保护地内的土地的审批程序，确保在对自然保护地的利用过程中不会因为过度占用土地资源而对生态环境造成不利的影响，从而实现土地资源的可持续利用。为此，本条主要规定了以下几个方面内容：首先，严格控制对自然保护地范围内土地资源的占用。具体而言，按照不同功能区域的定位，禁止占用自然保护地核心保护区的土地资源，严格控制占用自然保护地一般控制区的土地资源。其次，因供(排)水、能源、防洪、交通、通信等公共基础设施建设，确需占用自然保护地一般控制区内土地的，在依照有关土地管理的法律、行政法规办理审批手续前增设“经省级以上人民政府自然保护地主管部门审核同意”这一程序，确保相关土地资源占用活动更为审慎、科学。最后，因依法占用自然保护地内的土地或者利用、保护土地上的其他自然资源而受到损失的，应当持续贯彻本法充分保障自然保护地内相关主体合法权益的基本立法思路，明确规定对有关权利人给予合理的补偿。

| 参考立法例 |

《中华人民共和国土地管理法》(2019 年)

第六十一条 乡(镇)村公共设施、公益事业建设，需要使用土地的，经乡(镇)人民政府审核，向县级以上地方人民政府自然资源主管部门提出申请，按照省、自治区、直辖市规定的批准权限，由县级以上地方人民政府批准;其中,涉及占用农用地的,依照本法第四十四条的规定办理审批手续。

《中华人民共和国草原法》(2021 年)

第三十八条　进行矿藏开采和工程建设,应当不占或者少占草原;确需征用或者使用草原的,必须经省级以上人民政府草原行政主管部门审核同意后,依照有关土地管理的法律、行政法规办理建设用地审批手续。

《湖北省湖泊保护条例》(2012 年)

第十二条　县级以上人民政府应当根据湖泊保护规划的要求和恢复湖泊生态功能的需要,对居住在湖上,岸上无房屋、无耕地的渔民和居住在湖泊保护区内的其他农(渔)民实施生态移民,采取资金支持、技能培训、转移就业、社会保障等方式予以扶持。

《德国联邦自然保护法》

第十五条　干预方有义务避免对自然和景观造成任何可以避免的不利影响。如在同一地点有合理的替代方案以达到同样的干预目的,但对自然和景观只产生较小的不利影响或没有不利影响,则应认为不利影响是可以避免的。如果不良影响无法避免,则必须提供这种不可避免的原因。

……

(2)干预方有义务透过自然保育及景观管理措施(补偿措施)或其他方式(替代措施),补偿任何不可避免的不利影响。当受损的自然平衡功能以同等方式恢复,而景观外观以与景观相一致的方式恢复或重新设计后,则应认为对环境造成的不利影响已得到补偿。当有关自然区内受损的自然平衡功能恢复至同等价值,而景观外观已按照景观的方式重新设计,则视为已取代了不利影响……

第七十三条　禁止在自然保护地内修建、开辟与保护自然环境和自然资源无关的道路、航道等。本法施行前已经存在且确需继续使用的,应当采取限制通行区域、行驶速度、污染排放等管制措施或逐步实现改道。

在不影响自然环境和自然资源的前提下，自然保护地管理机构规划、设计和建设步道。步道的规划、设计与建设应当纳入自然保护地专项规划，并与道路周围的自然景观相协调。步道的规划、设计与建设应当依法进行环境影响评价，并制定相关的使用规则。

| 法条说明 |

本条是关于自然保护地内交通设施的法律规定。

自然保护地的建设旨在守护自然生态、保育自然资源、保护生物多样性与地质地貌景观多样性。因此，在自然保护地内修建与自然环境和自然资源无关的道路、航道等交通设施，会对植被覆盖、种群迁移和繁殖、水环境、土壤环境、生物安全等方面造成负面影响，有必要对其问题予以严格规定。

具体而言：一方面，在自然保护地这一特殊自然生态空间内，应当尽量避免或减少与保护无关的、不必要的通行、通过。对于本法施行前已经存在且确需继续使用的道路、航道，则应当采取限制通行区域、行驶速度、污染排放等管制措施或逐步实现改道，以有效降低其不利环境影响。另一方面，步道是民众接近和体验自然保护地的重要方式。近年来，我国也正在积极开展自然保护地步道的规划和建设工作。例如，2017 年 6 月 5 日原国家林业局发布了《国家森林步道建设规范》，规定了国家森林步道建设的一般性要求、现状调查评价、步道选线、修建维护、配套服务等。鉴于此，本条第 2 款规定了步道建设的基本要求。即在不影响自然环境和自然资源的前提下，步道的规划、设计与建设应当纳入自然保护地专项规划，并与道路周围的自然景观相协调。在此基础上，步道的规划、设计与建设还应当依法进行环境影响评价，并制定相关的、具体的使用规则。

| 参考立法例 |

《陕西省秦岭生态环境保护条例》(2019 年)

第五十一条　国家公园、自然保护区、风景名胜区、森林公园、湿地公园、植物园等区内的道路设计及施工方案应当符合批准的园区规划,并经省级有关行政主管部门审核。

《新疆维吾尔自治区卡拉麦里山有蹄类野生动物自然保护区管理条例》(2018 年)

第十七条　机场、铁路、公路、水利水电等建设项目的选址、选线应当避让保护区;无法避让的,工程项目建设单位应当编制野生动物及其栖息地保护方案,经自治区林业主管部门审核,报自治区人民政府批准后实施。

工程项目野生动物保护方案中确定的野生动物保护设施,应当与建设项目同时设计、同时施工、同时投入使用;工程项目竣工验收,应当验收野生动物保护设施;野生动物保护设施未经验收或者验收不合格的,工程项目不得投入使用。

甘肃省林业厅《关于规范全省林业自然保护区修筑设施审批管理有关事项的通知》(2018 年)

一、

……

(二)在保护区实验区修筑设施的原则要求

4. 机场、铁路、公路、水利水电、围堰等建设项目选址选线,应当尽量避让自然保护区域、野生动物迁徙洄游通道;无法避让的,应当采取修建野生动物通道、过鱼设施等措施,消除或减少对野生动物的不利影响。

《加拿大荒野保护法》

第二十三条　某些游憩活动

(1)在荒野地区内,只有在部长指定的地点,或部长没有指定地点时,依据发出的许可证或命令所订明的条款及条件,才可以搭帐篷、露营、生火或保持火种。

(2)部长可在荒野地区

(a)指定、开发和管理一条用于野外游憩的小道(trail)或路线(route),包括但不限于步行、徒步、独木舟、皮划艇和越野滑雪;……

《新西兰保护法》

第十九条　荒野区

(1)除第(2)至(4)款另有规定外,以下条文适用于每一处荒野区域:

(a)应保护其土著自然资源;

(b)不得在其上竖立任何建筑物或机械;

(c)不得建造或维修任何建筑物、机械或器具;

(d)牲畜、车辆或机动船只(包括气垫船和喷气式飞机)不得被带进或用于其中,直升机或其他机动飞机不得为了上下乘客或货物着陆、起飞或悬停;

(e)不得在其上建造道路(roads)、轨道(tracks)或步道(trails)。

第七十四条　在不与自然保护地生态系统功能、保护目标冲突的前提下,自然保护地内的原住居民可以修缮生产生活设施,有权从事生活必需的少量种植、放牧、捕捞、养殖、采药等活动。

自然保护地管理机构可以根据本自然保护地总体规划和管理要求,明确该自然保护地内居民的生产生活边界。

| 法条说明 |

本条是关于自然保护地内原住居民和社区利用自然资源从事生产生活活动的规定。

自然保护地的建设与管理,不是制造"无人区""封闭区"。相反,自然保护地内长期存在的原住居民和社区,其传统的生产生活方式已经与当地的自然生态系统融为一体,本身就是其原真性、完整性的重要组成部分。因此,世界范围内对于自然保护地内的原住居民和社区以及其传统的、环境友好型的生产生活方式,普遍采取了保护的基本态度。例如,《生物多样性公约》第8条规定,"每一缔约国应尽可能并酌情……(j)依照国家立法,尊重、保存和维持土著和地方社区体现传统生活方式而与生物多样性的保护和持久使用相关的知识、创新和做法并促进其广泛应用”;第10条规定,“每一缔约国应尽可能并酌情……保障及鼓励那些按照传统文化惯例而且符合保护或持久使用要求的生物资源习惯使用方式”。又如,《新西兰保护法》第30条也规定,“任何人不得在保护区上或从保护区带走任何植物,除非……总干事可授权任何人采集保护区内的任何植物,如果这一采集是计划用于毛利人传统目的”。

基于以上情况,本条第1款的目的在于规范对自然保护地内自然资源的利用主体、利用方式和使用目的,保护原住居民正常的生产生活权益,实现各产权主体“共建保护地、共享资源收益”。具体包括以下两个方面的内容:首先,原住居民和社区利用自然保护地内的自然资源需满足一定的前提条件,即不与自然保护地生态系统功能、保护目标冲突。换言之,并非原住居民和社区利用自然资源的所有行为都被准许甚至保护,如不符合相关规划和管理要求任意扩大现有建设用地和耕地规模的活动是不被允许的。其次,本条还明确了依法可以从事的生产生活活动的主要范围,包括修缮生产生活设施以及从事生活必需的少量种植、放牧、捕捞、养殖、采药等活动。这些活动既是维持原著居民和社区生计并实现可持续发展的基本保障,同时还具有传承传统文化、促进人地和谐的重要功能。

在基础上,为进一步规范原住居民和社区利用自然资源从事生产生活活动,本条第2款参考了国家公园体制改革过程中的相关要求和实践经验,规定了依法划定自然保护地内原住居民生产生活边界的制度。生产生活边界的划定,是根据自然保护地的功能定位,通过科学划定区域内居民的生产生活空间、明确空间内人类活动特别是相关配套设施建设的管控要求,实现生态、生产、生活空间的科学合理布局和自然资源的可持续利用。考虑到各级各类自然保护地的保护强度、管理要求存在差别,对于划定生产生活边界不宜“一刀切”式地作出要求。故本款规定自然保护地管理机构可以根据本自然保护地的规划和功能定位,酌情决定是否以及如何划定生产生活边界。

参考立法例

中共中央办公厅、国务院办公厅《关于建立以国家公园为主体的自

然保护地体系的指导意见》(2019年)

(十八)探索全民共享机制。在保护的前提下,在自然保护地控制区内划定适当区域开展生态教育、自然体验、生态旅游等活动,构建高品质、多样化的生态产品体系。完善公共服务设施,提升公共服务功能。扶持和规范原住居民从事环境友好型经营活动,践行公民生态环境行为规范,支持和传承传统文化及人地和谐的生态产业模式。推行参与式社区管理,按照生态保护需求设立生态管护岗位并优先安排原住居民。建立志愿者服务体系,健全自然保护地社会捐赠制度,激励企业、社会组织和个人参与自然保护地生态保护、建设与发展。

中共中央办公厅、国务院办公厅《建立国家公园体制总体方案》(2017年)

(十七)建立社区共管机制。根据国家公园功能定位,明确国家公园区域内居民的生产生活边界,相关配套设施建设要符合国家公园总体规划和管理要求,并征得国家公园管理机构同意。周边社区建设要与国家公园整体保护目标相协调,鼓励通过签订合作保护协议等方式,共同保护国家公园周边自然资源。引导当地政府在国家公园周边合理规划建设入口社区和特色小镇。

《海南热带雨林国家公园条例(试行)》(2020年)

第三十九条　国家公园管理机构应当根据国家公园规划和功能定位,明确海南热带雨林国家公园内居民的生产生活边界。

原住居民在不扩大现有建设用地和耕地规模前提下,可以修缮生产生活设施,从事生活必需的少量种植、放牧、捕捞、养殖、采药等活动。

国家公园管理机构应当会同所在地市、县、自治县人民政府组织和引导当地居民或者其举办的企业按照国家公园规划要求发展旅游服务业,开发具有当地特色的绿色产品。

《加拿大荒野保护法》

第二十四条　(1)在荒野地区,公众可以从事:

(a)体育捕鱼;和

(b)传统的狩猎和诱捕方式。

以符合本法、条例、任何可适用的管理计划、任何适用的法律的方式。

《柬埔寨保护地法》

第二十二条　国家承认并确保获得居住在保护区内和附近的当地社区和土著少数民族群体的传统用途(traditional uses)、当地习俗、信仰和宗教。

在可持续利用区和保护区内,可以按照环境部的实践指南规定的指南,允许家庭规模的当地社区和土著少数民族群体对自然资源的传统利用和习惯做法。

传统用途包括收集自然死亡的木材、传统药物的副产品、蔬菜和水果,以及为满足家庭偶然需求的合法狩猎。

第七十五条　对于自然保护地一般控制区内的经营性项目,可以实行特许经营。

实行特许经营的自然保护地,自然保护地管理机构应当组织编制特许经营项目目录和准入条件,采取竞争方式面向社会公开招标确定经营者,并签订特许经营协议。特许经营协议应当明确特许经营的项目名称、经营范围、经营期限、特许经营者的权利义务、项目评估与退出机制以及争议解决方式等。

法律、法规、规章等对于自然保护地特许经营活动另有规定的,还应当适用其规定。

| 法条说明 |

本条是关于自然保护地内特许经营活动的规定。

特许经营指的是投资者或经营者经公部门选择而获得排他性或垄断性的权利,在一定期限和范围内开发利用某种自然资源、从事某种特定行业、提供某项公共服务或经营某项公用事业产品。[1] 各国在自然

[1] 参见李霞:《论特许经营合同的法律性质——以公私合作为背景》,载《行政法学研究》2015年第1期。

保护地建设和管理中普遍采取了特许经营的模式,如美国的国家公园特许经营。《指导意见》明确要求制定自然保护地控制区经营性项目特许经营管理办法,建立健全特许经营制度,鼓励原住居民参与特许经营活动,探索自然资源所有者参与特许经营收益分配机制。

1. 特许经营项目的空间范围

自然保护地分为核心保护区和一般控制区。其中,对于自然生态系统保存最完整、核心资源集中分布或者生态脆弱需要休养生息的地域,应当纳入核心保护区。基于这些自然生态系统和自然资源的代表性或者面临的威胁,需要采取严格的管控措施,原则上禁止包括特许经营项目在内的人为活动。而一般控制区则定位为限制人为活动,可以依法适度开展特许经营活动。

2. 特许经营协议的授予程序

虽然一般控制区允许开展特定的自然资源利用活动。但从保护生态系统原真性、完整性的角度处罚,需要编制特许经营目录和准入清单以有效控制特许经营造成的环境影响。同时,结合世界范围内自然保护地特许经营活动的成功经验,公开招标的方式有利于鼓励企业竞争,采取最有利于保护自然保护地环境的经营方式。为了进一步规范特许经营活动,本条第 2 款还进一步规定了中标方应当与自然保护地管理机构签订特许经营协议,协议的主要内容包括自然资源权利人和经营者的权利义务、经营期限、退出与评估机制、特许经营的争议解决方式等。

此外,考虑到各类自然保护地(尤其是国家公园)的特许经营活动可能有更具体、更严格的规定。为此,本条第 3 款专门为相关立法预留必要的立法空间,并且明确了本条规定与其他立法相关规定之间的“叠加”适用关系。亦即,法律、法规、规章等对于自然保护地特许经营活动另有规定的,还应当适用其规定。

| 参考立法例 |

中共中央办公厅、国务院办公厅《关于建立以国家公园为主体的自然保护地体系的指导意见》(2019 年)

(十七)创新自然资源使用制度。按照标准科学评估自然资源资产价值和资源利用的生态风险,明确自然保护地内自然资源利用方式,规范利用行为,全面实行自然资源有偿使用制度。依法界定各类自然资源资产产权主体的权利和义务,保护原住居民权益,实现各产权主体共建保护地、共享资源收益。制定自然保护地控制区经营性项目特许经营管理办法,建立健全特许经营制度,鼓励原住居民参与特许经营活动,探索自然资源所有者参与特许经营收益分配机制。对划入各类自然保护地内的集体所有土地及其附属资源,按照依法、自愿、有偿的原则,探索通过租赁、置换、赎买、合作等方式维护产权人权益,实现多元化保护。

《云南省国家公园管理条例》(2015 年)

第二十四条　国家公园的经营服务项目实行特许经营制度。

特许经营可以采取下列方式:

(一)在一定期限内,通过特许将项目授予经营者投资、建设、经营,期限届满后无偿移交给授权主体;

(二)在一定期限内,将政府投资的设施有偿移交特许经营者经营,期限届满后无偿交还授权主体;

(三)在一定期限内,委托特许经营者提供公共服务;

(四)国家规定的其他方式。

《海南热带雨林国家公园特许经营管理办法》(2020 年)

第二条　海南热带雨林国家公园一般控制区内的经营服务活动实行特许经营,核心保护区内禁止开展经营服务活动。

本办法所称特许经营,是指海南热带雨林国家公园管理机构(以下简称国家公园管理机构)依法授权公民、法人或者其他组织在一定期限和范围内开展经营活动,特许经营者依照特许经营协议和有关规定履行相关义务的行为。

未经国家公园管理机构授权不得从事特许经营活动。

《新西兰保护法》

第 170 条　申请

(1)本部分适用于每个保护地。

(2)除第(3)节或第(4)节另有规定外,在保护地开展任何活动必须获得特许授权。

(3)在以下方面不需要特许授权——

(a)根据1991年《矿产法》(包括该法的过渡性条款)授权的任何采矿活动;

(b)本法案或附表1所列法案授权的任何活动;

(c)为拯救或保护生命或健康、防止财产严重损害或避免对环境的实际或可能的不利影响所必需的任何行动或事件;或

(d)部长或总干事履行本法或任何法律的职权、职责中的其他行为。

《美国国家公园管理法》

第403节为推动第402节所述的调查结果和政策,除非本法或其他法律另有规定或另有授权,部长应利用特许权(concessions)合同授权个人、公司或其他实体,为访问国家公园各单元的游客提供住宿、设施和服务。此类特许权合同的授予方式如下:

(1)竞争性选择过程。除非本节另有规定,所有提议的特许合同应由内政部部长通过竞争性的过程授予提交最佳方案的个人、公司或其他实体。这样的竞争过程应包括适用于小型个人所有的特许权合同的简化程序。……

第七十六条 自然保护地周边区域的经营活动,应与自然保护地的生态系统功能和保护目标相协调,避免对自然保护地产生不利影响。

自然保护地所在的市、县级人民政府应当加强对自然保护地周边地区经营活动的管理。对于自然保护地内的生态系统和环境质量造成或者可能造成影响的经营活动,应当视情节依法采取限制开展生产经营活动、责令停产停业、责令限期拆除、责令关闭等措施。

法律、法规、规章对于自然保护地周边区域的经营活动另有规定的,还应当适用其规定。

| 法条说明 |

本条是关于自然保护地周边经营监督管理的法律规定。

自然保护地是指划定地理界限,为达到特定保护目标而采取特定管理措施的区域。不过,自然保护地并非一个“孤岛”,而与周边地区息息相关。在一些生态富集区域,发展不平衡问题比较严峻。随着未来我国自然保护地数量的增加以及面积的扩大,其与周边区域的关系处理问题将变得越来越重要。一方面,在编制自然保护地总体规划、专项规划和年度管理计划时,需要鼓励当地社区和原住居民的参与,听取利益相关者的声音,协调自然保护与周边社区的经济社会发展。另一方面,自然保护地设立后,要加强对自然保护地周边地区尤其是经营活动的管理。为此,本条不仅明确了自然保护地周边区域从事经营活动的基本原则——与自然保护地的生态系统功能和保护目标保护协调,还进一步明确了自然保护地所在地市、县人民政府对自然保护地周边地区经营活动的管理职责,规定了可以依法采取的管理措施。

此外,考虑到各类的自然保护地专门立法(尤其是国家公园)对特许经营活动可能有更具体、更严格的规定。为此,本条第 3 款专门为相关立法预留必要的立法空间,并且明确了本条规定与其他立法相关规定之间的“叠加”适用关系。亦即,法律、法规、规章等对于自然保护地特许经营活动另有规定的,还应当适用其规定。

| 参考立法例 |

《中华人民共和国土地管理法》(2019 年)

第八十三条　依照本法规定,责令限期拆除在非法占用的土地上新建的建筑物和其他设施的,建设单位或者个人必须立即停止施工,自行拆除;对继续施工的,作出处罚决定的机关有权制止。建设单位或者个人对责令限期拆除的行政处罚决定不服的,可以在接到责令限期拆除决定之日起十五日内,向人民法院起诉;期满不起诉又不自行拆除的,由作出处罚决定的机关依法申请人民法院强制执行,费用由违法者承担。

《国家公园管理暂行办法》(林保发〔2022〕64 号)

第十四条　国家公园管理机构应当会同国家公园所在地县级以上地方人民政府加强对国家公园周边建设项目的监督管理,相关项目建设不得损害国家公园内的生态系统和环境质量;造成损害的,应当限期整改。

《柬埔寨保护地法》

第四十四条　为了将对环境的负面影响降到最低,并确保保护地的管理目标得以实现,环境部和其他政府机构应当对保护地内或邻近地区的所有活动或投资发展进行环境和社会影响评估。

对任何项目或活动进行环境和社会影响评价的程序,应符合环境和社会影响评价程序之规定。

第七十七条　在自然保护地内从事非破坏性的科学研究、科学考察、教学实习、标本采集等活动,应当事先向自然保护区管理机构提交申请和活动计划,经自然保护区管理机构批准后方可进行。相关活动需要自然保护地管理机构提供服务的,自然保护地管理机构可按规定收取相应的服务费用。

法律、法规、规章对于自然保护地内开展科学研究、科学考察、教学实习、标本采集等活动另有规定的,还应当适用其规定。

| 法条说明 |

本条是关于自然保护地内科学研究活动管理的规定。

自然保护地具有独特的科学价值和文化价值,在自然保护地进行科学研究有利于更好地认知和保护自然保护地的生态环境和生态资源。为此,《指导意见》明确提出,对自然保护地关键领域和技术问题进行系统研究。但是,必须同时防止科学研究损害自然保护地的生态系统和自然资源,对相关科学研究活动进行有效的管理。

为此,本条主要从以下方面入手加以规定:第一,明确具体从事的科学研究活动必须为非破坏性,即科学研究、科学考察、教学实习、标本采集活动不得对自然保护地内的自然环境和自然资源造成破坏。并且,在科研活动期间需自然保护地管理机构提供服务的,自然保护地管理机构可按规定收取相应的服务费用。第二,对自然保护地内的科学研究活动采取审批制。关于自然保护地内科研活动的审批(许可)制,《自然保护区条例》和部分国家公园地方立法中已有相关规定,这也是域外相关立法中普遍采用的、行之有效的科研活动管理方法。例如,《柬埔寨自然保护法》第11条规定,保护区中的核心区除自然保护局的官员和研究人员外,其他人禁止进入该区域。但同时,研究人员须经环境部事先许可,并为保护和维护生物资源和自然环境进行自然和科学研究。

考虑到各类自然保护地专门立法中对科学研究活动可能有更具体、更严格(特别是国家公园立法)的规定,为此,本条第2款为相关立法预留必要的立法空间,明确了本条规定与其他立法相关规定之间的"叠加"适用关系。亦即,法律、法规、规章等对于自然保护地内开展科学研究活动另有规定的,还应当适用其规定。

| 参考立法例 |

《中华人民共和国自然保护区条例》(2017年)

第二十八条　禁止在自然保护区的缓冲区开展旅游和生产经营活动。因教学科研的目的,需要进入自然保护区的缓冲区从事非破坏性的科学研究、教学实习和标本采集活动的,应当事先向自然保护区管理机构提交申请和活动计划,经自然保护区管理机构批准。

从事前款活动的单位和个人,应当将其活动成果的副本提交自然保护区管理机构。

《三江源国家公园条例(试行)》(2017年)

第五十三条　在三江源国家公园内开展下列活动,应当经国家公园管理机构批准:

(一)科研、科考、教学实践;

(二)采集或者采伐国家重点保护天然种质资源的;

（三）影响生态环境的影视作品拍摄；

（四）采集野生生物标本；

（五）设置、张贴广告；

（六）在指定区域外搭建帐篷；

（七）使用无人飞行器。

《海洋自然保护区管理办法》（1995 年）

第十七条　在海洋自然保护区内从事科学研究、教学实习、考察等活动，应事先向该区管理机构提交申请和活动计划，经批准后方可进行。

从事前款活动的单位和个人应将其活动成果的副本提交海洋自然保护区管理机构。

《新西兰保护法》

第二十条　如果确信在荒野区进行任何科学试验或研究对于保护土著自然资源是必要的或可取的，部长可以授权。

第七十八条　在自然保护地一般控制区内开展的自然体验、生态旅游等活动，应当由自然保护地管理机构统一管理，最大限度减少对生态环境的干扰。禁止开展与自然保护地的生态系统功能和保护目标不一致的参观、旅游项目。

自然保护区管理机构应当编制自然体验、生态旅游等活动方案，为访（游）提供必要的救助服务，建设无障碍服务设施，并制定访客安全保障制度，配合所在地人民政府开展突发事件应对工作。

法律、法规、规章对于自然保护地内开展自然体验、生态旅游等活动另有规定的，还应当适用其规定。

｜法条说明｜

本条是关于自然保护地内自然体验、生态旅游等活动管理的规定。

从世界范围看，设立和管理自然保护地的重要目标之一，就是实现一定的游憩功能,为国民提供亲近大自然的机会。例如,《南非保护地法》规定,设立保护地的目的是:“……(i)创建或扩建以自然为基础的旅游。”为贯彻“生态优先,全民共享”基本原则,《指导意见》也明确提出:“探索全民共享机制。在保护的前提下,在自然保护地控制区内划定适当区域开展生态教育、自然体验、生态旅游等活动,构建高品质、多样化的生态产品体系。”据此,适度开展自然体验、生态旅游等活动,也是我国自然保护地设立和建设管理的题中应有之义。为此,本条具体规定了三个方面的内容。

1. 自然体验、生态旅游等活动的基本管理要求

首先,自然体验、生态旅游等活动,应被限制在自然保护地划定的一般控制区内,不得在核心控制区内开展。限定从事自然体验、生态旅游等相关活动的区域,既是我国自然保护区等管理过程中形成的有益经验,也符合世界范围内有关自然保护地游憩管理的通常做法。其次,依法开展的自然体验、生态旅游等活动,必须接受自然保护地管理机构的统一管理。特别是考虑到开展自然体验、生态旅游等,往往需要依托一定的参观、游览项目。为了进一步规范相关活动,本条第1款还专门规定禁止开展与自然保护地的生态系统功能和保护目标不一致的参观、旅游项目。

2. 自然体验、生态旅游等活动的具体管理要求

具体管理要求主要如下:首先,科学确定合理编制方案、确定访(游)客容量。实践中,部分自然保护地管理机构或经营者为了经济利益,忽视自然保护地的承载能力,超容量接待游客,对自然保护地生态系统造成不利影响。因此,本条第2款明确规定自然保护区管理机构应当编制自然体验、生态旅游等活动方案,科学合理确定访(游)客容量,不得超容量接待访(游)客。其次,建立自然体验、生态旅游安全保障制度。自然保护地地形复杂,不确定性因素多、救援难度大。为了保障访(游)客的人身和财产安全,本条第2款还规定自然保护区管理机构应当设置必要的安全防护设施和标志、路标、安全警示等标识。

3. 其他要求

在此基础上,考虑到各类自然保护地专门立法中对自然体验、生态

旅游等活动可能有更具体（如自然公园）或者更严格（如国家公园）的规定。为此，本条第3款专门也为相关立法预留必要的立法空间，并且同样明确了本条规定与其他立法相关规定之间的"叠加"适用关系。亦即，法律、法规、规章等对于自然保护地内开展自然体验、生态旅游等活动另有规定的，还应当适用其规定。

| 参考立法例 |

《中华人民共和国自然保护区条例》（2017年）

第二十九条　在自然保护区的实验区内开展参观、旅游活动的，由自然保护区管理机构编制方案，方案应当符合自然保护区管理目标。

在自然保护区组织参观、旅游活动的，应当严格按照前款规定的方案进行，并加强管理；进入自然保护区参观、旅游的单位和个人，应当服从自然保护区管理机构的管理。

严禁开设与自然保护区保护方向不一致的参观、旅游项目。

《国家公园管理暂行办法》（林保发〔2022〕64号）

第三十二条　国家公园管理机构应当按照总体规划确定的区域、访客容量和路线，建设必要的公共服务设施，完善生态旅游服务体系，探索建立预约制度，严格控制开发利用强度，最大限度减少对生态环境的干扰。

国家公园管理机构应当为访客提供必要的救助服务，建设无障碍服务设施，并制定访客安全保障制度，配合所在地人民政府开展突发事件应对工作。

《海洋自然保护区管理办法》（1995年）

第十八条　有条件开展旅游活动的海洋自然保护区，其活动区域和开发规划应经国家海洋行政主管部门或沿海省、自治区、直辖市海洋管理部门批准，旅游业务由海洋自然保护区管理机构统一管理，所得收入用于保护区的建设和保护事业。

开展旅游活动必须采取有效措施，防止损害保护对象。

严禁开展与保护区保护方向不一致的旅游项目。

《国家级森林公园管理办法》(2011年)

第二十四条 国家级森林公园经营管理机构应当在危险地段设置安全防护设施和安全警示标识,制定突发事件应急预案。

没有安全保障的区域,不得对公众开放。

国家鼓励国家级森林公园采取购买责任保险的方式,提高旅游安全事故的应对能力。

第二十五条 国家级森林公园经营管理机构应当根据国家级森林公园总体规划确定的游客容量组织安排旅游活动,不得超过最大游客容量接待旅游者。

进入国家级森林公园的交通工具,应当按照规定路线行驶,并在指定地点停放。国家鼓励在国家级森林公园内使用低碳、节能、环保的交通工具。

《新西兰保护地法》

第六条 保护部的职责是依据本法及其修正案、部长的指令等实施本法:

……(e)在基于游憩或旅游目标利用任何自然或历史资源与保护地的目标不冲突的情况下,扶植利用自然和历史资源用于游憩,并允许其用于旅游业;……

第七十九条 自然保护地管理机构应当会同自然保护地所在的市、县级地方人民政府组织和引导原住居民按照自然保护地规划要求从事环境友好型经营活动,发展支持和传承传统文化及人地和谐的生态产业模式。

各级人民政府应当建立资金、技术、实物、就业岗位等相结合的自然保护地生态保护补偿机制,采取转移支付、资金补助、产业帮扶、人才培训、安排就业等方式,支持原住居民和社区的生态保护、产业优化和民生改善。

| 法条说明 |

本条是关于自然保护地内社区和原住居民可持续发展和生态保护补偿的规定。

我国的自然保护地内及其周边地区存在大量的居民和社区，如何处理自然保护与经济社会发展的关系，是制定《自然保护地法》必须认真考虑的问题。坚持绿色发展理念，既要尊重自然保护的科学规律，维护自然保护地的完整性和原真性，又要考虑自然保护地的具体情况，走“人地和谐”的可持续发展的道路。为此，本条第 1 款规定自然保护地管理机构应当会同自然保护地所在的市、县级地方人民政府组织和引导原住居民按照自然保护地规划要求从事环境友好型经营活动，发展支持和传承传统文化及人地和谐的生态产业模式。

同时，在自然保护地的设立、建设和管理过程中，基于自然保护的需要，必然会对当地社区和原住居民的一些行为进行限制。基于原住居民和社区对于管理和保护所作出的这种“特别牺牲”，有必要建立自然保护地的生态保护补偿机制，以调节利益相关者之间的权利义务关系，使原住居民和社区享受绿色发展的成果。因此，本条第 2 款参考了三江源、神农架等国家公园体制试点的经验及相关立法例，规定各级人民政府应当建立资金、技术、实物、就业岗位等相结合的自然保护地生态保护补偿机制。具体而言，可以采取转移支付、资金补助、产业帮扶、人才培训、安排就业等多种补偿方式。

| 参考立法例 |

《国家公园管理暂行办法》（林保发〔2022〕64 号）

第三十四条　国家公园管理机构应当引导和规范原住居民从事环境友好型经营活动，践行公民生态环境行为规范，支持和传承传统文化及人地和谐的生态产业模式。完善生态管护岗位选聘机制，优先安排国家公园内及其周边社区原住居民参与生态管护、生态监测等工作。

国家公园周边社区建设应当与国家公园保护目标相协调。国家公园毗邻地区县级以上地方人民政府可以与国家公园管理机构签订合作协议,合理规划建设入口社区。

《神农架国家公园保护条例》(2017 年)

第三十四条 省人民政府建立神农架国家公园生态保护补偿机制,将林区、神农架国家公园及其毗邻保护区的生态保护补偿资金纳入省级财政预算;对神农架国家公园森林、湿地、水流、耕地等重点领域以及下列事项进行生态保护补偿:

……

省人民政府应当建立资金、技术、实物、就业岗位等相结合的补偿机制,探索开展综合补偿并加强生态保护补偿效益评估。生态保护补偿和效益评估的具体办法由省人民政府制定。

第三十五条 省人民政府应当建立协调机制,鼓励受益地区采取转移支付、资金补助、对口协作、产业转移、人才培训、共建园区等方式,支持神农架林区的生态保护、产业优化和民生改善。

《三江源国家公园条例》(2017 年)

第五十二条 国家公园管理机构应当会同所在地人民政府组织和引导园区内居民发展乡村旅游服务业、民族传统手工业等特色产业,开发具有当地特色的绿色产品,实现居民收入持续增长。

根据自然资源承载能力控制区域外人口内迁。因保护需要确需迁出居民的,由国家公园所在地的县级人民政府妥善安置;居民自愿迁出的,应当给予补偿。

第五章 保障措施

第八十条 国家按照统一规划布局、统一标准方法、统一信息发布的要求,建立各类各级自然保护地生态环境监测体系和信息共享机制。

各级生态环境、林业草原、自然资源、水行政、气象等有关部门,应当在依法开展生态系统、环境、自然资源、海洋、水文水资源、水土保持、气象等有关自然保护地生态环境监测工作的基础上,根据相关法律、法规的规定或按照本级人民政府的组织、要求，加强监测数据集成分析和综合应用，全面掌握自然保护地生态系统构成、分布与动态变化，及时评估和预警生态风险，定期统一发布自然保护地生态环境状况监测评估报告。

有关自然保护地的其他生态环境监测信息，由有关部门、机构按照职责权限发布，也可以授权自然保护地管理机构定期统一发布。

| 法条说明 |

本条是关于自然保护地生态环境监测的规定。

生态环境监测是掌握自然保护地的生态环境状况与动态变化、支撑决策管理的重要基础性工作，其基本目的是全面、及时、准确掌握人类活动对自然保护地生态环境影响的水平、效应及趋势。党中央、国务院历来高度重视生态环境监测工作，习近平总书记在考察青海省生态环境监测中心时曾专门指示："保护生态环境首先要摸清家底、掌握动态。"[1]对于自然保护地的发展和建设管理而言，一方面，生态环境监测本身是对自然保护地进行监督管理的重要手段，是自然保护地监管体系的基本组成部分；另一方面，生态环境监测又是评价相关法律、政策、制度、措施等是否有效实施的基本依据，是自然保护地管理的信息基础和保障。

1. 监测体系的建立

虽然2018年党和国家机构改革已明确由新组建的生态环境部"统一负责生态环境监测"，但就自然保护地的生态环境监测而言，其涉及的范围和内容实际上远超生态环境单一部门的职责。例如，对于包含（淡水）水域的自然保护地而言，相关的水文信息就成为重要的生态环境监测对象，依法由水行政主管部门负责监测；又如，对于存在季节性迁徙习性的野生动物的自然保护地而言，对相关气象信息的监测也是生态环境监测的重要内容，而此类监测依法由各级气象主管部门负责。这就意味着建立自然保护地的生态环境监测体系并非将全部监测职责（权）仅交由一个部门或机构行使，而是实现各部门、机构对其依法享有的监测权

〔1〕《尊重自然顺应自然保护自然　坚决筑牢国家生态安全屏障》，载《四川日报》2016年8月25日，第6版。

“统一”行使。其重点在于:第一,统一规划布局,即在建立自然保护地生态环境监测网络的过程中,应当统一规划监测站(点)的设置。第二,统一标准方法,即有关部门、机构应当加强对生态环境监测的规范化、标准化管理,采用统一的生态环境监测标准和技术规范,保证监测结果的科学性、准确性。第三,统一信息发布的要求,即有关部门、机构应当确保对外发布信息的统一性、权威性,避免出现“数据打架”。

2. 监测信息的共享机制

实践中,各级生态环境、林业草原、自然资源、水行政、气象等有关部门,分别从生态系统、环境、自然资源、海洋、水文水资源、水土保持、气象等方面依法开展有关自然保护地的生态环境监测工作。其各自获得的有关监测信息之间既可能存在交叉、重叠之处,也因为监测目的、指标设定等存在差别而各有侧重。例如,生态环境部门和水行政部门依法对水体开展监测,但生态环境部门侧重监测水环境质量和污染物排放等信息,而水行政部门侧重监测水文水资源信息。显然,对自然保护地的生态环境监测需要全面掌握自然保护地生态系统构成、分布与动态变化,及时评估和预警生态风险。在各部门、机构分别实施监测并掌握一定监测数据的情况下,迫切需要建立监测信息共享机制,加强对自然保护地监测数据集成分析和综合应用。一方面,信息共享可以使各有侧重的信息得以统合,从而更加完整、准确地评价自然保护地的生态环境状况;另一方面,信息共享还可以在交叉、重叠的信息之间进行比对,从而确保实质性内容保持一致。当前,依托生态环境监管平台和大数据,运用云计算、物联网等信息化手段,建立监测信息的共享机制不但必要而且完全可行。

3. 监测信息的统一发布

对自然保护地有关生态环境监测信息进行统一发布,有利于保证信息发布的及时性以及内容的规范性、统一性。同时,因发布渠道相对集中,统一发布也便于社会公众查阅、获取相关监测信息。

具体而言:第一,统一发布生态环境状况监测评估报告。《指导意见》明确要求“定期统一发布生态环境状况监测评估报告”。考虑到该评估报告是对自然保护地进行的系统性、综合性评价,且各级各类自然保护地的管理主体、权限等存在差别,故该评估报告的统一发布应当根据相关法律、法规的规定或按照本级人民政府的组织、要求，即如果相关立法对于该级、该类或某处自然保护地统一发布生态环境状况监测评估报告有明确规定，则从其规定；或者本级人民政府对其事权范围内的自然保护地统一发布生态环境状况监测评估报告有明确的组织或要求的，从其组织或要求。第二，统一发布其他有关自然保护地的生态环境监测信息。目前，《环境保护法》《水法》《水污染防治法》《野生动物保护法》等对于自然保护地所涉各类生态环境监测信息的发布权（主体）已有明确规定。在没有特别规定的情况下，生态环境、水行政、林业草原等有关部门应当按照各自的职责权限发布相关监测信息。但考虑到对外统一发布监测信息的前述优势以及相当一部分自然保护地的管理机构本身就负有一定的监测职责，有关部门、机构可以将原本应由其各自发布的监测信息授权自然保护地管理机构定期统一对外发布。

| 参考立法例 |

中共中央办公厅、国务院办公厅《关于建立以国家公园为主体的自然保护地体系的指导意见》（2019 年）

（十九）建立监测体系。建立国家公园等自然保护地生态环境监测制度，制定相关技术标准，建设各类各级自然保护地“天空地一体化”监测网络体系，充分发挥地面生态系统、环境、气象、水文水资源、水土保持、海洋等监测站点和卫星遥感的作用，开展生态环境监测。依托生态环境监管平台和大数据，运用云计算、物联网等信息化手段，加强自然保护地监测数据集成分析和综合应用，全面掌握自然保护地生态系统构成、分布与动态变化，及时评估和预警生态风险，并定期统一发布生态环境状况监测评估报告。对自然保护地内基础设施建设、矿产资源开发等人类活动实施全面监控。

《自然保护地生态环境监管工作暂行办法》（环生态〔2020〕72 号）

第七条　生态环境部组织建立自然保护地生态环境监测制度，组织制定相关标准和技术规范，组织建设国家自然保护地“天空地一体化”生态环境监测网络体系，重点开展国家级自然保护地生态环境监测。

省级生态环境部门组织建设本行政区域的自然保护地“天空地一体化”生态环境监测网络体系,开展本行政区域各级各类自然保护地生态环境监测。

国家自然保护地生态环境监测网络和各省(自治区、直辖市)自然保护地生态环境监测网络实行联网和数据共享。

生态环境部和省级生态环境部门定期发布自然保护地生态环境状况报告。

《风景名胜区条例》(2016年)

第三十一条 国家建立风景名胜区管理信息系统,对风景名胜区规划实施和资源保护情况进行动态监测。

国家级风景名胜区所在地的风景名胜区管理机构应当每年向国务院建设主管部门报送风景名胜区规划实施和土地、森林等自然资源保护的情况;国务院建设主管部门应当将土地、森林等自然资源保护的情况,及时抄送国务院有关部门。

第八十一条 国家建立健全自然保护地考核评价和责任追究制。

依法组织的对各类各级自然保护地管理进行的评估,其结果应当及时向社会公开,并作为对各级各类自然保护地管理进行考核评价的重要依据。

自然保护地所在的省、自治区、直辖市人民政府可以根据实际情况,将自然保护地管理考核评价结果纳入生态文明建设目标评价考核体系,作为领导班子和领导干部综合评价及责任追究、离任审计的重要参考。

| 法条说明 |

本条是关于自然保护地考核评价和责任制的规定。

近年来,我国生态文明建设各项工作取得积极成效。但是,实践中仍有一些地方和部门、机构等的政绩观仍然存在偏差,片面追求GDP增速、发展方式粗放、生态环境恶化等问题仍未有效解决。为此,中共中央办公厅、国务院办公厅印发的《生态文明建设目标评价考核办法》，建立了生态文明建设目标指标，将其纳入党政领导干部评价考核体系。这意味着生态责任落实的好坏将成为政绩考核的必考题。作为生态建设的核心载体，自然保护地必然应当作为生态政绩观最重要的考核评价载体之一，自然保护地的管理情况应当作为生态文明建设政绩考核的重要内容之一。为此，《指导意见》明确要求："对国家公园等各类自然保护地管理进行评价考核。"其中，评价重在引导、考核重在约束，采取二者相结合的方式可以各有侧重地推动各级党委和政府落实自然保护地管理的目标和任务。

1. 考核评价的依据

考虑到自然保护地的管理成效主要体现在保护地范围内自然资源、生态环境治理、环境质量、生物多样性等方面的变化趋势和动态进展上。因此，对于自然保护地管理工作的考核评价既要坚持"以人为本"，以"让人民满意"作为根本出发点和落脚点，还要以科学的依据作为参考。实践中，基于绩效评估的结果进行相关考核评价已经成为一种普遍使用的、行之有效的做法。为加强自然保护地的评估考核工作，《指导意见》提出："组织对自然保护地管理进行科学评估，及时掌握各类自然保护地管理和保护成效情况，发布评估结果。"基于上述改革文件的要求，本条第2款专门规定了依法组织的自然保护地评估结果不仅应当向社会公开，还明确赋予其考核评价"重要依据"的法律效力。

2. 考核评价结果的应用

考核评价结果的应用，是整个自然保护地管理评价考核工作的关键所在。在中央全面依法治国工作会议上，习近平总书记强调，要坚持抓住领导干部这个"关键少数"。具体到自然保护地管理工作中，一方面，各级领导干部负有领导责任。作为具体行使党的执政权和国家立法权、行政权、监察权、司法权的人，各级领导干部掌握重要政治、法治等资源，在很大程度上决定自然保护地管理的方向、进度、效果。[1] 另一方面，

---

〔1〕 参见徐显明：《坚持抓住领导干部这个"关键少数"》，载《人民日报》2021年3月23日，第11版。

领导干部还负有示范责任。上面偏出一尺,下面就要跑出一丈。领导干部只有带好头、做榜样,才能成为无声的命令,产生强大的感召力。[1] 正因为如此,《指导意见》提出:“适时将评价考核结果纳入生态文明建设目标评价考核体系,作为党政领导班子和领导干部综合评价及责任追究、离任审计的重要参考。”其目的就在于强化“关键少数”对于自然保护地管理工作的责任意识,并加强对“关键少数”的监督制约。[2] 基于此,本条第3款在考核评价的基础上进一步强化了对结果的应用,即将作为领导班子和领导干部综合评价及责任追究、离任审计的重要参考,改变过去单一依靠经济增长来评判各级领导班子和领导干部政绩的做法,让生态文明建设目标评价考核的“指挥棒”真正发挥作用。

| 参考立法例 |

《生态文明建设目标评价考核办法》(2020年)

第三条　生态文明建设目标评价考核实行党政同责,地方党委和政府领导成员生态文明建设一岗双责,按照客观公正、科学规范、突出重点、注重实效、奖惩并举的原则进行。

第十条　目标考核内容主要包括国民经济和社会发展规划纲要中确定的资源环境约束性指标,以及党中央、国务院部署的生态文明建设重大目标任务完成情况,突出公众的获得感。考核目标体系由国家发展改革委、环境保护部会同有关部门制定,可以根据国民经济和社会发展规划纲要以及生态文明建设进展情况作相应调整。

有关部门应当根据国家生态文明建设的总体要求,结合各地区经济社会发展水平、资源环境禀赋等因素,将考核目标科学合理分解落实到各省、自治区、直辖市。

---

〔1〕 参见王子晖:《党的十八大以来,习近平这样抓“关键少数”》,载新华网,http://www.xinhuanet.com/politics/2017-02/20/c_1120493407.htm。

〔2〕 参见冯蕾、刘坤:《生态责任成政绩考核必考题》,载《光明日报》2016年12月25日,第3版。

《三江源国家公园条例(试行)》(2017 年)

第八条　建立健全三江源国家公园生态保护绩效考核制度,通过监测与评估,考核生态保护工作成效。具体办法由省人民政府制定。

三江源国家公园实行领导干部自然资源资产离任审计和生态环境损害责任追究制度。

第八十二条　对自然保护地负有监督管理职责的地方人民政府、相关部门或自然保护地管理机构,应当定期组织开展针对自然保护地的专项监督检查。在监督检查过程中,可以邀请自然保护地及其周边的居民、社会公众、专家等对行政执法工作进行评议。

对在监督检查过程中发现的违法行为,应当依法及时组织查处或责成有关行政机关进行查处、整改;涉及其他部门职责的,应当将问题线索及时移交相关部门。必要时,上级行政机关可以通过向社会公布等方式,督促下级行政机关限期完成有关查处和整改任务。

| 法条说明 |

本条是关于自然保护地监督检查的规定。

监督检查是指依法负有自然保护地监管职责的主体直接到自然保护地及其周边区域内进行法律、制度、业务等方面的检查,通过核实和查清监督检查过程中发现的问题和疑点,达到全面深入了解和判断自然保护地实际管理情况的一种管理方式。换言之,监督检查就是监管者依法对自然保护地管理工作(特别是该自然地理空间范围内的守法情况)进行的“体检”,有助于及时发现并处理涉及自然保护地的违法违规问题。为此,本条对于监督检查设定了两项具体要求。

第一,建立自然保护地执法公众评议制度。行政执法评议是通过听取汇报、召开公开评议会(座谈会)、个别谈话等方式,全面或从某一方面了解行政执法单位体制机制、执法绩效,以及执法人员行使执法职权、履行法定义务等情况的一种行政执法监督活动。实践中,浙江省、深圳市等地分别出台了《浙江省行政执法评议办法(试行)》《深圳经济特区城市管理综合执法条例》等,为该制度的建立和实施提供依据。本条第1 款建立了自然保护地行政执法工作的公众评议制度,其目的在于更全面、准确地了解和掌握自然保护地行政执法体制的运行情况,及时发现行政执法中的问题,帮助并倒逼行政执法部门改进工作,更好地履行其法定职责,减少行政执法过程中的违法、不当行为,从而有效提高自然保护地行政执法的效能和社会满意度。[1]

第二,对在监督检查过程中发现的违法行为及时查处、整改。监督检查只是手段,及时查处、整改监督检查过程中发现的违法违规行为才是目的。借鉴"重大问题挂牌督办"等相关实践经验,将自然保护地监督检查的相关信息向社会公布是督促查处、整改的一种有效方式。一方面,向社会公布监督检查相关信息是保障公众对自然保护地管理状况享有知情权的重要表现。另一方面,可以充分发挥公众的社会监督作用,通过与党政的内部监督形成监督合力,促使行政机关及时完成对违法行为的查处和整改任务。

| 参考立法例 |

《国家公园管理暂行办法》(林保发〔2022〕64 号)

第三十八条　国家公园管理机构应当对破坏国家公园生态环境、自然资源和人文资源的违法违规行为予以制止。涉及重大违法违规活动的由国家林业和草原局(国家公园管理局)有关森林资源监督派出机构进行督办,涉及其他部门职责的,应当将问题线索及时移交相关部门。

《重大事故查处挂牌督办办法》(2010 年)

第九条　重大事故查处结案后,省级人民政府安委会和国务院安委会办公室应将重大事故挂牌督办情况和事故查处结案情况,在中央主流媒体和中央政府网站、中国安全生产报、安全监管总局政府网站上予以公告,接受社会监督。

《深圳经济特区城市管理综合执法条例》(2020 年)

第五十二条　建立综合执法公众评议制度。

对重大、复杂、社会影响大或者争议大的案件,在作出行政处罚决定

---

〔1〕 参见《浙江省行政执法评议办法(试行)(征求意见稿)》。

前，综合执法部门可以邀请人大代表、政协委员、市民代表等组成公众评议团对案件进行评议，评议结论应当作为行政处罚决定的重要参考。

综合执法公众评议制度具体实施办法由市人民政府另行制定。

第八十三条 国家及自然保护地所在的省、自治区、直辖市应当根据各级各类自然保护地的事权划分，将有关自然保护地发展和建设管理的事项和内容纳入本级生态环境保护督察工作。必要时，针对自然保护地发展和建设管理中存在的突出生态环境问题，可以组织开展专项督察。

生态环境保护督察及其整改结果应当及时向社会公布，并作为对被督察对象领导班子和领导干部综合考核评价、奖惩任免的重要依据。

| 法条说明 |

本条是关于自然保护地发展和建设管理纳入生态环境保护督察的规定。

2015年7月1日，中央全面深化改革领导小组第十四次会议审议通过了《环境保护督察方案（试行）》《党政领导干部生态环境损害责任追究办法（试行）》等关于资源保护和环境治理的重要政策文件。以落实“党政同责”为重要特征的环境保护督察制度由此确立。2019年，《中央生态环境保护督察工作规定》开始实施，环境保护督察制度发展为生态环境保护督察制度。该制度通过紧紧抓住“生态环境保护能否落到实处，关键在领导干部”这个牛鼻子，在最短时间内强化环境保护“党政同责”要求，经由党政体制层层传导，为贯彻生态文明法制、推进生态文明建设扫清阻力，为建设美丽中国提供政治势能。[1] 作为生态环境领域的重要制度创新，目前我国已经建立起中央和省两级的生态环境保护督察体系。

自然保护地作为生态建设的核心载体、美丽中国的重要象征，其发

---

〔1〕 参见李明：《强化中央生态环境保护督察制度治理效能》，载中国社会科学网，http://www.cssn.cn/zx/bwyc/202111/t20211124_5376551.shtml。

展和建设管理情况直接关系生态文明建设的成效。因此,有必要充分发挥生态环境保护督查的“利剑”作用,直面自然保护地发展和建设管理中存在的突出生态环境问题,通过强化督察问责形成警示震慑、推进自然保护地相关管理工作落实落细。实践中,中央生态环境保护督察组在向陕西、海南、广西等省(自治区)进行例行督察问题移交或“回头看”的过程中,就已涉及自然保护区、湿地公园等各级各类自然保护地的违规开发建设问题。不仅如此,根据《中央生态环境保护督察工作规定》的有关要求,还可以针对自然保护地发展和建设管理中存在的突出生态环境问题进行专项督察,直奔问题、强化震慑、严肃问责。

| 参考立法例 |

中共中央办公厅、国务院办公厅《关于建立以国家公园为主体的自然保护地体系的指导意见》(2019 年)

建立督查机制,对自然保护地保护不力的责任人和责任单位进行问责,强化地方政府和管理机构的主体责任。

《中央生态环境保护督察工作规定》(2019 年)

第三条　中央生态环境保护督察工作以习近平新时代中国特色社会主义思想为指导,深入贯彻落实习近平生态文明思想,增强“四个意识”、坚定“四个自信”、做到“两个维护”,认真贯彻落实党中央、国务院决策部署,坚持以人民为中心,以解决突出生态环境问题、改善生态环境质量、推动高质量发展为重点,夯实生态文明建设和生态环境保护政治责任,强化督察问责、形成警示震慑、推进工作落实、实现标本兼治,不断满足人民日益增长的美好生活需要。

第五条　中央生态环境保护督察包括例行督察、专项督察和“回头看”等。

原则上在每届党的中央委员会任期内,应当对各省、自治区、直辖市党委和政府,国务院有关部门以及有关中央企业开展例行督察,并根据需要对督察整改情况实施“回头看”;针对突出生态环境问题,视情组织开展专项督察。

第八十四条 自然保护地发展和建设管理中有下列情形之一的，上级行政机关应当对下级行政机关的主要负责人进行约谈：

（一）未落实有关自然保护地的法律、法规、政策、规划，对自然保护地的生态环境造成或者可能造成严重危害的；

（二）未按规定及时制定有关自然保护地的规划、计划、制度等，对自然保护地的生态环境造成或者可能造成严重危害的；

（三）因违规审批、虚报瞒报、敷衍整改等，导致自然保护地的生态环境质量明显恶化或生态功能明显退化的；

（四）在评估考核、监督检查、生态环境保护督察等工作中问题突出的；

（五）其他需要进行约谈的。

被约谈人应当按照约谈要求及时制定整改方案，将整改方案落实情况上报约谈人并向社会公布。

| 法条说明 |

本条是关于行政约谈的规定。

“约谈”是指拥有行政职权的机关，通过约谈沟通、学习政策法规、分析讲评等方式，对下级组织运行中存在的问题予以纠正并规范的一种行政措施。[1] 原本“约谈”的对象主要是违法者或者某些企业，如楼市约谈、酒业约谈等。近年来，“约谈”又发展出上级行政机关对下级行政机关指出相关问题、听取情况说明、开展提醒谈话、提出整改建议，主要包括如违规土地约谈、环保约谈等。本条规定的“约谈”，专指上级行政机关对下级行政机关的“约谈”，属于行政机关内部自上而下的一种监督制约机制。实践中，已有部分地方政府或相关职能部门因自然保护区监管职责履行不力而被“约谈”。[2]

理论上，“约谈”并不是一种行政法律责任。但是，发起“约谈”的原

〔1〕 参见王俊林：《发改委的“约谈”并非一无是处》，载《法人》2011 年第 5 期。

〔2〕 参见本报特约评论员：《环保约谈就要动真格》，载《北京青年报》2018 年 9 月 27 日，第 2 版。

因主要是下级行政机关履责不力甚至造成严重后果或问题，且“约谈”的直接对象是“关键少数”——主要负责人。不仅如此，约谈并非“走过场”，而是要求被约谈人应当按照约谈要求及时制定整改方案，将整改方案落实情况上报约谈人并向社会公布。如此一来，“约谈”本身虽然并不会使被约谈的对象承担相应的第二性法律义务（法律责任），但毫无疑问对其起到了一种“否定性评价”的作用。但需说明的是，本条中规定的“约谈”包括但不限于“环保约谈”。虽然自然保护地监管不力的后果主要体现在保护地内的生态环境本身被污染或者破坏，但也可能反映在土地利用、自然资源开发、民生保障、特许经营等其他相关领域。因此，本条是对自然保护地内依法开展各类“约谈”所作出的综合性、一般性规定。

| 参考立法例 |

《中华人民共和国土壤污染防治法》(2017 年)

第七十六条　省级以上人民政府生态环境主管部门应当会同有关部门对土壤污染问题突出、防治工作不力、群众反映强烈的地区，约谈设区的市级以上地方人民政府及其有关部门主要负责人，要求其采取措施及时整改。约谈整改情况应当向社会公开。

《生态环境部约谈办法》(环督察〔2020〕42 号)

第二条　本办法所称约谈，是指生态环境部约见未依法依规履行生态环境保护职责或履行职责不到位的地方人民政府及其相关部门负责人，或未落实生态环境保护主体责任的相关企业负责人，指出相关问题、听取情况说明、开展提醒谈话、提出整改建议的一种行政措施。

第二十二条　公开实施约谈的，生态环境部应当组织督促被约谈方在门户网站明显位置公开约谈整改方案，回应社会关切，接受社会监督。

第八十五条　各级人民政府、县级以上人民政府有关部门应当建立健全政府信息公开工作制度，根据各类各级自然保护地的事权和监督管理职责划分,编制、公布并及时更新政府信息公开指南和政府信息公开目录,依法公开有关自然保护地的政府信息。

自然保护地管理机构应当建立健全信息公开制度,依法公开机构编制、规划计划、规章制度、许可事项、经费使用、预算决算等信息,并向社会公众提供自然资源、保护管理、科研监测、自然教育、生态旅游等信息服务。

| 法条说明 |

本条是关于自然保护地政府信息公开的规定。

政府信息,是指行政机关在履行行政管理职能过程中制作或者获取的,以一定形式记录、保存的信息。向公民、法人和其他组织依法公开有关自然保护地的政府信息,有利于提高政府有关自然保护地工作的透明度,建设法治政府,有助于保障公众对自然保护地发展和建设管理的知情权、参与权。按照《政府信息公开条例》的有关规定,自然保护地的政府信息公开工作应当坚持以公开为常态、不公开为例外,具体包括主动公开和依申请公开两种方式:一是对涉及公众利益调整、需要公众广泛知晓或者需要公众参与决策的自然保护地政府信息,应当主动公开;二是除主动公开外,公民、法人或者其他组织可以向地方各级人民政府、对外以自己名义履行自然保护地管理职能的县级以上人民政府部门、机构等申请获取相关政府信息。在此过程中,为了方便群众查询办事,规范政府信息服务,指南和目录是重要的制度内容和措施。其中,政府信息公开指南是从方便公民、法人和社会组织查阅、获取政府信息的角度出发,对公开的范围、类型、方式、程序、具体要求等提供的指引;而政府信息公开目录则是对本单位的政府信息进行全面梳理,根据《保守国家秘密法》《政府信息公开条例》等有关法律法规的规定,科学确定公开和不能公开的政府信息,对属于应当公开的信息编制目录并进行集中管理和发布。

除依法依规承担必要管理职能外,自然保护地管理机构还承担科研、游憩、宣教等方面的社会公共服务职能。而在提供社会公共服务的过程中,信息服务是必不可少的重要内容和组成部分。例如,在对某自然保护地进行宣教的过程中,管理机构就需要向访问者提供生态系统、自然资源的种类和数量、野生动物植物种群及其分布、生态环境质量状况等方面信息;又如,在对某自然保护地进行科学研究的过程中,提供相关基础数据、本底数据等也是研究开展的重要信息基础。鉴于此,本条第2款在规定自然保护地管理机构依法进行政府信息公开的基础上,还进一步规定了其在自然资源、保护管理、科研监测、游憩宣教等方面提供信息服务的义务。

参考立法例

《中华人民共和国环境保护法》(2014年)

第五十三条　公民、法人和其他组织依法享有获取环境信息、参与和监督环境保护的权利。

各级人民政府环境保护主管部门和其他负有环境保护监督管理职责的部门,应当依法公开环境信息、完善公众参与程序,为公民、法人和其他组织参与和监督环境保护提供便利。

《中华人民共和国政府信息公开条例》(2019年)

第十二条　行政机关编制、公布的政府信息公开指南和政府信息公开目录应当及时更新。

政府信息公开指南包括政府信息的分类、编排体系、获取方式和政府信息公开工作机构的名称、办公地址、办公时间、联系电话、传真号码、互联网联系方式等内容。

政府信息公开目录包括政府信息的索引、名称、内容概述、生成日期等内容。

第五十四条　法律、法规授权的具有管理公共事务职能的组织公开政府信息的活动,适用本条例。

《国家公园管理暂行办法》(林保发〔2022〕64号)

第三十三条　国家公园管理机构应当建立国家公园综合信息平台,依法向社会公众提供自然资源、保护管理、科研监测、自然教育、生态旅游等信息服务。

第八十六条 国家鼓励、支持、引导当地社区和原住居民参与自然资源利用和自然保护地管理活动，保护社区和原住居民的合法权益。

制定有关自然保护地发展和建设管理的规划、计划、管理措施等，应当充分征求当地社区和原住居民的意见。

因自然保护地发展和建设管理的需要招录、聘用员工的，应当优先招录或聘用自然保护地内及其周边的居民。其中，自然保护地按照生态保护需求设立生态管护岗位的，应当优先招录或聘用自然保护地内符合条件的原住居民。

| 法条说明 |

本条是关于自然保护地内社区和原住居民参与管理的规定。

在西欧、北美和其他工业化国家，保护自然的驱动力更多地源于道德和休憩的动机，而不主要是为了提供生计。而且这种制度的出现似乎与不断增加的财富有关，即在城市和人造环境生活的人民，有必要保存并获得更多的自然空间。[1] 加上美国、加拿大、澳大利亚等国家在建立自然保护地（特别是国家公园）时，都有大片的荒野和无人区，故相关国家比较崇尚"荒野式"保护。但事实上，对于同样国土面积同样比较广阔的我国而言，并不完全适用于这种模式。

第一，我国的经济社会发展确实也使一部分社会群体产生了类似工业化国家的保护动机——道德与休憩。但更需关注的是，我国人口众多、区域间经济社会发展不平衡，相当数量的自然保护地位于经济社会发展相对不充分的地区。显然，这与工业化国家自然保护的初衷、价值等存在较大差异。特别是所在地政府、原住居民、当地社区等发展经济、振兴致富的愿望十分强烈，且发展过程对资源环境的依赖强烈。

第二，我国的自然保护地内存在大量的原住居民和社区，其生产生

[1] 参见[英]费耶阿本德等编著：《IUCN 自然保护地治理——从理解到行动》，朱春全等译，中国林业出版社 2017 年版，第 22 页。

活与消耗性使用自然资源的关联密切。[1] 仅以三江源国家公园为例,虽然公园区域内的牧民数量约1.7万人,但其涉及的玛多、杂多、治多、曲麻莱4县共有7.2万牧民。不仅如此,各区域的人口密度差别较大,原住居民的收入渠道和收入水平差距较大,纳入国家公园后对其既得利益结构的影响差别也比较大。[2]

第三,我国自然保护地内原住居民和社区的一些传统生产生活方式,对自然生态系统的影响原本就是很有限的。有些甚至还很好地体现了"天人合一"的理念,本身就是整个生态系统和生态环境保护中重要的一环。[3] 此外,原住居民长期生活在特定地域中并与环境高度融合,产生了独特的民俗风情与文化传统,体现在饮食、方言、习俗、民间建筑、仪式等方面。这既是自然保护地不可或缺的重要组成部分,也是社区与自然保护地文化依存关系的体现,更是中华民族文化宝库的重要组成部分。[4]

结合我国实际情况,在自然保护地的发展和建设管理过程中,不能简单地"一刀切"式的采取搬迁移民、进行"封闭式"管理、制造"无人区",而应当推行参与式社区管理。这就要求立法应当明确保护自然保护地内社区和原住居民的合法权益,为其正常的生产生活提供必要的法律保护,免除"后顾之忧"。然后,从宏观决策和微观管理两个层面建立社区和原住居民参与的法律机制。其中,在宏观决策层面,原住居民和社区有权充分参与自然保护地规划、计划、管理措施的制定;在微观管理层面,因自然保护地保护和管理需要而招工、招聘或设立生态管护岗位的,应当优先招录或聘用自然保护地内符合条件的原住居民或周边居民。

---

〔1〕 参见苏杨等:《中国国家公园体制建设研究》,社会科学文献出版社2018年版,第14页。

〔2〕 参见苏杨等:《中国国家公园体制建设研究》,社会科学文献出版社2018年版,第43页。

〔3〕 类似的情况在美国也同样存在。例如,在阿拉斯加,生计狩猎的传统依然延续至今。为此,阿拉斯加鱼类和野生管理局允许猎人杀光熊穴狼窝里的动物包括幼崽,以保证驯鹿、驼鹿等当地狩猎动物的种群数量。

〔4〕 参见唐芳林:《让社区成为国家公园的保护者和受益方》,载《光明日报》2019年9月21日,第5版。

| 参考立法例 |

中共中央办公厅、国务院办公厅《关于建立以国家公园为主体的自然保护地体系的指导意见》(2019 年)

扶持和规范原住居民从事环境友好型经营活动,践行公民生态环境行为规范,支持和传承传统文化及人地和谐的生态产业模式。推行参与式社区管理,按照生态保护需求设立生态管护岗位并优先安排原住居民。

《建立国家公园体制总体方案》(2017 年)

在国家公园设立、建设、运行、管理、监督等各环节,以及生态保护、自然教育、科学研究等各领域,引导当地居民、专家学者、企业、社会组织等积极参与。

国务院办公厅《关于鼓励和支持社会资本参与生态保护修复的意见》(国办发〔2021〕40 号)

科学评估界定自然保护地保护和建设范围,引导当地居民和公益组织等参与科普宣教、自然体验、科学实验等活动和特许经营项目。

《国家湿地公园管理办法》(2017 年)

第十六条　国家湿地公园管理机构应当建立和谐的社区共管机制,优先吸收当地居民从事湿地资源管护和服务等活动。

第八十七条　对自然保护地负有监督管理职责的地方人民政府、相关部门或自然保护地管理机构,应当建立、畅通并及时公布有关自然保护地违法行为的投诉举报方式,为公民、法人和其他组织参与和监督提供便利。

使用自有平台或与政府热线、生态环境举报热线等整合处理投诉举报信息的,应当加强相关投诉举报信息的对接,推动各类投诉举报信息的共享。

有关机关接到举报或投诉的,应当及时处理,并对举报人或投诉人的相关信息予以保密,保护举报人或投诉人的合法权益。

| 法条说明 |

本条是关于自然保护地违法行为投诉举报的规定。

公民、法人和其他组织对有关自然保护地违法行为进行投诉举报,有利于制止破坏自然保护地的行为、维护相关主体自身的合法权益,有利于自然保护地执法工作的社会监督和相关违法案件的及时发现、处理,从而促进我国自然保护地管理和保护工作的有效开展。具体而言,投诉是指权益受到侵害的主体对其他主体侵犯其合法权益的违法违规事实,向负有监督管理权的有关机关进行主张的行为;而举报则是指自然人、法人或者其他组织向负有监督管理的机关等反映其他主体涉嫌违反法律、法规、规章线索的行为。为了建立健全自然保护地的社会监督机制和权益保障机制,《自然保护地法》应当明确赋予公民、法人和其他组织以投诉和举报的权利。

在此基础上,为保障投诉举报权利的充分实现,首先,要畅通投诉举报的方式。实践中,公民、法人和其他组织需要通过一定的方式、平台等(如投诉网站、举报热线等),才能实际实施投诉举报。因此,本条第 1 款专门规定对自然保护地负有监督管理职责的地方人民政府、相关部门或自然保护地管理机构,应当建立、畅通并及时公布有关自然保护地违法行为的投诉举报方式。其次,要加强各类投诉举报信息的共享。目前,相关政府、部门、机构已开通了各级各类投诉举报方式、平台以方便投诉举报。但也存在因各级各类方式、平台相互之间缺乏信息共享,导致投诉举报的线索并非本部门、本单位职责范围而"石沉大海"或涉及多部门、多单位而"相互推诿"的情况。为此,本条第 2 款专门规定应当加强对既有投诉举报方式、平台的整合以及对相关投诉举报信息的对接和共享。最后,本条第 3 款还进一步规定了对举报人或投诉人合法权益的保护。一方面,为保证投诉举报问题的响应率和解决率,有关机关接到举报或投诉的应当及时处理;另一方面,为防止投诉人或举报人遭受打击报复,有关机关应当对举报人或投诉人的相关信息予以保密。

| 参考立法例 |

中共中央办公厅、国务院办公厅《建立国家公园体制总体方案》(2017年)

建立健全社会监督机制,建立举报制度和权益保障机制,保障社会公众的知情权、监督权,接受各种形式的监督。

《环保举报热线工作管理办法》(生态环境部令第25号)

第四条　环保举报热线要做到有报必接、违法必查,事事有结果、件件有回音。

除发生不可抗力情形外,环保举报热线应当保证畅通。

第二十条　各级承担环保举报热线工作的机构应当健全保密管理制度,完善保密防护措施,加强保密检查,并积极开展保密宣传教育。

第八十八条　国家鼓励企业、有关组织和个人通过投资、捐赠、信贷支持等形式,对自然保护地的保护、建设、管理和原住居民的生产生活发展提供资金支持。

国家鼓励金融和社会资本出资设立自然保护地基金,对自然保护地建设管理项目提供融资支持。基金的筹集、管理和使用依据国家有关规定执行。

| 法条说明 |

本条是关于自然保护地多元化资金投入的规定。

为了突出自然保护地体系建设的社会公益性,必然需要发挥政府在自然保护地的规划、建设、管理、监督、保护和投入等方面主体作用。但考虑到自然保护地建设和管理属于投入需求大、投资周期长、短期经济效益不明显的事业。况且,我国有相当一部分的自然保护地设置在"老少边穷"地区,长期持续的资金投入对于当地政府而言也存在较大压力。故在坚持政府主体作用的基础上,对自然保护地的资金投入问题还需要充分调动全社会的力量,鼓励社会各界通过各种形式为自然保护地事业提供资金方面的支持。一方面,本条第 1 款规定了企业、有关组织和个人通过投资、捐赠、信贷支持等常规形式提供资金支持。另一方面,本条第二款还按照《指导意见》的有关要求,专门规定了鼓励金融和社会资本通过出资设立自然保护地基金的方式,对自然保护地的建设管理项目提供融资支持。

| 参考立法例 |

中共中央办公厅、国务院办公厅《关于建立以国家公园为主体的自然保护地体系的指导意见》(2019 年)

健全自然保护地社会捐赠制度,激励企业、社会组织和个人参与自然保护地生态保护、建设与发展。

……

鼓励金融和社会资本出资设立自然保护地基金,对自然保护地建设管理项目提供融资支持。

《中华人民共和国自然保护区条例》(2017 年)

第六条　自然保护区管理机构或者其行政主管部门可以接受国内外组织和个人的捐赠,用于自然保护区的建设和管理。

第八十九条　国家支持自然保护地开展自然保护、生态修复、风险管控和资源监测等科学技术研究、开发和应用,鼓励高等院校、科研单位和社会团体与自然保护地管理机构建立科研合作平台,加强自然保护地技术人才培养,促进自然保护地科学技术进步。

| 法条说明 |

本条是关于自然保护地科技研发与推广的规定。

自然保护地的发展和建设管理是集生态、环境、资源、经济、文化、人口、社会、民族等问题于一体的系统工程,必须有强有力的科学技术支撑。中华人民共和国成立以来,我国在自然保护地相关科技研发和人才培养方面做了大量工作,并取得了显著的成绩和经验。但随着新时代自然保护地体系的改革,未来自然保护地的建设和管理保护对科技的需求更加迫切。正因为如此,一方面,坚持实践导向和问题导向,本条规定国家支持自然保护地开展自然保护、生态修复、风险管控和资源监测等关键领域的科学技术研究和开发,推广应用先进技术和成果。另一方面,只有壮大科技队伍才能提高自然保护地的科技支撑能力,本条还规定鼓励高等院校、科研单位和社会团体与自然保护地管理机构建立科研合作平台,培养相关技术人才。

| 参考立法例 |

《中华人民共和国草原法》(2021 年)

第六条　国家鼓励与支持开展草原保护、建设、利用和监测方面的科学研究,推广先进技术和先进成果,培养科学技术人才。

《国家公园管理暂行办法》(林保发〔2022〕64 号)

第三十条　国家公园管理机构应当建立科研、教育培训平台,在确保严格保护的前提下,为高等院校、科研单位和社会组织开展科学研究、教学实习、人才培养提供便利。

第九十条　国家鼓励和支持企业事业单位、其他组织和个人参与自然保护地的资源保护、解说教育、科普宣传等志愿服务工作。

自然保护地管理机构应当建立志愿服务机制,制定志愿者招募与准入、教育与培训、管理与激励的具体办法,鼓励和支持志愿者、志愿服务组织参与自然保护地的保护、服务、宣传等工作。

| 法条说明 |

本条是关于自然保护地志愿者制度的规定。

志愿者,是指以自己的时间、知识、技能、体力等从事(自然保护地)

志愿服务的组织或自然人。其可以参与自然保护地管理机构或相关志愿服务组织开展的自然保护地志愿服务活动,也可以自行依法开展自然保护地的志愿服务活动。从世界范围来看,建立健全自然保护地的志愿者制度已成为一种共识。例如,美国的 Rocky Mountain 国家公园 2016 年有 151 名固定雇员,季节性雇员 260 人,2705 名志愿者。[1] 又如,我国台湾地区不仅制定管理“志愿服务法”“志工伦理守则”,“国家公园”还成立了志工联盟组织。目前,每个“国家公园”都拥有一支志工队伍,志工队伍人数甚至超过正式在职职工人数。志工需经过申请、筛选、面试、培训合格后才能上岗,上岗后也需要经常参加培训,每年需要服务一定工作时间。志工的类型包括解说志工、银发族志工、保育志工和道路修护志工等。[2]

我国已于 2017 年颁布了《志愿服务条例》,实践中也有各级各类自然保护地具体开展了志愿者招募活动,相关立法和实践为建立健全我国的自然保护地志愿者制度打下了良好的基础。为贯彻落实《指导意见》中有关“建立志愿者服务体系”的要求,本条从确认志愿者的权利、为志愿者服务提供保障、制定相关配套政策和措施等方面入手,专门规定了自然保护地的志愿者制度。

| 参考立法例 |

中共中央办公厅、国务院办公厅《关于建立以国家公园为主体的自然保护地体系的指导意见》(2019 年)

建立志愿者服务体系……激励企业、社会组织和个人参与自然保护地生态保护、建设与发展。

《志愿服务条例》(2017 年)

第二十七条 县级以上人民政府应当根据经济社会发展情况,制定促进志愿服务事业发展的政策和措施。

县级以上人民政府及其有关部门应当在各自职责范围内,为志愿服

---

〔1〕 参见唐方林等:《国家公园理论与实践》,中国林业出版社 2017 年版,第 426 ~ 427 页。
〔2〕 参见唐方林等:《国家公园理论与实践》,中国林业出版社 2017 年版,第 123 ~ 124 页。

务提供指导和帮助。

《国家公园管理暂行办法》(林保发〔2022〕64 号)

第三十五条　国家公园管理机构应当建立志愿服务机制,制定志愿者招募、培训、管理和激励的具体办法,鼓励和支持志愿者、志愿服务组织参与国家公园的保护、服务、宣传等工作。

第九十一条　经最高人民法院批准,高级人民法院可以根据本辖区生态环境保护的实际情况以及自然保护地的设立和分布情况,在辖区内确定部分中级人民法院集中管辖涉自然保护地的第一审环境公益诉讼案件、生态环境损害赔偿诉讼案件和跨行政区划环境污染、生态破坏案件。

高级人民法院可以根据本辖区生态环境保护的实际情况以及自然保护地的设立和分布情况,指定或设立专门的环境资源审判机构,统一负责自然保护地全部或部分区域内环境资源刑事、民事、行政及非诉行政执行案件的审理。

| 法条说明 |

本条是关于自然保护地环境司法专门化的规定。

考虑到自然保护地是以保护生态环境和自然资源为主要目的而划定或确认的自然地理空间,其具有生态系统的原真性与完整性、环境介质的流动性以及自然资源的公共性等特征。[1] 因此,涉自然保护地的环境资源类纠纷(案件)往往呈现出“区外污染、区内受害”“一处破坏、多地受损”的特点,在一定程度上与“属地为主、分门别类”的现行司法制度之间存在一定矛盾。加上在自然保护地发展和建设管理的过程中,由于利益格局、利益分配等的重大调整,不可避免地会产生大量的复合型环境资源类纠纷,特别是跨区域的纠纷。这就要求涉自然保护地的环

〔1〕 参见最高人民法院《关于全面加强长江流域生态文明建设与绿色发展司法保障的意见》。

境资源类案件的司法制度必须打破传统行政区划的界限,[1]适应自然保护地对司法的特殊需要。而实现环境司法专门化则是破解上述司法难题的关键。所谓环境司法专门化,具体包括环境司法的审判机构、审判机制、审判理念、审判规则和审判团队等的专门化,其核心在于专业的审判法官、专门的审判机构和专门的运作方式。

1. 跨区集中管辖

跨区集中管辖通过空间转移实现司法与行政管理区域的有限分离,使集中管辖法院能摆脱不当干预,有助于实现司法公正。具体而言,它以某一生态系统的整体来划定管辖范围,体现了生态系统管理方法的指导思想,提高了司法保护的针对性。[2] 针对自然保护地建立与行政区划适当分离的司法管辖制度,能够从自然保护地的自然生态属性出发,有效改变目前以行政区划分割自然地理空间生态系统的司法管辖模式。因此,本条第1款规定了涉自然保护地环境资源类案件的跨区域集中管辖制度。一是明确跨区集中管辖的主要内容,即经最高人民法院批准,高级人民法院可以根据本辖区生态环境保护的实际情况以及自然保护地的设立和分布情况,在辖区内确定部分中级人民法院实施跨区集中管辖。二是对跨区集中管辖的具体范围进行规定,即集中管辖涉自然保护地的第一审环境公益诉讼案件、生态环境损害赔偿诉讼案件和跨行政区划环境污染、生态破坏案件。

2. 设立环境资源专门审判机构及案件归口审理

根据现行程序法的规定,相应层级的人民法院对属地环境资源案件进行受理,并由内设的刑事、民事、行政审判庭(或具体办案团队)分别审理。然而,涉自然保护地的环境资源案件所涉主体多元、利益复合、关系复杂,简单沿用刑事、民事、行政审判庭(或具体办案团队)分别审理各自领域环境资源案件的现行模式,不可避免地存在审判人员专业化程

---

[1] 参见张忠民:《建立与行政区划适当分离的环境资源案件管辖制度》,载《环境保护》2014年第16期。

[2] 参见曾亚妮:《环境案件跨区集中管辖需迈过"三道坎"》,载《人民法院报》2016年9月18日,第2版。

度低、审判理念各异、裁判标准不一的问题,直接影响司法的效率和效果。为了破解环境资源审判中的上述问题,2014 年 6 月,最高人民法院设立环境资源审判庭,标志着全国范围内系统的环境资源审判专门化改革全面展开。其间,已出现了三江源生态法庭这样专司自然保护地范围内环境资源案件的审判机构。[1] 实践证明,环境资源审判专门化对统一裁判尺度、优化审判资源配置、提升审判质效具有重要作用。[2]

鉴于此,本条第 2 款坚持确有需要、因地制宜、分步推进的原则,将环境司法改革创新的有益经验加以固定化、法制化,即高级人民法院可以根据本辖区生态环境保护的实际情况以及自然保护地的设立和分布情况,指定或设立专门的环境资源审判机构,为加强自然保护地的环境资源审判工作提供了组织及专门人员方面的保障。在此基础上,还进一步规定了自然保护地全部或部分区域内环境资源刑事、民事、行政及非诉行政执行案件可以由环境资源专门审判机构归口审理。这种“四合一”的归口审理模式,有利于优化审判资源,充分实现环境资源案件的专业化审判。

| 参考立法例 |

最高人民法院《关于审理环境民事公益诉讼案件适用法律若干问题的解释》(法释〔2020〕20 号)

第七条　经最高人民法院批准,高级人民法院可以根据本辖区环境和生态保护的实际情况,在辖区内确定部分中级人民法院受理第一审环境民事公益诉讼案件。

中级人民法院管辖环境民事公益诉讼案件的区域由高级人民法院确定。

---

〔1〕 2017 年 2 月 28 日,三江源生态法庭在青海省玉树藏族自治州玉树市人民法院正式挂牌成立,集中管辖玉树地区 26.7 万平方公里范围内,涉及生态环境资源的民事、刑事、行政一审案件。

〔2〕 参见李万祥:《我国环境司法专门化全面“提速”》,载《经济日报》2016 年 8 月 31 日,第 12 版。

最高人民法院《关于全面加强环境资源审判工作 为推进生态文明建设提供有力司法保障的意见》(法发〔2014〕11号,已被修改)

6. 目标任务。环境资源纠纷司法救济渠道畅通;环境资源源头保护、损害赔偿、责任追究制度得到落实;环境公益诉讼、环境资源案件管辖等制度不断完善;环境资源刑事、民事、行政、执行等司法保护体系更加健全;环境资源法官队伍专业化水平和司法能力显著提高;环境资源审判工作全面加强,职能作用充分发挥。

第六章 法律责任

第九十二条 自然保护地所在的地方各级人民政府、县级以上人民政府负有自然保护地监督管理职责的有关部门未依据本法规定履行相关职责的,对负有责任的领导人员和直接责任人员中的公职人员应当由其任免机关、单位或者监察机关依法给予政务处分。

自然保护地管理机构未依据本法规定履行相关职责的,对负有责任的领导人员和直接责任人员中的公职人员应当由设立该自然保护地管理机构的机关或者监察机关依法给予政务处分。

法条说明

本条是关于自然保护地监管过程中政府法律责任的规定。

参考立法例

《中华人民共和国公职人员政务处分法》(2020年)

第二条 本法适用于监察机关对违法的公职人员给予政务处分的活动。

本法第二章、第三章适用于公职人员任免机关、单位对违法的公职人员给予处分。处分的程序、申诉等适用其他法律、行政法规、国务院部门规章和国家有关规定。

本法所称公职人员，是指《中华人民共和国监察法》第十五条规定的人员。

《中华人民共和国自然保护区条例》(2017年)

第三十七条　自然保护区管理机构违反本条例规定，有下列行为之一的，由县级以上人民政府有关自然保护区行政主管部门责令限期改正；对直接责任人员，由其所在单位或者上级机关给予行政处分：

（一）开展参观、旅游活动未编制方案或者编制的方案不符合自然保护区管理目标的；

（二）开设与自然保护区保护方向不一致的参观、旅游项目的；

（三）不按照编制的方案开展参观、旅游活动的；

（四）违法批准人员进入自然保护区的核心区，或者违法批准外国人进入自然保护区的；

（五）有其他滥用职权、玩忽职守、徇私舞弊行为的。

第九十三条　自然保护地所在的县级以上地方各级党委和政府领导成员、县级以上人民政府负有自然保护地监督管理职责的有关部门的领导成员以及自然保护地管理机构的主要负责人，应当按照职责分别承担相应的生态环境损害责任。对领导干部离任后出现重大生态环境损害并认定其需要承担责任的，应当实行终身追责。

领导干部生态环境损害责任追究的具体办法，由国务院制定并公布；国务院生态环境主管部门和自然资源主管部门应当制定落实办法的具体制度和措施；自然保护地所在的省、自治区、直辖市可以依据办法制定实施细则。

| 法条说明 |

本条是关于领导干部生态环境损害责任追究的规定。

| 参考立法例 |

《党政领导干部生态环境损害责任追究实施细则(试行)》(2015年)

第四条　党政领导干部生态环境损害责任追究,坚持依法依规、客观公正、科学认定、权责一致、终身追究的原则。

第十二条　实行生态环境损害责任终身追究制。对违背科学发展要求、造成生态环境和资源严重破坏的,责任人不论是否已调离、提拔或者退休,都必须严格追责。

《三江源国家公园条例》(2020)

第八条　建立健全三江源国家公园生态保护绩效考核制度,通过监测与评估,考核生态保护工作成效。具体办法由省人民政府制定。

三江源国家公园实行领导干部自然资源资产离任审计和生态环境损害责任追究制度。

第九十四条　违反本法规定,非法拆除、覆盖、移动、涂改和损坏自然保护地地理界标、标识牌、警示标志、隔离防护设施和安全监控设施的,由自然保护地管理机构责令改正,处一千元以上一万元以下的罚款;造成损失的,依法承担赔偿责任。

| 法条说明 |

本条是关于破坏自然保护地标志、标识等的法律责任的规定。

| 参考立法例 |

《中华人民共和国自然保护区条例》(2017 年)

第三十四条　违反本条例规定,有下列行为之一的单位和个人,由自然保护区管理机构责令其改正,并可以根据不同情节处以 100 元以上 5000 元以下的罚款:

(一)擅自移动或者破坏自然保护区界标的;

(二)未经批准进入自然保护区或者在自然保护区内不服从管理机构管理的;

(三)经批准在自然保护区的缓冲区内从事科学研究、教学实习和标本采集的单位和个人,不向自然保护区管理机构提交活动成果副本的。

《云南省国家公园管理条例》(2015 年)

第十四条第二款　任何单位和个人不得擅自移动或者破坏国家公园的界标。

第二十九条　违反本条例第十四条第二款规定的,由国家公园管理机构责令改正,处 500 元以上 1000 元以下罚款;造成损失的,依法予以赔偿。

第九十五条　违反本法规定,在自然保护地核心保护区开展下列活动的,由有关主管部门、机构按照职责分工责令改正,处以罚款:

(一)未经批准进入自然保护地核心保护区的;

(二)开展科学研究、科普宣传活动,不符合管理要求的;

(三)原住居民修缮生产生活设施或者从事种植、放牧、捕捞、养殖、采药等活动,不符合管理要求的;

(四)已有供(排)水、能源、防洪、交通、通信等公共基础设施建设的改造、运行和维护,不符合管理要求的;

(五)违法规划建设项目的。

有前款第一项、第二项行为之一的,处五千元以上五万元以下罚款;有前款第四项行为的,没收违法所得,并对个人处一千元以上三千元以下罚款,对单位处一万元以上五万元以下罚款;有前款第四项行为的,处五万元以上二十万元罚款,情节严重的,处二十万元以上一百万元以下罚款;有前款第五项行为的,并处五十万元以上一百万元以下罚款。

| 法条说明 |

本条是关于违反自然保护地核心保护区管理制度的法律责任的规定。

| 参考立法例 |

《海南热带雨林国家公园条例(试行)》(2020 年)

第四十八条　违反本条例第三十七条规定,未经批准进入海南热带雨林国家公园核心保护区的,责令改正,可以处一万元以上五万元以下罚款。

第四十九条　违反本条例第三十八条规定,未经批准或者同意进入海南热带雨林国家公园一般控制区开展下列活动的,责令改正,并按照下列规定予以处罚:

(一)开展科学研究观测、调查监测、生态修复和标本采集的,处一万元以上五万元以下罚款;……

《武夷山国家公园条例(试行)》(2017年)

第六十四条　违反本条例规定,有下列情形之一的,由武夷山国家公园管理机构责令限期改正、恢复原状,对个人处二万元以上十万元以下罚款,对开发建设单位处五万元以上二十万元以下罚款;对生物多样性造成严重破坏的,对开发建设单位或者个人处二十万元以上一百万元以下罚款;构成犯罪的,依法追究刑事责任:

……(四)在施工过程中未采取有效措施减少对生态环境和生物多样性的影响,保护人文和自然景观及周围的植被、水体、地貌,造成污染、破坏的;……

《神农架国家公园保护条例》(2019年)

第六十条　违反本条例第三十二条规定的,由国家公园管理机构责令停止建设、限期拆除、采取生态修复措施,没收违法所得,并按照下列规定予以处罚:

(一)在严格保护区违规建设设施的,处50万元以上100万元以下罚款;

……

(四)在传统利用区从事对自然生态系统有影响的生产经营活动的,对个人处1千元以上3千元以下罚款,对单位处1万元以上5万元以下罚款。

第九十六条　违反本法规定，在自然保护地一般控制区开展下列活动的，由有关主管部门、机构责令改正，处以罚款：

（一）标本采集、考古调查发掘和文物保护活动，不符合管理要求的；

（二）开展科学研究、科普宣传活动，不符合管理要求的；

（三）开展与自然保护地的生态系统功能和保护目标不一致的参观、旅游项目的；

（四）规划建设未列入建设清单的项目。

有前款第一项、第二项行为之一的，处三千元以上三万元以下罚款；有前款第三项行为的，没收违法所得，并处五万元以上二十万元以下罚款；有前款第四项行为的，没收违法所得，并处二十万元以上一百万元以下罚款。

| 法条说明 |

本条是关于违反自然保护地一般控制区管理制度的法律责任的规定。

| 参考立法例 |

《风景名胜区条例》（2016 年）

第四十五条　违反本条例的规定，未经风景名胜区管理机构审核，在风景名胜区内进行下列活动的，由风景名胜区管理机构责令停止违法行为、限期恢复原状或者采取其他补救措施，没收违法所得，并处 5 万元以上 10 万元以下的罚款；情节严重的，并处 10 万元以上 20 万元以下的罚款：

……（二）举办大型游乐等活动的；……

《三江源国家公园条例》（2020 年）

第七十四条　违反本条例规定，未经国家公园管理机构批准进入三江源国家公园开展下列活动的，由国家公园资源环境综合执法机构给予警告、责令限期改正，逾期未改正的，按照下列规定予以处罚：

（一）科研、科考、教学实践的，处以五千元以上一万元以下罚款；……

《神农架国家公园保护条例》(2019 年)

第六十条　违反本条例第三十二条规定的,由国家公园管理机构责令停止建设、限期拆除、采取生态修复措施,没收违法所得,并按照下列规定予以处罚:

……

(二)在生态保育区建设生产经营设施的,处 20 万元以上 50 万元以下罚款;

(三)在游憩展示区进行大规模开发或者建设污染环境、破坏资源或者景观的生产经营设施的,处 20 万元以上 100 万元以下罚款;……

第九十七条　违反本法规定,在自然保护地引进、释放、丢弃外来物种的,自然保护地管理机构责令限期捕回、找回释放或者丢弃的外来物种,处一万元以上五万元以下的罚款。

| 法条说明 |

本条是关于破坏自然保护地生物安全的法律责任的规定。

| 参考立法例 |

《中华人民共和国生物安全法》(2021 年)

第八十一条　违反本法规定,未经批准,擅自引进外来物种的,由县级以上人民政府有关部门根据职责分工,没收引进的外来物种,并处五万元以上二十五万元以下的罚款。

违反本法规定,未经批准,擅自释放或者丢弃外来物种的,由县级以上人民政府有关部门根据职责分工,责令限期捕回、找回释放或者丢弃的外来物种,处一万元以上五万元以下的罚款。

第九十八条　违反本法规定,未经授权擅自开展特许经营活动或者超出特许经营协议约定的经营范围从事经营活动的,由负有监督管理权的部门、机构责令改正，没收非法所得，并处一万元以上五万元以下罚款；情节严重的，处五万元以上十万元以下罚款，并解除特许经营协议。

| 法条说明 |

本条是关于违反特许经营相关要求的法律责任的规定。

| 参考立法例 |

《海南热带雨林国家公园特许经营管理办法》(2020 年)

第二十九条　特许经营者违反本办法第二条第三款和第十九条第二项规定，未经授权擅自开展特许经营活动或者超出约定范围从事经营服务活动的，责令改正，予以警告，没收非法所得，并处一万元以上五万元以下罚款；情节严重的，处五万元以上十万元以下罚款，解除特许经营协议。

第九十九条　违反本法规定，以拖延、围堵、滞留执法人员等方式拒绝、阻挠监督检查，或者在接受监督检查时弄虚作假的，由自然保护地管理机构或者负有自然保护地监督管理职责的有关部门责令改正，处五万元以上二十万元以下的罚款；对直接负责的主管人员和其他直接责任人员，处二万元以上十万元以下的罚款。

| 法条说明 |

本条是关于拒绝、阻挠监督检查，或者在接受监督检查时弄虚作假的法律责任的规定。

| 参考立法例 |

《中华人民共和国固体废物污染环境防治法》(2020 年)

第一百零三条　违反本法规定，以拖延、围堵、滞留执法人员等方式拒绝、阻挠监督检查，或者在接受监督检查时弄虚作假的，由生态环境主管部门或者其他负有固体废物污染环境防治监督管理职责的部门责令改正,处五万元以上二十万元以下的罚款;对直接负责的主管人员和其他直接责任人员,处二万元以上十万元以下的罚款。

《中华人民共和国自然保护区条例》(2017 年)

第三十六条　自然保护区管理机构违反本条例规定,拒绝环境保护行政主管部门或者有关自然保护区行政主管部门监督检查,或者在被检查时弄虚作假的,由县级以上人民政府环境保护行政主管部门或者有关自然保护区行政主管部门给予 300 元以上 3000 元以下的罚款。

第一百条　违反本法规定,妨碍自然保护地管理机构及其工作人员执行巡护、巡查任务,由公安机关依照《中华人民共和国治安管理处罚法》的规定处罚。

| 法条说明 |

本条是关于妨碍自然保护地巡护、巡查的法律责任的规定。

| 参考立法例 |

《中华人民共和国自然保护区条例》(2017 年)

第三十九条　妨碍自然保护区管理人员执行公务的,由公安机关依照《中华人民共和国治安管理处罚法》的规定给予处罚;情节严重,构成犯罪的,依法追究刑事责任。

第一百零一条　依法应当给予行政处罚,而负有自然保护地监管管理职责的有关部门或自然保护地管理机构不给予行政处罚的,其上级主管部门可以直接作出行政处罚的决定。

| 法条说明 |

本条是关于上级主管部门作出行政处罚的规定。

| 参考立法例 |

《中华人民共和国环境保护法》(2014 年)

第六十七条　上级人民政府及其环境保护主管部门应当加强对下级人民政府及其有关部门环境保护工作的监督。发现有关工作人员有违法行为,依法应当给予处分的,应当向其任免机关或者监察机关提出处分建议。

依法应当给予行政处罚,而有关环境保护主管部门不给予行政处罚的,上级人民政府环境保护主管部门可以直接作出行政处罚的决定。

第一百零二条　违反本法规定,构成犯罪的,依法追究刑事责任;造成人身、财产损失或生态环境损害的,依法承担赔偿责任。

国家机关工作人员在自然保护地发展和保护管理工作中玩忽职守、滥用职权、徇私舞弊,构成犯罪的,依照刑法有关规定从重处罚。

| 法条说明 |

本条是关于涉自然保护地犯罪依法承担刑事责任的规定。

| 参考立法例 |

《中华人民共和国煤炭法》(2016 年)

第五十八条　违反本法第二十四条的规定,擅自开采保安煤柱或者采用危及相邻煤矿生产安全的危险方法进行采矿作业的,由劳动行政主管部门会同煤炭管理部门责令停止作业;由煤炭管理部门没收违法所得,并处违法所得一倍以上五倍以下的罚款;构成犯罪的,由司法机关依法追究刑事责任;造成损失的,依法承担赔偿责任。

《中华人民共和国烟草专卖法》(2015 年)

第三十六条　伪造、变造、买卖本法规定的烟草专卖生产企业许可证、烟草专卖经营许可证等许可证件和准运证的,依照刑法有关规定追究刑事责任。

烟草专卖行政主管部门和烟草公司工作人员利用职务上的便利犯前款罪的,依法从重处罚。

第一百零三条 中央政府直接行使全民所有自然资源资产所有权的自然保护地,应当由受国务院委托行使全民所有自然资源资产所有权的部门作为赔偿权利人,依法开展生态环境损害赔偿工作。

中央地方共同管理或委托省级人民政府代理行使全民所有自然资源资产所有权的自然保护地,应当由其所在的省、自治区、直辖市人民政府作为赔偿权利人,依法开展生态环境损害赔偿工作。

省级自然保护地应当由其所在的省级或市地级人民政府作为赔偿权利人,依法开展生态环境损害赔偿工作。其中,对跨市地的省级自然保护地造成生态环境损害的,应当由省、自治区、直辖市人民政府作为赔偿权利人,依法开展生态环境损害赔偿工作。

法律、法规可以根据各类各级自然保护地生态环境保护的实际需要,增加依法追究生态环境损害赔偿责任的具体情形。

| 法条说明 |

本条是关于涉自然保护地生态环境损害赔偿的规定。

| 参考立法例 |

中共中央办公厅、国务院办公厅《生态环境损害赔偿制度改革方案》(2017年)

在健全国家自然资源资产管理体制试点区,受委托的省级政府可指定统一行使全民所有自然资源资产所有者职责的部门负责生态环境损害赔偿具体工作;国务院直接行使全民所有自然资源资产所有权的,由受委托代行该所有权的部门作为赔偿权利人开展生态环境损害赔偿工作。

第一百零四条 违反本法规定的行为，本法未规定法律责任但其他法律、法规、规章有规定的，从其规定；其他法律、法规、规章的规定严于本法的，从其规定。

| 法条说明 |

本条是关于处理自然保护地相关立法中法律责任条款之间关系的规定。

| 参考立法例 |

《中华人民共和国残疾人保障法》（2018 年）

第六十七条 违反本法规定，侵害残疾人的合法权益，其他法律、法规规定行政处罚的，从其规定；造成财产损失或者其他损害的，依法承担民事责任；构成犯罪的，依法追究刑事责任。

《海南热带雨林国家公园条例（试行）》（2020 年）

第五十三条 违反本条例规定的行为，本条例未设定处罚但其他法律、法规已设定处罚规定的，依照有关法律、法规的规定处罚；有关法律、法规的规定严于本条例的，依照有关法律、法规的规定执行。

第七章 附 则

第一百零五条 本法自 年 月 日起施行。

| 法条说明 |

本条是关于本法施行时间的规定。

后　记

本书是课题组近年来承担的有关自然保护地立法研究相关项目的成果汇总，也是对自然保护地立法基础理论与实践的系统梳理。涉及的课题主要有：国家林业和草原局自然保护地司业务委托项目——《自然保护地立法体系研究》（项目编号：2019084034－2）、腾讯教育基金项目——《以自然保护地相关立法为主题的前沿学术研究》（清华环境法研究与学人培养计划之子项目）、全球环境基金中国国家公园体制机制创新项目（C－PAR1）——《国家公园立法路线图及框架研究》。课题组在已有研究成果基础上，对本书的主题、结构、内容进行了认真研讨并确定框架，课题组成员分工合作完成内容撰写。

具体撰稿情况如下：吕忠梅撰写导言，上编第一章、第二章；刘佳奇撰写上编第三章；阙占文撰写上编第四章；陈真亮撰写上编第五章；刘佳奇、阙占文撰写下编。全书由吕忠梅统稿，刘佳奇协助。

本书的创作过程得到了多方面的真诚帮助。感谢国家林业和草原局、腾讯教育基金、生态环境部对外合作与交流中心全球环境基金（GEF）提供的项目支持！感谢课题研究过程中提供指导和帮助的各位专家、学者和实务工作者！

还要特别感谢法律出版社法律教育出版分社的编辑老师们，为本书的高质量出版出谋划策、辛劳付出！

期待本书为建设人与自然和谐共生的现代化贡献一份智慧和力量！我们将继续努力，躬耕不辍，孜孜前行！

吕忠梅

2022年7月20日